삶이 허기질 때
나는 교양을 읽는다 2

하루 5분 단숨에 지식이 쌓이는 최고의 인문학 만찬

삶이 허기질 때
나는 교양을 읽는다 2

지식 브런치 지음

서스테인

살다 보면 자연스럽게 알게 되는 것들이 있습니다. 그 이상의 것을 알려면 따로 시간과 노력을 들여야 하죠. 하지만 많은 사람이 그렇듯 현실은 바쁘기만 하니 저 역시 오랫동안 외면하며 살아왔습니다. 그럴수록 마음속에 해소되지 않은 찌꺼기가 남은 듯해 늘 불편했습니다. 그러다 기회가 생겼습니다. 갑작스러운 코로나 시대로 생각지 않은 시간이 주어진 덕입니다.

우선 그동안 궁금했지만 해소되지 않았던 질문들을 목록으로 만들어 보았습니다. 순식간에 묵혀둔 궁금증들이 수북이 쌓이더니 금세 수백 개가 되었습니다. 자료를 찾아보고, 요약해가며 미션 클리어하듯 하나둘씩 궁금증을 해결한 주제들이 늘어나자 이 내용을 담을 그릇이 필요했습니다. 언제든 꺼내 보기 좋고, 기왕이면 그럴듯해 보이고, 무엇보다 안 해본 일이었으면 싶었습니다. 그렇게 유튜브 채널 '지식 브런치'가 시작되었습니다.

역사·문화·사회·상식 등 다양한 주제를 다루고 있지

만, 이 모든 주제를 관통하는 일관된 주제는 '현상과 변화의 인과 관계'입니다. 사람은 좀처럼 변하지 않으니 사람들의 집합체인 사회와 문화는 말할 것도 없습니다. 그러니 무언가가 변화해 굳어진 현상 속에는 분명 수많은 사람의 에너지와 오랜 기간 쌓인 어마어마한 이야기들이 숨어 있겠지요. 이런 이야기들을 큰 틀에서 이해해보고자 했습니다.

시간이 지날수록 저와 같은 궁금증을 가진 사람들, 지적 욕구를 채우고 싶은 사람들이 하나둘씩 모이기 시작해 이제는 65만여 명의 구독자가 모였습니다. 구독자가 많아질수록 관련 분야의 전문가, 숨은 고수들, 또 경험 많은 분들이 '지식 브런치'에 모여 함께 지식을 공유하고 있습니다. 지식을 교류하는 또 하나의 장이 열린 셈입니다. 그래서 요즘은 지식 전달보다는 우리 모두가 한번쯤 생각해볼 만한 화두를 제시하는 게 저의 역할이 아닌가 생각합니다. 그런 생각들이 이어져 더 많은 이에게 생각할 거리를 제시하고, 또 왠지 모르게 허기졌던 마음들이 지적 즐거움으로 채워지기를 바라는 마음에 '지식 브런치' 콘텐츠들을 정리해 책으로 내게 되었습니다.

2022년 출간한 《삶이 허기질 때 나는 교양을 읽는다》가 많은 사랑을 받은 덕에 1년 만에 2권이 출간되었습니다. 이번 책에서는 방대한 세계 역사의 흐름을 최대한 가장 쉽고 재미있게 이해할 수 있도록 경제·문화, 정치·사회, 지리의 주제로 키워드를 분류해 정리했습니다. 물론 일상에서 마주하는 사소한 질문들을 주제로 대화를 풍성하게 해주는 잡학 상식들도 함께 담았습니다.

무엇보다 노란 딱지를 받아 유튜브에 올리지 못한 주제들도 이번 책에 함께 정리해 담았습니다. 이 세계를 이해하는 데 도움이 되는 내용이라는 생각에서입니다.

이 책을 통해 공허했던 오늘 하루가 재미와 교양으로 가득 채워질 수 있기를, 해소되지 않았던 마음속 궁금증들이 말끔히 해소될 수 있기를, 우리가 속한 세상을 더욱 선명하게 보는 데 조금이나마 도움이 되기를 바랍니다.

| 차례 |

들어가는 말 ————————————————————————— 005

방대한 역사의 흐름이 단번에 이해되는

방대한 역사의 흐름이
단번에 이해되는
경제·문화 수업 ··· **1**

무더운 아시아에서 따뜻한 물을 마시는 이유 ————————— 015
인도 크리켓 선수들이 천문학적 연봉을 받는 이유 ——————— 022
기독교의 중심, 유럽에서 교회가 사라지고 있다 ———————— 029
이탈리아는 무엇으로 먹고사는가? ——————————————— 036
중국 남자들은 왜 퇴근해서 밥까지 하게 됐을까? ——————— 043
스타벅스가 세계에서 유일하게 호주에서 실패한 이유 ————— 049
프랑스인들이 연금 개혁에 그토록 반대하는 이유 ——————— 055
식용유 사태로 본 우크라이나 전쟁 영향 ——————————— 062
일본에 자판기가 유별나게 많은 이유 ————————————— 069
산업혁명 ① 영국에서 산업혁명이 가장 먼저 일어난 이유 ——— 076
산업혁명 ② 프랑스, 독일, 스페인의 산업혁명이 늦어진 이유 —— 084
부탄, 가난한 나라가 정말 행복할 수 있을까? ————————— 092

**최소한의 내용으로
최대한의 지식이 쌓이는

잡학 상식**　　　　　　　　　　　　　　　　**2**

서양에 안주가 없는 이유 —————————— 103

유럽의 창에는 왜 방충망이 없을까? —————— 109

일본이 다다미방을 만드는 이유 ————————— 116

우산 속에 숨겨진 마초 문화 —————————— 123

야구는 왜 축구만큼 인기가 없을까? ———————— 130

흑인이 수영을 못하는 이유 —————————— 137

서양에서 여성은 왜 남편 성姓을 쓸까? —————— 143

미국인들이 신발 신고 침대에 올라가는 이유 ————— 151

조개껍질에서 화장지까지, 더 잘 닦기 위한 뒤처리의 역사 ——— 158

남미 여성들은 왜 백인 남자의 모자를 쓰게 됐을까? ———— 167

예술 작품에 무제가 많은 이유 ————————— 174

비둘기는 어떻게 전 세계의 도시를 점령했을까? ———— 181

읽는 것만으로
세상이 더욱 선명하게 보이는
정치·사회의 역사 **3**

폴란드가 한국 무기를 산 진짜 이유 ——————————— 189

러시아에는 왜 남자보다 여자가 훨씬 많을까? ——————— 197

선진국에는 왜 주민등록번호가 없을까? ——————————— 204

중남미는 스페인을 어떻게 생각할까? ———————————— 211

프랑스인들은 왜 이렇게 자주 시위를 하는 걸까? ————— 218

영국 식민지가 영국 연방에 자발적으로 가입하는 이유 ——— 225

한중·미중 갈등을 가져온 중국의 복수 문화 ——————— 232

이란 사태로 본 히잡에 관한 오해 4가지 ——————————— 239

14억 인구 인도에서 선거 때마다 벌어지는 경이로운 일들 ——— 247

일본은 항복 후 왜 맥아더에게 팬레터를 보냈을까? ———— 255

중국은 왜 제로 코로나를 고집할까? ———————————— 263

**세계사를
뒤흔드는 힘,
교양 지리 수업**

4

미국 원주민들이 문명을 이루지 못한 이유 —————— 271
이슬람의 폭발적인 팽창은 어떻게 가능했을까? —————— 278
러시아가 엄청나게 큰 땅을 갖게 된 이유 —————— 285
전쟁까지 불사하는 러시아의 저주받은 지정학 —————— 292
유럽에는 왜 이렇게 나라가 많을까? —————— 300
반중 vs 친중, 베트남의 딜레마 —————— 307
남미 역사를 이해하기 위한 6가지 지리적 특성 —————— 315
중국 요리의 종류가 많을 수밖에 없는 이유 —————— 323
미국을 초강대국으로 만든 결정적 요인(feat. 축복받은 지리) —————— 329
네덜란드, 이 작은 나라가 스포츠 강국인 이유 —————— 337

방대한 역사의 흐름이
단번에 이해되는

경제·문화 수업

1

무더운 아시아에서
따뜻한 물을
마시는 이유

한국은 한겨울에도 아이스 아메리카노를 마시는 세계 유일의 민족이다. 외국인들은 이 자체로도 기겁하지만 우리는 남은 얼음을 씹어 먹기까지 한다. 겨울에도 이럴진대, 한여름이라면 말할 것도 없다. 물이든, 맥주든, 음료수든 늘 얼음을 넣은 것처럼 차갑게 마시기를 원한다.

하지만 이렇게 차갑게 마시는 게 세계적으로 일반적인 현상은 아니다. 중국 사람들은 한여름에도 미지근하기는 커녕 아예 뜨겁게 마신다. 중국만큼은 아니지만, 인도를 비롯한 대부분의 아시아 사람들도 비슷하다. 왜 이들은 우리나라보다 훨씬 무더운데도 찬물을 마시지 않는 걸까?

중국에선 지금도 로컬 식당에서 맥주를 주문하면 대부분 미지근한 상태로 가져다준다. 고급 식당에서나 "차가운 걸로 드릴까요?"라고 물어보는 정도다. 그것도 중국어로. 알아듣지 못하고 멍하니 앉아 있으면 십중팔구는 그냥 미적지근한 맥주다. 생수를 사려고 마트에 가도 대개는 상온에 보관되어 있다. 그것도 냉장고 바로 옆에 말이다. 작은 도시에서는 콜라를 사면 땡볕에 달궈진 따끈한 것을 주기도 한다.

당연히 중국 사람들이 일부러 그러는 건 아니다. 중국인들 자체가 차가운 것에 대한 거부감이 워낙 크다 보니 외국인들도 그럴 거라고 생각한 것이다. 중국 사람들의 인식은 한마디로 "배는 무조건 따뜻해야 하고, 차가운 게 들어가면 병이 난다"이다. 명나라의 한 대신은 일찍 죽기 위해 아침마다 일부러 찬물을 마셨다는 기록도 있다.

중국 전통 의학에서 차가운 물은 만병의 근원이다. 우선 찬물은 위장의 기운을 상하게 해 소화 장애를 가져온다. 장의 온도가 낮아지면 감기에 걸리기 쉽고, 변비가 생기며, 근육 수축에 따른 피로와 통증을 가져온다고 오래전부터 가르쳐왔다.

반면 그들에게 따뜻한 물은 만병통치약이다. 혈액 순환과 소화를 돕고, 해독 작용과 노화 방지까지 가져온다고 믿는다. 그래서 중국에선 몸이 아플 때는 물론 기분이 안 좋을 때도 무조건 뜨거운 물을 더 많이 마실 것을 권한다.

전통 의학의 권고대로 중국에서 따뜻한 물을 마시기 시작한 건 대략 한나라 때인 기원전 2세기경으로 보고 있다. 지배층들은 뜨거운 물에 찻잎을 넣어 차를 만들어 마셨다.

하지만 일반 백성에겐 차는커녕 뜨거운 물조차 사치였다. 마른 풀과 지푸라기로 간신히 밥만 지을 뿐 물을 끓여 먹을 형편은 되지 않았다. 비싼 땔감은 임산부나 노약자, 환자를 위해 아껴야만 했다.

이렇듯 전통 의학 덕에 따뜻한 물이 건강에 좋다는 것은 알았지만 끓인 물은 늘 귀해서 오랫동안 백성들은 그냥 강물이나 샘물을 마실 수밖에 없었다. 하지만 중국의 물은 석회질과 황토로 인해 늘 수질이 좋지 않았다. 그로 인해 평소에 많은 전염병이 돌기도 했다.

그러다 19세기 말, 오늘날처럼 중국인들이 일상적으로 뜨거운 물을 마시게 된 결정적인 계기가 생겼다. 당시 중국은 태평천국의 난으로 곳곳이 전쟁터였다. 이를 피해 150만 명이 상해로 몰려들었다. 과밀화와 열악한 위생 환경으로 콜레라가 퍼지기 시작했고, 심한 날은 상해에서만 하루에 3,000명이 죽어 나갔다. 콜레라는 무서운 속도로 상해의 남북으로 퍼져 수도인 북경에서도 사망자가 속출했다.

그런데 이때 이상한 일이 벌어졌다. 중국 남부의 광동성 일대는 콜레라의 영향을 거의 받지 않았다는 것이다. 차이라고는 중국 남부에선 물을 끓여 마시는 사람이 많다는 점뿐이었다. 광동성 일대는 비교적 부유한 지역이라 물을 끓일 수 있을 정도의 땔감은 마련할 수 있었던 덕이다.

이 소식은 콜레라 전염 속도보다도 더 빨리 중국 전역

으로 퍼져나갔다. 뜨거운 물은 이제 생사가 달린 문제였다. 이 소식은 "따뜻한 물이 건강에 좋다"는 중국 전통 의학과 결합하면서 중국에서 뜨거운 물이 곧 만병통치약이 되도록 만들었다.

이러한 중국인들의 믿음을 국가정책으로 격상시킨 건 당시 국민당을 이끌던 장개석이었다. 1934년 국민당 정부는 국민 계몽의 하나로 이른바 '신생활 운동'을 벌였다. 복장, 식습관, 교통법규 등 95개의 행동 규칙 가운데 위생 부문에서는 '끓인 물 마시기'가 강조되었다. 당시 서양의 세균학이 중국에도 알려졌던 터라 물을 끓여 박테리아를 죽이고 질병의 확산을 막자는 것이었다. 하지만 계속된 전쟁과 무능으로 신생활 운동은 그다지 큰 효과를 보지는 못했다.

'전 국민 뜨거운 물 마시기 운동'을 완성한 건 얼마 후의 모택동이었다. 장개석과 모택동은 숙적이었지만 국민이 생수 대신 뜨거운 물을 마셔야 한다는 데에는 의견이 정확히 일치했다. 사실 중국 공산당은 장개석의 신생활 운동 전부터 군인들에게 끓인 물을 마시도록 했다. 뜨거운 물을 제공하지 못하는 지휘관은 문책당했고, 찬물을 마신 병사들은 질책을 받았다.

그러다 1952년 모택동의 공산당 정부는 '애국 건강 운동'을 벌이면서 학교 벽마다 "아이들은 하루 세 번 끓인 물을 마시는 습관을 길러야 한다"는 포스터를 붙여 놓았다. 그리고 아이들에게 보온병도 지급했다. 이후 아이들은 등교하면 커다란 보온병을 들고 학교에서 주는 뜨거운 물을 받기 위해 줄부터 서는 것이 하나의 풍경이 되었다.

점차 뜨거운 물 보급은 학교를 넘어 정부기관, 행정기관 등 공공장소로 확대되었고, 급기야 각 기업에까지 의무화되었다. 중국 전역에서는 수억 명의 사람들이 보온병을 들고 물 보급소 앞에서 장사진을 쳤다. 찬물이 아닌, 뜨거운 물을 마시는 습관은 이때부터 중국에 완전히 정착되었다. "영국인은 보온병 기술을 발명했고, 독일인은 상업화했지만, 중국인은 완성했다"는 말도 만들어졌다.

마찬가지로 인도 사람들에게도 찬물은 건강에 좋지 않다는 굳은 믿음이 있다. 인도 전통 의학인 '아유르베다'의 가르침을 따른 것이다. 아유르베다에 의하면 "찬물을 마시면 몸이 물의 온도를 높이기 위해 무리를 하게 돼 몸의 균형이 깨지게 된다"라며 "최소한 미지근한 물을 자주 마셔줘야 소화불량을 막고, 몸의 독기를 해소할 수 있다"라고 말한다. 이런 현상은 인도 남부로 갈수록 더 뚜렷하게 나타난다. 날씨가 더 더운데도 인도 남부에선 북부보다도 물을 더 뜨겁게 마신다.

인도의 영향을 많이 받는 스리랑카와 네팔도 비슷하다. 이들 역시 아유르베다의 가르침대로 최소한 체온과 비슷한 온도의 물을 마신다. 또 아랍 세계에선 우리나라의 이열치열과 비슷한 방식이 있다. 불은 불로 다스린다는 것이다. 사막의 한여름에도 뜨거운 차로 땀을 냄으로써 몸의 화기를 밖으로 빼낸다는 것이다. 이 외에도 베트남, 말레이시아, 태국, 미얀마, 몰디브, 아프가니스탄 등도 찬물을 피하는 나라들이다.

찬물과 뜨거운 물 중 어떤 것이 건강에 더 좋은지에 대해서는 설이 분분하다. 찬물을 즐기는 나라들은 뜨거운 물이야말로 신체의 면역력을 약화시키니 오히려 해롭다고 말한다. 반면 찬물을 마시면 신체 지구력도 상승하고, 스트레스 해소에도 도움이 된다고 주장한다.

하지만 결론적으로 말하자면 찬물과 뜨거운 물을 선택하는 건 환경의 산물일 뿐이다. 우선 물을 끓여 마시는 나라들은 대개 수질이 좋지 않다. 높은 기온은 모든 걸 쉽게 부패시키기 때문에 더운 나라에서 뜨거운 물을 마시는 건 생존에 유리한 아주 현명한 선택이다.

반면 찬물을 좋아하는 나라들은 수질이 좋다는 공통점이 있다. 우리나라는 전국 어디서나 우물을 파서 바로 퍼마셔도 별문제가 없다. 하지만 이건 당연한 게 아니다. 전 세계에서 한국, 일본, 영국, 북유럽, 뉴질랜드, 캐나다 정도에서만 가능한 일이다. 이런 나라에서는 수질이나 건강을 걱정할 필요가 없으니 그저 물을 더 맛있게 먹으려고 시원하게 마시는 거다.

다만 유럽과 미국은 지역에 따라 차이가 있긴 하지만 대체로 석회질이 많아 수질이 좋지 않다. 그래서 이들은 기가 막힌 걸 발명했다. 바로 상수도다. 산업화로 도시가 발달하기 시작한 19세기 초반 영국에서 처음으로 정수한 물을 각 가정에 보급하는 방법을 개발해낸 것이다. 20세기 최고의 공학적 업적 가운데 하나로 꼽히는 이 상수도 덕에 유럽과 미국에선 물을 끓이지 않아도 오염되지 않은 물을 마실 수 있게 된 것이다.

반면 중국과 인도 같은 나라들은 상수도를 만들 기술도, 경제적인 여력도 없었다. 그래서 선택한 방법이 물을 끓여 살균하는 것이었다. 어쨌든 이 덕에 많은 병을 막을 수 있었으니 나름 주어진 환경에서 할 수 있는 선택을 한 셈이다.

이제 시대와 세대가 변하면서 각 나라의 찬물과 따뜻한 물의 선호도 바뀌어 가고 있다. 서구에선 탄산음료를 마시는 사람이 급격히 줄면서 상온의 물을 마시는 사람이 뚜렷하게 늘고 있다. 반대로 뜨거운 차를 마시던 베트남과 태국의 젊은이들은 이제 아예 얼음이 가득한 잔에 맥주를 따라 마신다.

중국에선 1990년대 경제 자유화가 되면서 치즈, 맥주, 커피 등 서구의 식생활과 함께 찬물도 들어왔다. 상해와 북경의 젊은이들은 이전 세대와 달리 얼음처럼 차가운 생수와 맥주를 마시는 데 조금도 거리낄 게 없다. 이들의 소비로 지금 중국은 미국을 제치고 세계 최대 생수 시장이 되었다. 이제 커다란 보온병을 든 중국의 중년 세대 모습은 구시대의 상징 중 하나가 되어 가고 있다.

인도 크리켓 선수들이 천문학적 연봉을 받는 이유

인도에서 크리켓은 스포츠가 아니다. 거의 종교나 다름없다. 실제로 인도 역사상 가장 위대한 크리켓 선수로 꼽히는 사친 텐둘카르Sachin Tendulkar는 이미 사원에서 모시는 힌두신이 되었으니 말이다.

인도의 크리켓 선수들이 받는 연봉도 상상을 초월한다. 믿기 어렵겠지만 인도의 크리켓 프로선수 평균 연봉은 세계 최고 축구 리그인 영국 프리미어리그EPL를 앞선다. 현재 인도에서 가장 유명한 크리켓 선수인 비라트 콜리Virat kohli는 연봉과 광고 수익을 합하면 손흥민 선수보다 수입이 더 많다. 인도의 낮은 물가를 생각하면 이들이 받는 수백억 원은 그 가치가 어느 정도인지 가늠하기도 어렵다.

인도에서 크리켓의 인기는 정말 어마어마하다. 2008년부터 시작된 인도 크리켓 프리미어리그IPL는 매 경기 TV

시청자가 평균 1억 7,000만 명이나 된다. 전 세계의 IPL 시청자는 무려 14억 명이나 된다.

IPL은 한 해 딱 60경기만 치르는데, 2018~2022년의 중계권료는 무려 3조 원이다. 미국의 언론 재벌 루퍼트 머독 Rupert Murdoch의 자회사가 소니와 페이스북과의 치열한 경쟁 끝에 중계권을 따냈다. 이 중계권료를 경기당으로 따지면 약 100억 원으로 크리켓은 세계에서 가장 비싼 스포츠 중 하나다.

크리켓은 인도의 모든 스포츠 시청자의 93퍼센트를 끌어모으고 있다. 이러니 인도 시장을 노리는 기업들의 스폰서 경쟁도 치열하다. 현대, 삼성, LG도 인도 크리켓의 주요 후원기업이기도 하다. 4년마다 한 번씩, 주로 영연방 국가들이 모이는 크리켓 월드컵은 100개국 이상에서 중계되는 가운데 약 20억 명 이상이 지켜본다. 이 때문에 크리켓은 세계에서 축구 다음으로 인기 높은 스포츠로 꼽힌다. 이제 인도 크리켓 선수들의 천문학적인 수입이 조금은 이해될 것이다.

사실 인도는 인구나 국력에 비해 올림픽 성과는 아주 형편없다. 인도인들이 오직 크리켓에만 열중해 다른 스포츠에는 관심이 없기 때문이다. 한국 아이들은 여럿이 모이면 축구를 하지만, 인도 아이들은 작은 공터만 있으면 크리켓을 한다. 그리고 학교가 끝나면 프로선수를 꿈꾸며 크리켓 학원으로 향하기도 한다. 그럼 도대체 인도인들은 왜

마을 공터에서 크리켓을 즐기는 인도 아이들. ────────────

이렇게 크리켓에 열광하는 걸까?

　많은 스포츠가 그렇듯 크리켓도 영국에서 시작돼 제국주의와 함께 세계로 퍼져나갔다. 그리고 인도에는 19세기 중후반 식민 지배와 함께 크리켓이 소개되었다. 영국은 다른 유럽 국가들과 달리 스포츠를 식민 지배 수단으로 적극 활용했다.

　영국인들은 크리켓이 신사들이나 하는 스포츠라며 처음엔 자기들끼리만 즐겼다. 그러다 식민 통치가 점차 자리 잡게 되면서 인도의 상류층에도 개방했다. 영국 입장에서는 크리켓을 통해 스포츠맨십과 복종심을 가르치고 싶었던 것이다. 일종의 문화제국주의였던 셈이다. 하지만 인도의 상류층에게 크리켓은 영국의 지배층과 교류할 수 있는 절호의 기회였다. 이 둘의 이해관계가 맞아떨어진 것이다. 이후 지역, 부족, 종교집단별로 크리켓팀이 생겼고, 영국팀도 결성되면서 이들 간에 교류전이 활발해졌다.

이렇게 시작된 인도에서의 크리켓은 묘하게도 민족주의적인 방향으로 흘러갔다. 사실 인도로서는 영국을 한 번이라도 이겨볼 수 있는 게 크리켓밖에 없었다. 그리고 영국을 이겨도 아무 문제가 생기지 않는 유일한 합법적 공간이었다. 영국과의 경기마다 인도 사람들은 열광하기 시작했고, 크리켓은 인도인의 애국심을 끌어올리는 역할을 하게 되었다.

이런 역할 덕에 크리켓은 1947년 영국이 인도에서 철수한 후에도 인도에서 계속 인기 있는 스포츠로 남게 되었다. 무엇보다 크리켓이 국민 스포츠가 된 결정적인 이유는 파키스탄과의 오랜 정치적인 갈등 때문이다. 종교 대립으로 파키스탄이 분리 독립한 이래 양국은 몇 차례의 전쟁도 불사한 원수지간이 되었다. 그래서 두 나라 간에 크리켓 경기가 열리면 거의 전쟁과 다름없었다. 2015년 인도와 파키스탄의 국가대항전에서는 무려 10억 명이 넘는 인구가 이 경기를 관전했다. 인도인들은 종교, 민족, 언어, 카스트에 상관없이 이때만큼은 하나가 되어 국가를 응원했다. 인도 정부도 이 점에 주목했다. 다채로운 14억 인도인을 하나로 만드는 유일한 수단. 그래서 인도 정부는 국내의 여러 상이한 집단을 결속시키기 위해 크리켓을 더욱

장려하게 되었다.

여기에 더해 1983년 월드컵 우승은 인도에서 크리켓의 인기를 폭발시켰다. 자신을 식민 지배했던 영국 한복판에서 트로피를 들어 올렸으니⋯ 이후 크리켓은 인도의 자부심이자 자존심이 되었다. 오랜 시련을 겪었던 인도가 처음으로 "이것만큼은 우리가 세계 1등이다!"라고 자랑할만한 거리가 생겼으니 그럴 만도 했다.

사실 이런 역사가 아니더라도 크리켓은 인도인들의 기질이나 문화와 은근히 잘 어울리는 특성이 있다. 우선 크리켓은 인도인의 신체적 특성과 잘 맞는다. 축구나 농구를 잘하려면 키도 크고, 체력도 뛰어나야 한다. 하지만 인도인들은 비교적 왜소한 편이다. 크리켓 선수들을 보면 국적이 어디든 그다지 덩치가 크지 않다. 민첩성이 더 중요하기 때문이다. 인도에는 채식주의자가 많다. 크리켓은 한여름 땡볕에서 오래 버텨야 하기 때문에 몸의 열을 높이는 고기는 좋지 않다. 오히려 채식주의자가 더 유리한 측면이 있다.

크리켓은 축구만큼이나 돈이 들지 않기 때문에 가난한 인도인들도 충분히 즐길 수 있었다. 크리켓 준비물은 공과 나무 방망이뿐이다. 장소도 골목이든, 공터든, 상황에 맞춰서 하면 되니 아무 관계 없다. 야구와 달리 맨손으로 공을 잡으면 되니 글로브도 필요 없다.

크리켓은 세계에서 경기 시간이 가장 긴 스포츠다. 보

통 낮 2시에 시작하면 밤 9시나 10시가 돼야 끝이 난다. 요즘에는 중계 시간을 고려해 3시간 정도로 짧게 줄여서도 하지만 클래식 게임에서는 한 경기를 끝내는 데 5일이 걸리기도 한다. 그러니 경기 중에 밥도 먹고, 차도 마시고, 잡담도 나누면서 쉬엄쉬엄하게 된다. 느긋한 인도인들의 기질과 딱 맞는 셈이다. 성격 급한 우리나라 사람들은 지루하게 느껴질 수도 있지만 특별한 오락거리가 없는 인도에서는 길면 길수록 즐길 시간도 많아지니 인도인들은 여전히 장시간 경기하는 클래식 게임을 좋아한다.

규칙도 야구와는 비할 바 없이 단순해 교육 수준이 낮은 인도인들도 쉽게 이해할 수 있다. 우선 경기는 한 팀당 11명씩 한다. 그리고 널찍한 운동장 한가운데에 피치pitch라는 공간이 있다. 길이 20미터, 너비 2.64미터의 이 직사각형 공간에서 투수가 원바운드로 공을 던지고, 타자가 이 공을 치면 된다. 파울이 없어서 360도 아무 공간으로 쳐도 상관없다. 피치 양 끝에는 위킷wicket이라는 나무 막대가 서 있다. 타격한 다음 공이 위킷에 오기 전에 타자와 주자가 이 구간을 달리면 1점을 얻게 된다. 4개의 베이스를 돌아야 하는 야구와 달리 크리켓은 1, 2루의 왕복 달리기라고 생각하면 된다. 여기에 펜스까지 공이 굴러가는 장타를 치면 4점, 펜스를 넘기는 홈런은 한꺼번에 6점을 준다. 10명의 타자가 아웃 될 때까지 이닝이 계속돼서 점수는 보통 세 자릿수는 기본이다. 이 정도만 알아도 크리켓을 하는 데는 아무 문제가 없다.

오늘날 인도인들이 크리켓에 열광하는 가장 중요한 이유는 신분 상승의 지름길이기 때문이다. 마치 브라질이나 아프리카 아이들이 틈만 나면 축구를 하는 것과 비슷하다. 하지만 인도는 카스트 때문에 브라질이나 아프리카보다 신분 상승이 더욱 어렵다. 이를 단박에 뛰어넘는 게 바로 크리켓을 잘하는 것이다. 프로선수나 대표선수가 되면 앞에서 이야기한 것처럼 엄청난 수입이 보장되고, 어쩌면 하위 카스트에서 졸지에 상위 카스트도 숭배하는 신이 될수도 있으니 말이다.

카스트 얘기를 하나 더 하자면, 인도에서는 다른 카스트 간에 몸이 닿는 것을 극도로 꺼린다. 그런데 크리켓은 선수들 간에 몸 닿는 일이 거의 없는 스포츠다. 바로 이 점도 인도에서 크리켓이 인기를 얻게 된 인도만의 이유라고할 수 있다.

그 무엇이 되었든 크리켓은 인도라는 국가를 중심으로 14억 명의 사람들이 하나 된 동질감을 느끼게 하는 거의 유일무이한 문화 수단이다. 곰과 남자는 공만 있으면 온종일 놀 수 있다고 한다. 아무리 그래도 크리켓이 뭐라고 이 공놀이 하나가 그런 역할까지 하게 되는지 알 듯 모를 듯하다.

기독교의 중심,
유럽에서 교회가
사라지고 있다

교회가 없는 유럽의 풍경은 상상하기 어렵다. 과장해서 말하자면 유럽에선 500년도 안 된 교회는 오래됐다고 치지도 않는다. 수백 개 이상의 전통 있는 교회들이 유럽의 도시들을 더욱 고풍스럽게 만들기도 했다.

하지만 오늘날 이 교회들은 유럽에 점차 해결하기 어려운 무거운 짐이 되어 가고 있다. 유지하자니 보수비가 너무 많이 들고, 방치하자니 도심의 미관과 안전을 해치는 흉물이 되니 말이다. 유럽에 이런 문제가 생긴 건 무엇보다 신자가 대폭 줄었기 때문이다. 그래서 이는 단순한 교회의 존폐 문제가 아니다. 이 현상을 분석한 미국의 대표 일간지 〈USA 투데이〉는 "유럽에서 교회가 죽어가고 있다"라며 "더 이상 유럽을 기독교 국가라고 말하기 어려워졌다"라고 진단한 바 있다. 오랜 세월 기독교의 중심지였던 유럽에 무슨 일이 일어나고 있는 걸까?

유럽에선 워낙 오래된 교회가 많다 보니 웬만해선 보호 대상인 유적지로 지정되지도 못한다. 옛날처럼 특정 가문의 전폭적인 후원을 기대할 수 있는 시대도 아니다. 또 많은 교회는 전적으로 교인들의 헌금에 의존한다. 그런데 교회의 예배 참석자가 고작 30~40명, 그것도 노인들뿐인 교회가 수두룩하다. 인구가 적은 시골로 갈수록 문제는 더 심각하다.

대부분의 역사적인 교회 건축물들은 50년마다 대대적인 복원 공사가 필요하다. 이 비용을 감당할 수 없게 된 유럽의 교단들은 교회 건물을 잇달아 민간에 내놓고 있다. 인터넷에 조금만 검색해봐도 부동산 중개업소에 매물로 올라온 교회가 수두룩하다. "성스러운 교회를 거주지로 개조하면 천국을 맛볼 수 있다"라고 홍보하며 교회 매입을 부추기는 달콤한 광고도 적지 않다.

매각된 교회는 서점, 카페, 레스토랑, 아파트, 호텔, 유치원, 극장, 박물관 등 다양한 용도로 사용되지만, 때론 매우 불경한 장소로 쓰이기도 한다. 신성시되던 교회가 하루아침에 나이트클럽이나 스트립바로 변신하기도 한다. 독실한 신자들의 비난을 감수하지 않을 수 없을 만큼 유럽의 많은 교회가 다급한 처지라는 것을 보여주는 극명한 사례다.

영국의 성공회 교회는 총 1만 6,000개 정도 된다. 이 중

4분의 3이 일종의 문화재인 역사적 건물이다. 하지만 영국 성공회는 지금 큰 위기를 맞고 있다. 교회의 4분의 1 이상이 일요일 예배 참여자가 20명도 안 된다. 이미 1980년대부터 30년 동안 9,000개의 교회가 문을 닫았다.

이 와중에 스코틀랜드 에든버러에 있는 한 루터 교회는 '프랑켄슈타인'이라는 이름의 술집으로 바뀌었고, 브리스톨에 있는 세인트폴 교회는 서커스 훈련 학교가 새 주인이 되었다. 교회의 높은 천장이 서커스에 딱이었던 것이다. 맨체스터 북쪽의 작은 도시인 클리데로Clitheroe의 한 감리교회는 놀랍게도 이슬람 사원이 되었다. 하지만 영국에선 아직도 1,600개 정도의 교회가 신자가 없어 추가적인 폐쇄나 판매가 불가피한 상황이다.

오죽하면 지금 영국은 미국 남부의 침례교단으로부터 선교 대상지로 지정되어 있다. 미국 남부교회의 영향을 받는 우리나라의 개신교들도 수시로 영국에 선교하러 다니고 있다. 한때 세계 선교의 중심지였던 영국의 위상을 생각하면 정말 격세지감을 느끼게 된다.

그런가 하면 프랑스에는 1만 5,000개의 역사적인 교회가 있다. 이들 교회는 그나마 정부 보조금으로 버텨나가고 있다. 하지만 프랑스에서도 가톨릭 신자들이 급감하고 있다. 주일 미사에 참여하는 프랑스 가톨릭 신자들은 10명 중 1명뿐이다. 이제 프랑스도 성당을 헐거나 혹은 팔거나를 선택해야 하는 한계점에 서 있다. 그렇게 되면 당장 5분의 1인 3,000개가 바로 그 대상이 될 것이다.

독일 역시 신교, 구교 가릴 것 없이 위기다. 지난 20년간 가톨릭 성당은 500개 이상이 문을 닫았다. 이 중 3분의 1은 그냥 헐어버렸고, 3분의 2는 미술관, 카페, 펍을 운영하는 업체에 팔았다. 이 바람에 성직자는 물론, 교회 관련 직원의 40퍼센트가 해고되었다. 개신교도 340개 이상이 폐쇄되었는데 심지어 함부르크의 교회는 이슬람 센터가 되었다.

2만 개 이상의 교회가 있는 이탈리아에서는 적어도 1,000개가 아무도 쓰지 않아 폐허 상태다. 로마의 한 중세 성당은 그나마 주인을 새로 맞았는데 '사크로 에 프로파노Sacro e Profano', 즉 '신성하면서 불경한'이라는 얄궂은 이름의 레스토랑이 들어섰다.

보수적인 가톨릭 국가인 스페인은 신자의 5분의 1만이 미사에 참석하면서 교회가 스케이트보드장, 바, 나이트클럽으로 개조되고 있고, 체코는 프라하의 800년 이상 된 성미카엘 성당을 스트립쇼 업체에 팔아 큰 충격을 줬다.

이렇듯 유럽 국가들의 사정이 비슷비슷하지만 뭐니 뭐니 해도 유럽에서 가장 심각한 나라는 네덜란드다. 암스테르담의 유서 깊은 한 교회는 나이트클럽 겸 공연장으로 바뀌어 마돈나가 공연했고, 13세기 도미니코 수도회가 지은 성당은 서점으로 바뀌었으며, 고색창연한 수도원들은 매각 후 호텔과 대학으로 탈바꿈되었다. 이렇게 네덜란드에선 지난 10년간 가톨릭 교회 1,600개 중 3분의 2가 문을 닫았고, 개신교 교회도 약 700개가 철거 혹은 매각 직전이다. 1950년대만 해도 신자의 90퍼센트가 예배에 참석했지만, 지금은 5퍼센트도 되지 않으니 교회 재정이 버틸 수가 없는 것이다.

교회는 남아도는데 미사나 예배를 이끌 성직자가 부족한 것도 유럽 교회가 안고 있는 고민이다. 얼핏 기현상처럼 보이지만 사제 지망생이 더 빠른 속도로 줄고 있기 때문이다.

프랑스는 정원이 채워지지 않자 아프리카 식민지 출신의 사제들에게 미사를 맡기고 있다. 그 숫자가 전체 1만 1,500명의 성직자 중 5분의 1이나 된다. 영국 역시 과거 자신들의 식민지였던 스리랑카, 인도, 남아공 등지에서 성직자를 수입하고 있다. 스위스도 인도 남부 케랄라주 출신의 사제가 많이 들어와 있다. 전통적인 가톨릭 국가인 이탈리아에서는 본당의 최대 40퍼센트가 동유럽과 아시아 출신의 성직자에 의해 운영되고 있다. 만성적인 사제 부족을 겪고 있는 독일에선 "교회는 사제가 있는 곳에서만 존재한다"라는 그간의 교회법에서 벗어나 점차 평신도에게 미사 집전을 맡기는 방안을 연구하고 있다.

한때 '유럽인은 곧 기독교인'이라는 등식이 있었던 유럽에서 왜 기독교가 이렇게 급쇠퇴하는지를 이해하는 건 쉽지 않다. 서구의 기독교 국가들이 이야기하는 이유도 중

구난방이다. 그중 몇 가지를 살펴보자면, 우선 출산율 저하가 큰 원인이다. 이는 높은 출산율로 유럽에서 교세를 유지하는 동방 정교회와 이슬람을 보면 확연히 비교된다. 교세를 지탱해줄 인구 베이스 자체가 무너진 것이다. 여기에 오랜 세월 기독교 가치관이 퇴보하면서 이혼율도 급상승했다. 일요일만 되면 다 함께 교회로 향하던 유럽의 전통적인 가족이 해체되면서 소위 모태신앙도 더는 기대하기 힘들어졌다.

사람은 안전하고 편안하며, 예측이 가능한 환경에서 자라면 훨씬 덜 종교적으로 된다고 한다. 서유럽은 2차대전 이후 평화와 함께 경제적인 부를 누려왔다. 즉, 종교의 효용성이 떨어지는 환경이라 할 수 있다.

국가의 역할 변화도 기독교 쇠퇴의 중요한 요인이다. 연구 결과 고소득 국가일수록 그리고 복지 국가일수록 그 나라의 종교성은 약화된다고 한다. 즉, 교회가 일정 부분 담당했던 국민의 복지를 국가가 도맡아 하면서 교회로 사람이 몰릴 이유가 줄어든다는 것이다.

진리로서의 성경에 의문을 제기하게 만드는 과학의 발달과 일반인들의 높아진 교육 수준, 종교에 대한 신뢰도를 떨어뜨리는 잇따른 성 추문 스캔들, 그리고 주말이면 교회 대신 야외로 향하게 하는 주5일제 정착도 하나의 이유로 꼽힌다.

이유가 뭐가 됐든 미래에도 유럽에서 기독교가 예전 같

은 명성을 갖기는 힘들 것이다. 젊은층의 이탈이 갈수록 더 심해지고 있기 때문이다. 16~29세를 대상으로 한 설문조사 결과 교회 출석은커녕 다수가 아예 신의 존재 자체를 믿지 않고 있다. 체코의 젊은층 91퍼센트를 비롯해 대부분의 유럽 국가에서 젊은층의 60퍼센트 이상이 무교라고 답했고, 이 추세는 점점 더 빨라지고 있다.

"종교가 자신의 생활에 중요한가"를 묻는 또 다른 조사에서도 유럽의 젊은층은 단 21퍼센트만이 "그렇다"라고 답했다. 그래서 영국의 종교 사회학 교수인 스테판 불리번트Stephen Bullivant는 "유럽에서 기독교는 100년 내로 사라질 것"이라고 말하기도 했다. 그 정도는 아니더라도 이제 유럽에서 기독교가 삶과 문화의 중심이었던 시절은 끝나가는 것 같다.

이탈리아는
무엇으로
먹고사는가?

우리나라 사람들의 이탈리아에 대한 흔한 이미지가 하나 있다. 바로 "조상 잘 둔 덕에 관광으로 먹고사는 나라"다. 언론조차 이런 식으로 이탈리아를 자주 표현하곤 한다. 과연 이게 사실일까? 그렇지 않다. 조금만 생각해봐도 관광 하나만으로 G7이 된다는 건 상식적이지 않다. 그럼 이탈리아는 무엇으로 먹고사는 나라일까?

이탈리아에서 관광업이 매우 중요한 산업인 건 분명하다. 코로나 전인 2019년에는 이탈리아 여행이 정점을 이뤄 관광업이 국내총생산GDP의 13.2퍼센트를 차지했다. 호텔, 여행사, 렌터카 등 관광 관련 직간접 일자리는 320만 개나 되었다. 그리스의 20.6퍼센트, 스페인의 14.6퍼센트보다는 낮으나 상당한 비중인 건 사실이다. 그럴 만도 한 것이 이탈리아는 한해 6,200만 명의 여행자가 찾는 관광 대국이다. 자신들의 6,000만 인구보다도 더 많은 셈이다. 세계에서는 프랑스, 스페인, 미국, 중국에 이어 다섯 번째다.

그렇다고 이 산업 하나만으로 세계 8위 규모의 경제 강국이 될 수는 없다. 이탈리아는 잘 나가던 1990년대에는 한때 영국을 제치고 세계 5위 경제 대국에 올랐던 나라다. 그 비결은 조금 뜻밖이라고 생각하겠지만 바로 제조업이다. 이탈리아는 우리의 선입견과 달리, 그것도 분야별로 골고루 발달된 제조업을 가진 나라다.

이탈리아는 유럽에서는 독일에 이어 두 번째의 제조업 강국이다. 영국이나 프랑스보다도 더 위다. 유엔 통계국이 발표한 데이터에 따르면 이탈리아는 2019년 세계 제조업 생산량의 2.1퍼센트를 차지해 세계 7위다. 한국은 3퍼센트로 6위다. 동시에 이탈리아 GDP의 24퍼센트가 제조업에서 나오고, 국민의 30퍼센트 정도가 제조업에서 일하고 있다. 한국의 제조업 취업자 수가 국민 전체의 10퍼센트 미만이니 얼마나 많은 이탈리아 사람들이 제조업으로 먹고사는지 비교할 수 있을 것이다.

이탈리아는 물리, 화학, 생리, 의학 등 과학 관련 노벨상 수상자만 13명을 배출한 나라이기도 하다. 그만큼 기초과학 분야가 강한 나라다. 이를 바탕으로 이탈리아는 기계, 화학, 자동차, 항공, 금속, 자전거, 악기, 패션, 식품, 가구, 세라믹, 신발 등 중공업과 경공업을 가리지 않고 정말 다양한 분야에서 세계적 수준의 기술력을 보유하고 있다.

이 중에서 구찌, 프라다, 아르마니 등 수많은 명품브랜드를 보유한 패션 산업은 압도적으로 세계 1위다. 근래 들어 의약 부문에서도 강세를 보여 알츠하이머와 암 치료제 등 제약 생산 유럽 1위국 역시 바로 이탈리아다.

사실 우리나라와 이탈리아는 서로의 경제 위상에 비해 그다지 교역이 활발한 사이는 아니다. 수출과 수입에서 차지하는 비중 모두 1퍼센트 언저리에 불과하다. 때문에 이탈리아 경제에 대해 낯설게 느껴질 수밖에 없다. 우리뿐만이 아니다. 이탈리아는 중국과도 그다지 교역량이 많지 않다. 이탈리아 수출입의 상당 부분은 유럽 국가들 사이에서 이루어지고 있다. 땅에서도, 바다에서도, 유럽의 중심부라는 지리적 위치의 유리함을 적극 살리고 있는 것으로 보인다.

그런데 '이탈리아' 하면 떠오르는 대기업이 있는가? 아마 자동차 회사인 피아트나 의류 회사인 베네통 정도가 아닐까? 바로 이 점이 이탈리아 제조업의 독특함이다. 이탈리아는 그야말로 초미니 기업들의 천국이다.

중소기업이 국가 경제를 지탱하는 대표적인 나라들을 꼽자면 독일, 이탈리아, 대만 등이다. 이 중 이탈리아는 기업 규모가 그 어느 나라보다도 작다. 하지만 역사가 가장 오래 됐고, 오랜 축적으로 인해 기술력이 뛰어난 중소기업들이 상당히 많다.

이탈리아에는 약 440만 개의 기업이 있다. 이 중 직원

250명이 넘는 대기업 수는 고작 3,800개 정도다. 그리고 전체 기업의 95퍼센트가 10명 미만인 초소형 사업체다. 직원이 5명도 안 되는 기업은 300만 개나 된다. 즉, 이탈리아 사람들의 대다수가 이런 작은 업체에서 일한다고 보면 된다.

대한민국 헌법 제1조는 "대한민국은 민주공화국이다. 대한민국의 주권은 국민에게 있고, 모든 권력은 국민으로부터 나온다"라고 되어 있다. 반면 이탈리아 헌법 제1조는 "이탈리아 공화국은 노동에 기초를 두는 민주공화국이다"라고 되어 있다. 그만큼 이탈리아는 노동자의 권익을 굉장히 중시하는 나라다.

기업은 늘 강력한 노조를 피하고 싶어 한다. 그런데 이탈리아 노동법은 15명 이하인 사업체에는 굉장히 관대하다. 물론 세금 혜택도 있다. 이것이 이탈리아에 초미니 기업이 많은 이유다. 러시아의 푸틴도 사용한다는 최고급 가구업체 치테리오Citterio도 공교롭게도 직원이 12명뿐이라고 한다.

이탈리아 경제가 직원 10명 미만의 소위 '마이크로 기업'이 중심이 된 데에는 역사적인 이유도 있다. 이탈리아는 통일된 지 이제 고작 160년 정도 되었다. 이탈리아는 로마 제국 멸망 후 1,500년 이상이나 많은 도시국가로 분열되어 있었다. 각 도시국가는 자급자족을 위해 옷과 신발, 가구, 가죽, 도자기, 금은세공품들을 자체적으로 생산

해야 했다. 가내수공업처럼 작은 규모로 물건을 만들던 이 업체들이 통일 후에도 고스란히 남아 마이크로 기업이 된 것이다.

하지만 중소기업이 많다고 이탈리아처럼 모든 국가가 부강해지는 건 절대 아니다. 여기에 이탈리아만의 또 다른 비결이 숨어 있다. 이탈리아의 작은 기업들은 동종업체들 끼리 '클러스터'를 이루고 있다. 즉, 같은 일을 하는 마이 크로 기업들을 지역별로 특화해 거미줄처럼 연결했다.

예를 들어 이탈리아 북부의 작은 도시 발렌차Valenza는 귀금속으로 특화된 마을이다. 4~5명이 일하는 수백 개의 공방이 힘을 합쳐 제품을 만들고 있다. 2만여 명의 마을 인구 중 거의 절반이 같은 일을 하며 노하우를 공유하고, 공동으로 마케팅을 한다. 이런 역사가 130년이나 되었다.

이탈리아 중북부의 중세 도시 크레모나Cremona도 비슷 하다. 수백 개의 작은 공방들이 수평적인 분업을 통해 스 트라디바리우스, 과르네리, 아마티 등 최고의 현악기 명품 들을 만들고 있다. 이 역시 300년이나 되었다.

이런 클러스터가 이탈리아 전역에 200개 넘게 있다. 자 동차의 토리노, 패션의 밀라노, 기계의 볼로냐, 구두의 베 로나, 조선의 제노바가 대표적인 클러스터들이다. 이렇게 클러스터 내에서 협력하면 중소기업에서는 쉽지 않은 연 구개발R&D과 '규모의 경제'도 가능하고, 공동생산으로 생산원가도 낮출 수 있다. 이 덕에 이탈리아의 마이크로 기업들은 강소기업이 되어 각 분야에서 메이드 인 이탈리아 명품들을 만들어내고 있다.

하지만 클러스터형 강소기업들은 2000년대 들어 그 한계점을 뚜렷이 드러내고 있다. 아무리 협업을 한다고 해도 대기업만큼 규모의 경제를 실현하긴 어렵다. 그래서 이탈리아 기업들은 세계화라는 무한경쟁 속에서 점차 가격 경쟁력을 잃어가고 있다. 그야말로 장인들이 한땀한땀 정성을 들여 물건을 만들다 보니 품질은 뛰어나지만 글로벌 스탠다드에서 자꾸만 뒤떨어지게 된다. 때론 이 장인정신이 시장변화에 따른 신속한 대응을 저해하는 요소로 작용하기도 한다. 이탈리아의 마이크로 기업들이 대부분 가족 사업이라 생산성은 유럽 연합EU 최하위 수준이다. 물려받을 가족 사업이 없는 젊은이들은 취직하는 게 하늘의 별 따기고, 가족 사업을 물려받는 젊은이들의 대학 진학률은 거의 바닥 수준이다. 오죽하면 이탈리아에서는 명함의 이름 앞에 'Dott.'라고 붙이는 경우가 많은데 바로 대졸이란 뜻이다.

이런 문제들로 인해 이탈리아 경제는 2000년대 들어 성장이 멈춘 상태다. 급기야 코로나 직격탄을 맞으면서 이탈리아는 1인당 GDP가 우리보다 약간 낮은 수준을 기록했다. 2021년 1월 IMF 발표에 따르면 이탈리아는 3만 1,052달러이고, 대한민국은 3만 1,366달러다. 10월 발표에서는 근소하게 다시 역전되었지만 우리가 일시적으로나마 1인당 GDP에서 G7 국가를 추월한 것은 처음 있는 일이었다.

사실 이탈리아는 정말 G7 국가가 맞나 싶을 정도로 여러 면에서 많은 문제점을 안고 있다. 행정이 엉망인 것이야 워낙 유명하고, 탈세와 부정부패는 너무나 광범위하며, 마피아를 비롯한 지하경제 규모는 GDP의 12퍼센트나 차지한다. 국가 부채는 150퍼센트를 넘어서고 있고, 청년실업률은 심할 때는 거의 35퍼센트까지 치솟기도 했다. 여기에 낮은 교육 수준, 유럽 바닥권의 외국인 투자와 노동 생산성, 국가를 분열시키는 심각한 남북 간 경제 격차 등 앞날도 어두워 보인다.

그런데 이탈리아의 경제위기는 한두 해 전의 얘기가 아니다. 30년 전에도 국제 언론에서는 이탈리아가 위험하다는 보도를 쏟아냈다. 하지만 보란 듯이 지금도 굳건히 G7의 자리를 지키고 있다. 이를 '피사의 사탑 경제'라고도 한다. 13세기 건축할 때부터 기울어지기 시작한 피사의 사탑은 곧 무너질 듯 위태해 보이면서도 지금까지 잘 버티고 있다. 이탈리아 경제와 비슷하다.

결국 머지않아 우리나라에게 따라잡히게 될지, 아니면 앞으로도 피사의 사탑처럼 이탈리아 경제가 버틸 수 있을지 두고 볼 일이다.

중국 남자들은
왜 퇴근해서
밥까지 하게 됐을까?

얼마나 많은 중국 남자가 퇴근 후 아내 대신 요리를 하는 지에 관한 통계는 없다. 중국은 땅이 워낙 넓고, 인구도 많다 보니 당연히 지역에 따라 문화와 풍습도 무척 다르다. 중국 동북 3성인 흑룡강성, 길림성, 요령성의 남자들은 절대 부엌에 들어가지 않는 것으로 유명하다. 척박한 환경 탓인지 마초들이 많다고 한다. 돈이 많기로 소문난 중국 남부의 광동성 남자들도 집에서 요리를 잘 하지 않는다고 한다. 반면 상해와 우한에서는 여자들이 부엌에 가지 않는 걸로 유명하다. 시골보다는 대도시일수록 남자들이 요리하는 가정이 많아 70퍼센트 정도는 될 것이란 얘기도 있지만 공식 통계는 아니다. 홍콩이나 대만도 비슷한 분위기다.

2018년 조사에 의하면 중국의 여성들은 하루 166분, 남성은 110분 동안 집안일을 한다고 한다. 얼핏 짧아 보일지 모르지만, 중국 도시 여성의 90퍼센트 이상이 직장을 갖고 있으며, 아침과 점심 식사는 주로 밖에서 해결한다는 점을 감안해야 한다. 어쨌든 이 통계만 봐도 중국 남성의 가사 노동시간은 한국 남성의 45분에 비해 2배 이상 길다. 그만큼 중국 남자가 한국 남자보다 요리를 포함해 집안일을 훨씬 더 많이 한다는 걸 알 수 있다.

그럼 이제 왜 중국 남자들이 공자의 오랜 가르침을 벗어나 직접 요리를 하게 되었는지 알아보자. 우선 이런 풍조가 정착된 건 그리 오래된 일이 아니다. 기본적으로 여성들이 사회생활을 하면서부터 생긴 현상이다. 전족으로 상징되는 중국 여성들의 낮은 사회적 지위에 변화가 온 것은 사실상 공산혁명 덕이다. 당시 모택동은 "여성은 하늘의 반을 떠받친다妇女能顶半边天"는 유명한 구호를 내세워 여성을 가정에서 끌어냈다. 하지만 구호만 요란했을 뿐 실제적인 여성 해방은 없었다.

그러다가 1966년부터 10년간 중국은 문화대혁명이라는 대혼란기에 들어섰다. 모택동의 권력욕에서 비롯된 문화대혁명은 다른 나라에서는 유례를 찾기 힘든 대참사를 가져왔다. "옛것은 모조리 숙청하라. 너희의 부모들까지"라는 슬로건 하에 수없이 많은 전통문화가 파괴되고, 수없이 많은 사람이 모욕을 당하며 죽었다.

그런데 아이러니하게도 중국인조차 최악의 흑역사라

고 여기는 이 문화대혁명이 중국 여성의 지위를 획기적으로 높여주었다. 모택동은 어린 학생들과 함께 여성들을 이 혁명의 전면에 내세웠다. 왜 그랬을까? 전통적인 가부장 제도와 남존여비는 타도해야 할 봉건잔재의 전형이었기 때문이다. 그러니 피해자들인 여성이 앞장서 그 구습을 깨부수라고 선동한 것이다. 졸지에 기득권이 된 남성들은 남녀평등에 어긋나는 행동이나 말을 할 경우 봉건적인 가치관을 가졌다 하여 수용소에 보내졌다. 사실 이게 무서워 남자들이 조금씩 밥을 하게 된 것이다.

그리고 이 여성들은 10년의 문화대혁명이 끝난 후 집단 농장과 산업 현장으로 내몰렸다. 중국 여성들의 사회생활은 남녀평등으로 포장돼 이렇게 시작된 것이다.

중국의 문화대혁명은 경제에도 악영향을 끼쳐 중국을 30년 이상 퇴보시켰다. 이후 실권을 잡은 등소평이 경제를 살리기 위해 1980년대에 개혁개방 정책을 펴게 되었다. 그래서 심천, 상해, 청도, 천진 등 해안가의 도시들이 발전하게 되었다. 문제는 국가의 모든 자원을 공업 도시 개발에 집중하는 바람에 농촌 경제가 망가졌다는 것이다. 그래서 일자리를 찾아 농사를 짓던 사람들이 대거 도시로 이주하게 되었다. 이 사람들이 농민공農民工이다.

저임금에 시달렸던 농민공들은 대부분 도시 빈민이 되었다. 도저히 혼자 벌어서는 아이들을 교육하는 것도, 고향의 노부모님에게 돈을 보내는 것도 불가능했다. 생계를 위해 이제 아내가 직업을 갖는 것은 선택이 아니라 필수가 되었다. 원래 농촌 출신 남자들은 오랜 전통의 영향으로 보수적인 경향이 있다. 밥을 하기는커녕 집에서 청소조차 하지 않는 사람들이었다. 하지만 경제적인 압박 속에서 남자들은 타협하기 시작했다. 아내가 일하러 나가는 대신 가사를 분담하기로 한 것이다. 이 중에는 '저녁밥 하기'도 포함되어 있었다.

현실적인 삶의 무게 탓이기는 하지만 어쨌든 이렇게 해서 중국 남자들이 부엌에 드나드는 것은 점차 자연스러워져 갔다. 그리고 조금씩 여러 계층과 지역으로 확산되었다. 이렇게 분위기가 익어가는 가운데 극단적인 성비 불균형이 더 많은 남자가 집에서 요리를 할 수밖에 없도록 만들었다.

중국은 개혁개방 정책과 거의 동시에 '1가구 1자녀' 정책도 밀어붙였다. 한마디로 "사람이 너무 많아 먹고살기 힘드니 인구 증가라도 막자"라는 것이다. 하지만 중국의 오랜 남아선호사상을 무시한 이 인위적인 정책은 생각지 못한 부작용을 낳았다. 딸일 경우 낙태하거나, 내다 버리는 일이 비일비재했고, 심지어는 죽이기도 했다.

이렇게 되자 살아남은 여성들은 아주 귀한 몸이 되었다. 엄청난 남초 현상이 만들어진 것이다. 남녀 성비는 보통 여아 100명당 남아 105명의 비율일 때 가장 이상적인 것으로 본다. 중국은 어땠을까? 2007년의 중국 통계를 보면, 남녀 출생비율이 여아 100명당 남아 120명이다.

2019년의 15세 이상 미혼남녀만을 떼어 놓고 보면 이 문제가 얼마나 심각한지 더욱 실감하게 된다. 무려 여성 100명당 남성 153명이다. 짝을 지으려면 여성 100명을 놓고 남성 153명이 경쟁해야 하는 것이다. 그래서 중국에서는 남자가 결혼하려면 지참금을 내야 한다. 대도시는 덜하지만, 중소 도시나 농촌에서는 흔한 일이다. 이뿐 아니라 집과 자동차를 포함한, 소위 빅3를 요구받기도 한다.

돈이 없어 결혼하지 못한 남자를 중국에서는 '셩난剩男'이라고 부른다. '남겨진 남자'라는 뜻이다. 이 남겨진 남자가 2019년 기준으로 4,400만 명이다. 거의 우리나라 인구만큼이다.

북한 성비를 잠깐 보자면, 최근 자료에 의하면 북한은 중국과 반대로 여성 100명당 남성이 80명뿐이라고 한다. 아마 세계에서 가장 낮은 비율일 것이다. 6·25 전쟁의 영향도 남아 있을 테고, 10년이라는 군복무 기간 등 남자로서 살기 힘든 환경 때문이기도 할 것이다. 북한에서는 중국과 반대로 남자를 두고 여자들이 경쟁해야 하니 가정에서 남자들의 발언권이 센 경우가 상당히 많다.

다시 본론으로 돌아와, 적은 여성을 두고 치열한 경쟁을 해야 하는 중국 남자들은 매력 발산을 위해 뭐라도 해야 하는 처지가 되었다. 물론 남보다 더 많은 지참금, 더 좋은 차, 더 큰 집으로 여자들을 유혹하면 좋겠지만 많은 남자에겐 불가능한 얘기다. 그래서 등장한 게 요리다.

중국은 물이 좋지 않아 기름에 튀기는 음식이 발전했다. 그런데 중국 요리의 필수 조리 도구인 웍의 무게가 보통 2~3킬로그램은 나가는 데다 늘 거센 불을 다뤄야 하니 요리는 무척 힘든 일이다. 그러니 식사를 맡아주는, 게다가 요리까지 잘하는 남자라면 결혼하기에 충분히 매력적인 조건이 된 것이다.

농민공 문제가 요리를 기혼 남성층에 퍼뜨렸다면 극단적인 남초 현상은 요리를 결혼 적령기의 젊은 남성층에까지 확대시킨 계기가 되었다. 그래서 오늘날 중국에선 우리와 달리 '집밥' 하면 엄마가 해준 밥이 아니라 아빠가 해준 밥을 떠올리게 되었다.

중국 남성의 요리는 앞에서 본 것처럼 본질적인 가치 변화가 아니라 현실적인 압박에 의한 것이었다. 상황이 바뀌면 중국의 전통 사회인 대남자주의大男子主義로 언제든 다시 돌아갈 여지가 크다는 뜻이다.

중국 경제의 자본주의가 심화되면서 가정 내에서 남자에 대한 의존도가 이미 커지고 있다는 분석도 있다. 요리를 누가 하느냐, 이 변화를 보면 중국 사회의 여러 복잡 미묘한 변화도 함께 감지할 수 있을 것이다.

스타벅스가
세계에서 유일하게
호주에서 실패한 이유

우리나라에 부동산 불패가 있다면 커피 업계에는 스타벅스 불패가 있다. 그만큼 스타벅스는 전 세계에서 거대한 성공을 거두어 왔다. 1971년 미국 시애틀에서 시작된 스타벅스는 올해 현재 약 80개 국가에 3만 4,000개 이상의 매장이 있다. 우리나라만 해도 1,600개 이상의 매장으로 세계에서 네 번째로 많은 나라다.

그렇다고 스타벅스가 모든 시장에서 성공한 것은 아니다. 전 세계에서 딱 한군데, 호주에서만큼은 참패했다. 약 1,400억 원의 적자를 감당할 수 없었던 호주 스타벅스는 2008년 70퍼센트에 달하는 매장을 한꺼번에 폐쇄했다. 뭐가 문제였을까?

스타벅스는 1996년 일본 동경을 시작으로 본격적인 해외 진출에 나섰다. 이어 영국, 한국으로 확장했고, 심지어 스타벅스에 적대적인 '차의 나라' 중국에서조차 대성공을 거두었다. 그러자 무서운 적이 찾아왔다. 바로 자만심이다.

사실 스타벅스는 2000년 7월 시드니에 1호점을 내면서 호주에서의 커피 사업은 '땅 짚고 헤엄치기'일 것으로 기대했다. 호주는 인구의 75퍼센트가 매일 3~4잔의 커피를 마시는 나라이기 때문이다. 커피 매출이 연간 약 60억 달러로 세계 커피 시장의 8퍼센트에 달하는 최고의 시장이었다. 게다가 커피 체인점 중에서는 던킨 도너츠와 글로리아 진스Gloria Jeans를 제외하곤 별다른 경쟁자도 없었다.

커피의 불모지에서도 대성공을 거두었는데 커피 문화의 기반이 다 닦인 호주에서 실패한다는 건 상상도 할 수 없었다. 그래서 처음부터 공격적인 확장에 나섰다. 도심에 오픈한 매장이 자리 잡기도 전에 교외에도 연달아 체인점을 열었다. 하지만 호주는 시드니와 멜버른, 브리즈번 정도를 제외하고는 유동인구가 많은 나라가 아니다. 누가 봐도 시장성에 비해 욕심이 과했지만 스타벅스는 조금도 개의치 않았다.

대개 해외 진출은 시장 조사를 먼저 철저히 하고, 이어 2~3개 정도만의 매장을 열어 현지 반응을 봐가며 전략을 수정하는 과정을 거친다. 하지만 스타벅스는 이를 모두 생략하고 미국에서 성공한 모델을 그대로 호주에 적용하려고 했다. 그리고 7년간 87개의 매장을 열며 최대한 빠르게 커피 시장을 점유하려는 계획이었다.

스타벅스의 성공 모델을 요약하면 "맛있는 커피를, 편안한 공간에서, 도시의 전문직인 여피족에게 제공한다"이다. 스타벅스가 들어서기 전 미국의 커피는 대부분 브라질에서 재배한 로부스타Robusta 품종이었다. 재배는 쉽지만 맛은 떨어지는 커피다. 아라비카Arabica 품종이 더 맛있다는 건 모두 알지만 생산이 워낙 불규칙해 위험부담이 무척 컸다. 하지만 스타벅스는 이를 과감히 도입해 '맛있는 커피'라는 브랜드를 만들 수 있었다.

스타벅스가 들어서기 전 미국의 커피점은 그닥 편안한 공간은 아니었다. 스타벅스는 친구들이 모여 집만큼이나 안락한 공간에서 오랫동안 휴식을 취할 수 있는 공간을 만들고 싶었다. 이런 공간이 미국에서 먹힌 것이다.

사실 맛있는 커피와 편안한 공간이라는 건 커피값이 비싸다는 걸 의미하기도 한다. 이 가치를 알 만한 사람은 우선 전문직과 도심의 회사원들이다. 그래서 스타벅스는 한 도시에서 차근차근 점포를 늘려나가는 것이 아니라 각기 다른 대도시의 도심에 우선적으로 진출했다.

스타벅스의 이 세 가지 핵심전략은 미국뿐 아니라 다른 나라에서도 잘 통했다. 이 당시 스타벅스가 대성공을 거둔 중국, 일본, 한국 등은 미국보다 커피 문화가 낮다는 공통점이 있었다. 유럽에서 가장 성공한 영국도 마찬가지였다. 커피보단 홍차 문화가 더 강했던 곳이다.

그런데 만능열쇠처럼 보였던 이 핵심 성공 전략이 호주

에서는 씨알도 먹히지 않았다. 호주의 도시 골목마다 자리한 6,500여 개의 작은 카페들이 스타벅스보다 수준이 높았기 때문이다.

호주의 커피 문화를 만든 사람은 1900년대 중반에 이민 온 이탈리아와 그리스 사람들이다. 이들은 이때부터 갓 갈아낸 커피 원두로 프리미엄 품질의 커피를 만들었다. 그것도 단골손님들의 취향에 맞는 맞춤형 커피였다. 그래서 호주인들은 이탈리아처럼 에스프레소 같은 하드한 커피 맛을 좋아했다. 이를 기반으로, 진한 라떼인 플랫 화이트Flat White라는 호주의 국민 커피를 만들어냈다.

이런 전통이 벌써 100년 이상 자리 잡은 곳이 호주다. 그런데 스타벅스는 이를 경시하고 미국인의 입맛에 맞는 카푸치노, 캐러멜 마키아토 등의 혼합 커피를 주력으로 내세웠다. 호주 사람들의 취향과는 너무나 다른 것이었다. 더구나 이 커피들은 에스프레소를 즐기는 호주인들에게는 너무나 달았다. 같은 영어권 국가인 호주인들도 미국인들처럼 단 음료를 좋아할 것이라고 너무 쉽게 단정해버린 것이다.

더 큰 문제는 가격마저 호주 카페보다 훨씬 비쌌다는 것이다. 호주 커피는 평균 3.5 호주 달러였다. 그런데 스타벅스 커피는 평균 4.5~5 호주 달러였다. 입맛에 맞지도 않는 이 커피에 30~40퍼센트 이상 비싼 가격을 지불할 이유가 호주인들에겐 전혀 없었다.

스타벅스가 추구하는 '친구들과 함께 시간을 보낼 수 있는 편안한 공간'이라는 개념도 호주에선 전혀 신선하지 않았다. 이미 호주의 카페는 단순한 커피숍이 아니라 친구와 가족, 마을 사람과 카페 주인까지 함께하는 사랑방 역할을 하고 있었다. 호주의 바리스타들은 커피 취향을 이미 아는 단골손님에겐 주문도 받지 않고 늘 마시는 커피를 가져다줄 정도였다.

이렇듯 호주는 카페 주인이나 바리스타와의 개인적인 유대감과 친밀감이 매우 중요한 커피 문화를 갖고 있다. 그래서 자신을 잘 알지도 못하는 바리스타에게 기계적인 서비스를 받는 스타벅스 문화가 호주인들에게는 비인간적으로 느껴진 것이다.

거기에 스타벅스가 자랑하는 40퍼센트 빠른 서비스는 호주에서는 오히려 커피가 문화가 아닌 싸구려 패스트푸드처럼 느껴지게 만들었다. 게다가 마치 장인 같은 이미지가 있는 로컬 커피숍의 바리스타와 달리 스타벅스의 20대 바리스타들은 커피 맛에 대한 의심을 더 키웠다. 그래서 호주 사람들은 스타벅스가 처음 문을 열었을 때의 반짝하는 호기심을 버리고, 자신들이 잘 아는 바리스타가 자신의 입맛에 맞춰 커피를 타주는 전통의 단골 카페로 돌아가 버리고 말았다.

그런데 요즘 호주에서 스타벅스는 다시 되살아날 기미를 보이고 있다. 23개만 남았던 호주의 스타벅스는 어느 덧 약 60개로 늘었다. 하지만 2008년의 실패가 충격이 크긴 컸던 모양이다. 새로 개설된 호주 스타벅스는 고객 타깃층이 이전과는 완전히 다르다. 전통 커피숍에 대한 충성심이 큰 호주인들은 포기하고, 대신 호주를 찾는 미국이나 중국 관광객과 아시아 출신의 유학생들을 주요 대상으로 삼고 있다.

사실 스타벅스는 이탈리아 골목 곳곳에서 만나는 커피숍에서 영감을 얻어 만들어졌다. 다만 미국인의 입맛에 맞춰 유럽의 커피보다는 라이트하고 달달하게 만든 버전이 스타벅스다. 그래서 호주에서의 실패를 좀 심하게 표현하자면, 호주에 정착된 정통 이탈리아 커피 문화에 하위 버전이 마구잡이로 덤볐다가 망한 것이라고 할 수 있다.

스타벅스 정도 되는 기업이 이를 간과했다는 건 그만큼 초기의 성공에 도취되어 생긴 자만의 결과라고 해야 할 것이다.

프랑스인들이
연금 개혁에
그토록 반대하는 이유

프랑스가 심상치 않다. 연금 개혁에 반대하는 시위가 4년째 이어지고 있다. 참여 인원은 2차대전 이후 최대를 기록 중이다. 마크롱 대통령과 행정부의 잇따른 호소에도 연금 개혁 반대 여론은 70퍼센트에서 꼼짝도 하지 않는다. 프랑스에서는 시위가 일상사다. 하지만 이렇게 많은 프랑스인이, 이렇게 오랫동안 한꺼번에 분노하는 건 드문 일이다. 세계 최고 수준의 연금을 누리는 프랑스인들은 왜 화가 난 걸까?

프랑스인들이 가장 소중하게 여기는 두 가지가 있다. 바로 바캉스와 연금이다. 휴가 연장을 요구하는 시위를 하다가도 여름만 되면 모든 걸 중단하고 바캉스를 떠나는 게 프랑스인들이다. 그것도 세계에서 가장 긴 5주간의 휴가가 보장되어 있다. 프랑스인들의 삶이 여유가 있는 건 연금이 든든하게 뒷받침하는 덕이다. 프랑스에서 은퇴는 곧 축복이다. 평생 노동에 대한 보상인 연금으로 인생을 즐길 수 있으니 '고생 끝 행복 시작'이다. 그래서 프랑스에서 은퇴는 "낙원에 도달하는 것과 같다"라고도 말한다. 어느 정도길래 낙원 소리까지 나오는 걸까?

프랑스 국민연금의 소득대체율은 74퍼센트나 된다. 세계 최상위 수준이다. 소득대체율 74퍼센트란, 연금 가입 기간의 평균 월급이 100만 원이면 연금은 74만 원이라는 뜻이다. 그러니 일하면서 월급을 받는 거나, 놀면서 연금을 받는 거나 거의 비슷한 수준이다.

이렇듯 퇴직 전과 비슷한 수준의 생활이 보장되니 노후를 걱정할 필요도 없다. 이는 40년 가입기준으로 OECD 평균인 약 46퍼센트의 소득대체율과 비교해 월등히 풍족한 금액이다.

이 때문에 대개의 프랑스인은 은퇴할 날만 기다리며 일한다. 물론 당연히 국가가 거저 줄 리는 없다. 이런 많은 연금을 받기 위해 프랑스인들은 42년간 열심히 일하면서 무려 월급의 28퍼센트를 연금보험료로 낸다. 전형적인 고부담, 고복지다. 반면 우리나라는 월급의 9퍼센트를 보험으로 내고, 조건을 모두 채웠을 경우 월급의 40퍼센트를 연금으로 받게 된다.

아무튼 이 덕에 프랑스 퇴직자들의 빈곤율은 고작 4.4퍼센트로 OECD 최저 수준이다. 65세 이상의 노년층 빈곤율 역시 8.6퍼센트밖에 되지 않는다. 이는 OECD 평균의 거의 절반이고 유럽에서 가장 부유하다는 독일의 20퍼센트에 비해서도 놀라운 수치다. 우리나라는 거의 40퍼센트에 가까우니 아예 비교 대상도 안 된다. 게다가 프랑스인들은 이 연금을 62세에 정년퇴직하자마자 바로 받기 시작한다. 반면 우리나라는 60세에 은퇴해 5년 뒤인 65세나 되어서야 연금을 받게 된다. 그러니 프랑스에서는 이런 공백에서 오는 가난의 공포도 없다. 이 정도면 낙원까지는 아닐지 몰라도 인생의 4분의 1 이상을 차지하는 은퇴 생활을 안정적으로 누릴 수 있음은 분명하다.

그런데 프랑스인들이 자랑스러워하는 이 연금 제도를 마크롱 대통령이 손보려고 한다. 이유는 예견된 재정 적자 때문이다. 이대로 가면 2030년에는 약 18조 원의 재정 적자가 발생하고, 이후 계속 확대된다는 점을 우려하는 것이다. 이는 노령인구는 증가하고, 신생아는 감소하는 대부분의 나라에서 일어날 외길 수순이기도 하다.

연금 개혁의 핵심은 세 가지다. 첫째는 42개로 나눠진 직군별 연금 제도를 하나로 통합해 일부에 적용되던 특별 연금 제도를 없애겠다는 것이다. 둘째는 42년간 내던 연금을 1년 더 내라는 것이고, 셋째는 연금을 받을 수 있는 나이를 62세에서 64세로, 2년 늦추자는 것이다. 한마디로 "더 오래, 더 많이 일하고, 낙원에는 좀 더 늦게 가라"는 것이다.

전통적으로 정치가들의 말을 믿지 않는 프랑스인들은 장기 시위를 통해 이를 조목조목 반박하고 있다. 프랑스의 연금 제도가 여러 개의 직군으로 나뉜 건 힘든 일을 하는 사람들을 배려해 좀 더 일찍 은퇴할 수 있도록 하기 위해서다. 야간근무가 잦은 공공부문 근로자, 공기가 오염된 지하에서 장기간 일하는 지하철 노동자, 위험한 임무를 수행하는 군인들이 그런 직군들이다.

그들의 불만은 간단하다. "쓰러질 때까지 일하라는 건 프랑스가 추구하는 품위 있는 삶이 아니다"라는 것이다. 특히 마크롱 대통령의 개혁안이 저소득층들에게 더 불리하다는 건 공통으로 꼽히는 문제점이다. 근속이 어려운 육체노동자들의 경우 근무 햇수 43년을 채우려면 60대 말까지 일해야 하는데 이건 너무 불공정하고 가혹하다는 것이다. 더구나 육체노동자들은 나이가 들면 일을 하고 싶어도 고용해주는 곳이 없다는 현실을 마크롱 정부가 몰라도 너무 모른다는 불만이다.

프랑스인들은 재정 적자도 정부가 위기를 과장하는 것으로 의심하고 있다. 2030년까지 베이비붐 세대의 은퇴로 일시 적자를 볼 수 있지만 이후에는 연금 수령자가 급격히 줄기 때문에 굳이 정년 연장 같은 극단적인 방법을 쓸 필요가 없다는 주장이다. 이런 상황에서 마크롱 정부가 단행한 수십조 원의 부자 감세가 불에 기름을 부은 격이 되었다.

무엇보다 프랑스인들이 화가 난 건 마크롱 정부의 연금 개혁안이 프랑스의 정체성을 무시하는 것이라 생각하기 때문이다. 이 연금 제도에 대한 프랑스인들의 자부심과 애착은 상상 이상으로 무척 강하다. 더구나 거저 주어진 게 아니라 많은 희생을 통해 시민 스스로 쟁취해낸 결과물이라 일종의 국민적 프라이드이기도 하다. 거기에는 어려웠던 시절, 연금으로 국민이 하나 돼 국난을 극복했던 경험이 한몫한다.

프랑스에 지금과 같은 사회 보장 제도가 도입된 건 1945년이다. 2차대전으로 모든 것이 망가졌던, 프랑스 최악의 시절이었다. 모두가 힘들었지만, 특히 노동력을 상실한 노인 세대의 어려움이 가장 컸다. 이에 프랑스인들은 노동자와 고용주 모두가 나서 직업과 소득에 상관없이 노인을 위한 연금을 부담했다. 이 덕에 프랑스는 전쟁 후 분열된 사회를 하나로 통합할 수 있었다. 덤으로 미국도 갖지 못한 세계 최고의 보장 제도를 만들었다는 국가적 자부심도 프랑스가 재기하는 데 큰 힘이 되었다.

이런 성공적인 경험으로 인해 프랑스에서 연금은 '세대 간 연대'의 상징이기도 하다. 보통 연금 문제라면 경제적 이해관계로 세대 간 갈등이 벌어지는 여타 나라들과는 상당히 다르다. 그래서 연금 개혁 반대 시위에는 10대들도, 이미 연금을 받는 노년층들도 상당수 참석한다. 10대들은 "미래 세대를 핑계 삼아 삶의 질을 결정하는 연금을 함부로 건드리지 말라"라는 것이고, 노년 세대는 "이 좋은 제도를 후손들도 누릴 수 있게 물려줘야 한다"라는 것이다. 미국의 〈뉴욕 타임즈〉가 프랑스의 연금 관련 보도에서 "은퇴를 둘러싼 싸움은 정체성의 문제"라고 제목을 단 게 바로 이런 이유에서다.

사실 프랑스인들은 아주 오래전부터 '일과 삶의 균형'을 뜻하는 워라밸을 중시해왔다. 이를 위해 끊임없는 투쟁 끝에 1919년에 이미 하루 8시간 근무를 법제화했고, 지금은 주 35시간 노동으로 세계에서 가장 적게 일하는 사람들이 되었다.

그간에도 역대 대통령들이 국민의 동의 없는 연금 개혁을 시도할 때마다 프랑스인들은 거센 저항을 해왔다. 특히 1995년에는 3주간의 공공부문 파업으로 시라크 대통령의 정년 연장안을 포기시켰다. 정년이 60세에서 62세로 늘어난 2010년에도 프랑스는 사회 전체가 마비되다시피 했다. 연금 개혁 문제는 우리나라도 조만간 겪어야 할 일이다. 다만 프랑스보다 더한 노령화 비율과 저출산율은 문제 해결이 우리가 훨씬 더 어려울 것이라는 걸 암시한다.

한국과 프랑스는 연금 제도에 대한 인식과 가치관의 차이가 상당히 크다. 우리가 빈곤한 노년에 대한 두려움으로 정년 연장을 요구하는 동안, 프랑스는 직업과 소득에 상관없이 누구나 품위 있는 은퇴를 보장받아야 한다고 생각한다. 평생 일만 해와서 쉬는 것 자체를 두려워하는 한국의 기성세대와 달리 프랑스인들은 마지막 20년이라도 못다 한 취미 생활과 여가 활동을 적극 즐기려 한다.

벌써부터 서늘한 세대 갈등의 기운이 감도는 한국과 달리 프랑스의 세대 간 연대 의식도 부러움의 대상이다. 이런 걸 보면 한국과 프랑스는 경제적인 수치는 많이 비슷해졌을지 모르지만 '삶의 질'이란 측면에서는 여전히 우리의 갈 길이 많이 남은 듯하다.

식용유 사태로 본
우크라이나
전쟁 영향

2022년 인도네시아 정부는 팜유 수출을 금지했다. 국내 가격이 너무 올라서다. 야자나무 열매에서 짜낸 기름인 팜유는 인도네시아에선 절대 없어선 안 될 식품이다. 우리도 잘 아는 볶음밥인 나시고랭이나 세계에서 가장 많이 팔리는 라면 중 하나인 미고랭 등 인도네시아 음식의 대부분이 팜유로 볶거나 튀긴 요리이다. 때문에 "휘발유 값이 오르는 건 참아도, 식용유 값이 오르는 건 참을 수 없다"는 중국과 마찬가지로 인도네시아에서 팜유 값 인상은 국가적인 소요 사태를 불러올 수 있는 아주 심각한 문제다.

사실 인도네시아는 압도적 수준의 세계 최대 팜유 생산국이다. 세계 수출량의 60퍼센트를 차지하고 있다. 그런 나라에서 팜유 가격이 연초 대비 무려 50퍼센트나 올랐다. 왜 이렇게 가격이 급등한 것일까? 그건 바로 우크라이나 전쟁 때문이다.

인도네시아가 팜유 생산 1위국이라면, 우크라이나는 해바라기씨유 생산 1위국이다. 또 다른 전쟁 당사국인 러시아는 2위다. 이 두 나라를 합치면 전 세계 해바라기씨유 수출의 75퍼센트다. 그런데 이 두 나라의 전쟁 때문에 해바라기씨유 수출이 꽉 막혀 버린 것이다. 당연히 세계적으로 식용유 대란이 일어났다. 이에 인도네시아의 팜유 회사들이 자국 대신 이익을 많이 남길 수 있는 해외 수출에 주력하면서 최대 생산국임에도 가격 폭등이 일어난 것이다.

인도 역시 곤경에 처했다. 인도는 세계 최대 식용유 수입국이다. 거의 대부분의 해바라기씨유는 우크라이나와 러시아에서, 팜유는 인도네시아에서 조달해왔다. 그렇지 않아도 힘겹게 사는 인도 서민들이 저 멀리 떨어진 러시아와 우크라이나 전쟁의 직격탄을 맞고 있는 것이다. 인도 정부도 폭등이 일어날까 봐 전전긍긍하고 있다.

우크라이나에서 7,000킬로그램이나 떨어진 우리나라라고 이 사태를 피할 수는 없다. 우리가 수입하는 해바라기씨유의 57퍼센트가 우크라이나산이다. 2022년 2월 러시아가 우크라이나를 침공한 뒤 전체 식용유 가격은 당시 20퍼센트가 올랐다.

그런데 식용유 사태는 식량난에 비하면 애교나 다름없다. 러시아는 세계 1위의 밀수출국이고, 우크라이나는 5위다. 이 두 나라가 전 세계 밀의 30퍼센트를 책임지고 있고, 옥수수도 19퍼센트나 된다. 유엔식량농업기구FAO에 따르면 세계 식량 가격은 전쟁 이후 연일 사상 최고치를 찍고 있다.

오랜 내전에 시달려온 시리아는 러시아의 밀 지원이 끊기면 당장 1,000만 명 이상이 굶주릴 판이다. 밀 공급의 80퍼센트를 러시아와 우크라이나에 의존해온 이집트 역시 발등에 불이 떨어졌지만 아직 뾰족한 해결책이 없다. 코로나로 관광산업이 무너지면서 인구의 80퍼센트가 빈곤층이 된 레바논은 이 두 나라에 대한 밀 의존율이 무려 95퍼센트나 된다.

이렇듯 러시아와 우크라이나의 전쟁은 이웃한 두 나라 간의 단순한 전쟁이 아니다. 지구상 거의 모든 나라가 어떤 형태로든 이 전쟁의 영향을 받고 있다. 앞에서 식용유와 밀의 두 가지 예만 들었을 뿐 석유, 가스, 반도체, 핸드폰, 자동차 등 거의 전 분야가 이 전쟁으로 들썩이고 있다. 이는 우리가 지금 나라별로 철저히 분업화된, 소위 세계화 시대에 살고 있기 때문이다. 게다가 자원에 대한 상호 의존도가 역사상 유례없이 높아 이젠 지구상의 작은 국지전조차 세계 경제에 큰 타격을 줄 수 있다.

그래서 지금 세계는 우크라이나에서 벌어지는 큰 희생이나 전쟁의 승패 따위엔 사실 큰 관심이 없다. 그보단 과연 이 전쟁으로 30년 이상 지탱해온 세계화라는 경제 질서가 정말 끝장날 것인가에 쏠려 있다.

세계화는 결국 가장 값싼 곳에서 물건을 만들어 전 세계에 수출해 이익을 극대화하자는 것이다. 그럴 수만 있다면 그게 적군이든 아군이든 상관없다. 효율성을 최고로 치는 자본의 논리에 충실한 질서, 이게 세계화다.

세계화는 18세기의 영국 경제학자인 데이비드 리카도 David Ricardo의 '비교우위론'에서 시작되었다. 나라별로 생산비가 상대적으로 더 적게 드는 제품에 특화해 교역하면 서로 이익이 극대화된다는 논리다.

200년도 넘은 이 이론은 1991년 소련이 붕괴하면서 현실화할 수 있었다. 냉전 시대가 끝나고, 러시아가 자본주의를 받아들여 자신들의 비교우위인 에너지와 원자재를 맡음으로써 세계 경제시스템의 한 축이 된 것이다. 세계화를 상징하듯 미국의 맥도널드가 러시아에서 문을 연 것도 이때쯤이었다. 여기에 2001년에는 중국이 세계무역기구 WTO에 가입하면서 세계화는 날개를 달았다. 중국이 자신들의 비교우위인 값싼 노동력을 앞세워 세계의 공장 역할을 맡은 것이다.

이렇게 세계는 선진국이 연구개발을, 개발도상국이 생산을 맡는 지금의 글로벌 분업체제를 만들어냈다. 기업들은 인건비와 원자재 값이 싸다면 세계 어디든 공장을 세워 이익을 늘렸고, 지속적인 단가 하락 덕에 세계는 인플레이션 없는 장기 성장을 누렸다. 사실 우리를 포함해 홍콩, 대만, 싱가포르 등 '아시아의 4마리 용'도 이 덕을 많이 보았다.

그런데 문제는 미국 입장에서 중국이 예상보다 너무 빨리, 너무 커졌다는 것이다. 중국은 세계무역기구에 가입한 지 단 10년 만에 미국을 제치고 세계 최대 제조업 국가가 되었다. 그리고 지금은 세계 제조업의 30퍼센트 가까이를 차지하고 있다. 중국은 2008년 미국의 '리먼 사태'가 촉발한 글로벌 금융위기를 사실상 구원하면서 명실상부한 G2가 되었다. 그리고 이제 중국은 '세계의 공장'에 만족하지 못하고 '세계 경제의 설계자'가 되려고 한다. 이걸 용납할 수 없는 미국은 '미국 우선주의'를 내세웠고, 이때마다 중국은 경제보복으로 맞대응하면서 2010년대부터 세계화는 금이 가기 시작했다.

그러다 세계는 코로나 시대를 맞았다. 중국을 포함해 세계의 공장 역할을 하던 나라들이 대거 봉쇄에 나서면서 대규모의 공급 차질이 빚어졌다. 코로나 팬데믹은 위기 시 분업화된 글로벌 공급망이 전혀 작동되지 않을 수 있음을 깨닫게 해주었다. 싼 것만큼이나 안정된 공급이 얼마나 중요한지 알게 된 것이다.

이렇게 세계화가 위태해진 상황에서 러시아가 우크라이나를 침공했다. 이유가 어떻든 관련 전문가들은 이 전쟁을 세계화에 날리는 결정타라고 보고 있다. 러시아는 턱밑까지 다가온 나토 확장에 대한 경고라고 하고, 서구는 세계화의 밑바탕인 상호신뢰 위반이라고 한다. 이에 러시아는 유럽의 아킬레스건인 에너지로 협박하고 있고, 서구는 경제 제재로 맞대응하고 있다. 그러는 사이 러시아와 우크라이나가 세계화에서 맡은 역할, 즉 에너지 곡물 원자재 등의 공급 기능은 완전히 정지되었다. 그럼 앞으로의 세계는 어떻게 될까?

이미 강대국에서는 다른 나라에 대한 의존도를 줄이는 일이 시작되었다. 비용 절감을 위해 해외로 진출했던 기업을 하나둘씩 자국으로 다시 끌어들이는 것이다. 하지만 한 나라에서 모든 걸 생산하는 건 불가능하다. 그래서 장기적으로는 믿을 만한 동맹국들끼리 뭉쳐 경제 블록을 만들 것이란 예측이 가장 많다.

미국은 무엇보다 중국을 자꾸만 강하게 만드는 지금의 경제 체제를 해체하고 싶어 한다. 그렇게 되면 중국도 자신을 중심으로 하는 또 다른 블록을 만들게 될 것이다. 여기에 서구 세계로부터 미운털이 박힌 러시아가 당연히 합류할 것이다. 그야말로 신新 냉전시대인 것이다. 공교롭게도 냉전시대 해체를 상징하던 맥도널드가 최근 러시아에서 모두 문을 닫았다.

어쨌든 이 두 나라만 해도 세계 경제의 20퍼센트 규모다. 그리고 미국의 독주를 늘 못마땅하게 여기는 인도와 브라질의 선택 여하에 따라 상당한 규모의 경제 블록이 될 가능성도 있다. 중국을 최대 교역국으로 둔 64개국 중에서도 중국 측에 합류할 나라들이 분명 있을 것이다.

물론 세계화에서 가장 큰 이득을 얻은 중국이 이 황금알을 낳는 거위를 과연 버리게 될지는 알 수 없다. 미국은 분명 엄청나게 큰 양보를 요구해올 것이다. 과연 중국이 그 굴욕을 받아들일까?

미래의 경제 체제가 무엇이 되건 세계화의 위기는 우리의 위기다. 새로운 경제 질서가 자리 잡힐 때까지 무역의 위축은 분명하기 때문이다. 두 개의 블록으로 나누어지는 것도 우리처럼 무역 의존도가 높은 나라에는 좋을 리 없다. 경제가 재편되는 과정에서 필연적으로 발생할 장기적인 물가 상승과 인플레이션도 풀기에 쉽지 않은 난제다. 뭐가 됐든 고통스러운 시간이 될 텐데 우리 정치인들이 이를 잘 풀어갈 실력이 있는지 걱정이 될 따름이다.

일본에
자판기가
유별나게 많은 이유

일본은 자판기 천국이다. '어떻게 이렇게 많을 수 있지?'
라는 생각이 절로 들 정도다. 전철역이라면 수십 대는 기
본이다. 사람의 통행이 별로 없는 으슥한 뒷골목에도 어
김없이 몇 대의 자판기가 있다. 시골도 마찬가지다. 차도
잘 다니지 않는 길가에 생뚱맞게 서 있는 자판기를 보면
좀 기괴하단 생각이 들기도 한다. 심지어 후지산 꼭대기
에도 자판기가 있다.

정점을 찍었던 2000년도 일본의 자판기 숫자는 약 560만
개였다. 당시 일본 인구가 1억 2,700만 명 정도였으니 무려
23명당 1개꼴인 셈이다. 지금은 자판기가 많이 줄었다고
는 하지만 여전히 400만 개가 넘는다. 32명당 1개꼴이다.
자판기 숫자로만 따지면 미국이 가장 많지만 밀도 수는
일본이 압도적으로 세계 1등이다. 약 20만 개의 자판기가

있는 우리하고는 물론 비교도 안 되는 숫자다.

일본을 자판기의 천국이라고 부르는 건 단지 개수가 많아서가 아니다. 일본에서는 정말 다양한 걸 자판기로 판매하고 있다. 자판기로 안 파는 게 뭔지를 따져보는 게 더 쉬울지도 모른다. 가장 흔한 건 물론 커피를 포함한 음료수다. 이게 절반 정도를 차지한다.

또 편의점에 있는 물건은 자판기에서 모두 판다고 보면되는데 아이스크림, 칫솔, 우산, 화장품, 간장, 낫토, 계란, 빵 등은 물론이고 생맥주, 와인, 사케 등 다양한 술도 자판기에서 팔고 있다. 여기에 햄버거, 토스트, 볶음밥은 물론이고 튀김우동과 라면, 미소된장국, 스프 등 뜨거운 국물요리를 파는 자판기도 있다. 심지어 스시와 생선, 바닷가재도 팔고, 놀랍게도 순금과 약혼반지, 도장을 파주는 자판기도 있다. 코로나 이후에는 마스크와 검사키트 자판기도 등장했다. 그 외에도 속옷, 드론, 장난감, 꽃, 책, 돋보기, 부적까지 다 헤아릴 수도 없을 만큼 종류가 다양하다. 일본에 자판기가 이토록 많은 이유는 무엇일까?

유독 일본에서 자판기가 연 매출 50조 원이나 되는 거대 산업으로 성장하자 각처에서 이에 대한 분석을 내놨다. '비즈니스인사이더' 등을 포함해 미국 경제 전문 매체가 내놓은 공통적인 요인이 몇 가지 있다.

우선 일본의 낮은 범죄율이다. 자판기 안에는 물건만 있는 게 아니라 현금도 있다. 쉽게 범죄의 표적이 될 수 있다는 얘기다. 그래서 자판기를 뜯어가지 못하도록 두꺼운 철창으로 두르는 나라들이 많다. 미국만 하더라도 주로 건물 내에 설치할 뿐 거리에 자판기를 두는 건 꿈도 못 꿀 일이다. 반면 일본은 자판기가 털리는 경우가 좀처럼 없으니 안심하고 그 어느 곳이든 설치할 수 있다는 것이다.

하지만 일본 못지않게 안전한 나라인 한국이나 싱가포르, 대만 등을 봤을 때 낮은 범죄율은 자판기 사업의 필요조건이지, 충분조건은 아닌 것 같다.

두 번째는 일본의 비싼 인건비와 부동산 가격이다. 일본이 잘 나가던 시절, 임금과 부동산 가격이 가파르게 올랐다. 저출산과 고령화는 노동력 부족을 가져왔고, 인건비가 낮은 자판기가 이 문제에 대한 해결책이었다. 높은 임대료를 부담하지 않아도 된다는 점도 당연히 큰 매력이었다. 한때 미국 전체를 사고도 남을 정도의 부동산 거품 때문에 수지타산을 맞추기 어려운 매장보다는 자판기가 동일 면적당 비교에서 더 많은 수익을 창출했다는 통계도 있다.

하지만 저출산과 고령화가 본격적으로 시작되기 전부터 자판기는 이미 일본에서는 엄청난 인기였다. 그리고 '잃어버린 30년'으로 부동산 가격이 하락하고, 인건비가 정체된 지금 역시 인기가 변함이 없다는 점을 보면 이것이 일본의 유별스러운 자판기 사랑을 전부 설명하지는 못하는 것 같다. 그보다는 일본인들의 라이프스타일과 문화적인 성향이 좀 더 근본적인 이유가 아닐까 싶다.

한국은 국토의 70퍼센트가 산으로 이루어져 있다. 그런데 일본은 더하다. 국토의 75퍼센트가 산이다. 그러니 인구 밀도가 굉장히 높을 수밖에 없다. 일본 인구의 93퍼센트 이상이 도시에 살고 있다. 1980년대 후반의 거품 경제가 아니더라도 이 밀집도 때문에 도시의 집값은 비쌀 수밖에 없는 구조다.

때문에 일본인들은 대개 집값이 상대적으로 싼 대도시 주변의 작은 도시에서 출퇴근을 한다. 출퇴근에만 3~4시간 이상 걸리는 사람들이 수두룩하다. 실태 조사 결과, 교외 거주자의 경우 기차역까지 걷는 데 평균 10여 분이 걸리고, 기차에서 내려 직장까지 또 10여 분이 걸린다고 한다. 이 길에서 일본의 직장인들은 수십 개의 각종 자판기를 만난다. 워낙 고온다습한 나라이다 보니 여름에는 음료수 하나 정도는 쉽게 뽑아 먹게 된다.

또 일본은 잔업과 야근이 굉장히 많은 나라다. 전 세계 근로시간 조사에 따르면 일본은 22위에 불과하지만 통계에 잡히지 않는 초과 근로시간까지 계산하면 전 세계 상위권 수준이다. 따라서 늘 시간에 쫓기는 일본 직장인들은 편의점에 줄을 서느니 자판기에서 간단히 해결하고 만다. 이는 자판기에서 파는 물건이 워낙 다양하기도 하고, 편의점보다 자판기의 물건이 더 저렴한 덕이기도 하다. 실제 통계에서도 일본에서 자판기를 가장 많이 이용하는 사람은 30~50대 사이의 남성 직장인들이었다.

　분명 신용카드 사용이 늘고는 있지만 일본은 기본적으로 여전히 현금 기반 사회다. 특히 자판기는 더 그렇다. 그런데 일본의 가장 작은 화폐 단위는 1,000엔이다. 한화로 대략 1만 원이다. 이는 대부분의 사람이 결국 많은 동전을 휴대하게 된다는 것을 의미한다. 그 이하는 전부 동전이기 때문이다. 1엔, 5엔, 10엔, 50엔, 100엔은 물론 동전으로서는 상당히 고액인 500엔짜리도 있다. 일본에 자판기가 많은 배경 중 하나가 바로 이 동전 문화다. 자판기에 동전을 소비하는 게 묵직한 호주머니를 가볍게 하는 최상의 방법이다.

　각자 취향껏 물건이나 먹을 것을 고르고, 각자 알아서 동전을 넣는 자판기의 계산 방식도 일본인들에게는 꽤 익숙하다. 이른바 와리캉割り勘 문화다. 친구든, 연인이든 자기가 먹은 건 자기가 계산하는 더치페이, 즉 와리캉은 일본에서는 매우 오래전부터 내려온 풍습이다.

　일본에 자판기가 많이 퍼진 건 일본인 특유의 성향과 깊은 관련이 있다는 분석도 있다. 일본인들은 대체로 낯선 사람과 어울리는 걸 무척 부담스러워 한다. 타인과의 대화 자체에 스트레스를 받는 사람들이 꽤 많다. 이런 일본인들에겐 말도, 눈치도 필요 없는 자판기가 너무나 편하다.

　대표적인 게 생화 자판기다. 샤이Shy한 일본 젊은이들은 연인에게 꽃 사주는 걸 남이 알까 봐 무척 조심스러워한다.

꽃가게 주인에게조차 말이다. 이런 젊은이들은 가게가 아니라 자판기에서 꽃 사는 걸 훨씬 더 편하게 생각한다.

그래서 한때 자판기는 일본 전통에 대한 위협으로 여겨지기도 했다. 일본에는 작은 동네에도 오래된 가게들이 참 많다. 가게 주인과 손님은 대부분 오랜 가족이나 친구 같은 관계다. 많은 동네 사람들이 이런 가게를 중심으로 끈끈한 지역공동체를 만들다 보니 그야말로 누구 집에 숟가락이 몇 개 있는지도 알게 된다.

하지만 시대가 바뀌면서 이런 관계를 부담스러워하는 사람들이 늘어났다. 이런 사람들에게 자판기는 가게 주인과 가게에서 만나는 이웃들과 의례적인 인사를 나누지 않아도 되는 사적 공간이 되어 주었다. 그래서 한때 자판기가 일본의 전통적인 상호 작용을 파괴하고 있다는 비판도 있었던 것이다.

그럼에도 이 익명의 편안함이 주는 매력이야말로 자판기가 일본 곳곳에 확산된 가장 중요한 요인이라고 보는 사람들이 많다. 일본의 자판기 문화를 연구한 한 대형 광고 회사 임원은 "오래된 단골 가게에서 담배 하나만을 사는 게 미안해서 필요치도 않은 물건을 사는 일본인들이 많다. 하지만 자판기는 그런 부담이 없다"며 "이상하게 들릴지 모르지만 그게 일본이다"라고 말한 바 있다.

이 외에도 자판기를 임대로 누구나 쉽게 설치해 부수입을 얻을 수 있다는 점, 관리회사 덕에 운영이 쉽다는 점

등도 있지만 이는 일본인 특유의 성향에 비하면 부수적인 요인으로 꼽힌다.

　일본의 자판기는 2000년대 들어 인구 감소와 대폭 늘어난 편의점과의 경쟁에서 밀리면서 조금씩 쇠퇴하는 듯 보였다. 하지만 코로나19로 비대면 소비문화가 확산되었고, 비대면 소비라면 일본에서는 단연 자판기다. 일본의 자판기 산업이 다시 활기를 찾는 요즘이다.

산업혁명 ①
영국에서 산업혁명이
가장 먼저 일어난 이유

사실 중세까지만 해도 영국은 유럽에서 별 볼 일 없는 나라였다. 작은 섬에 갇힌 변방이나 다름없었다. 그러던 영국이 18세기에는 산업혁명을 성공시키고 세계 패권국이 되었다. 그런데 왜 하필 영국이었을까? 영국이 가장 먼저 산업혁명을 일으킬 수 있었던 이유는 무엇일까? 유럽에는 프랑스나 독일, 스페인, 포르투갈, 네덜란드가 있었고, 아시아에는 청나라 같은 강국이 있었는데 말이다.

인류사에는 정말 많은 혁명이 있지만 그중 가장 중요한 두 가지를 꼽으라면 단연 농업혁명과 산업혁명이라고 할 것이다. 인류 전체의 삶을 완전히 바꾸어 놓았기 때문이다. 기원전 1만 년경의 농업혁명은 인간을 수렵 채집에서 농경 시대로 이끌면서 비로소 정착 생활을 가능하게 했다. 그 덕에 지금의 사회와 국가까지 만들어지게 되었다.

하지만 1만 년 전이나 산업혁명이 일어나기 직전인 18세기 초까지만 해도 인간의 생활 수준은 크게 다를 바가 없었다.

인구가 늘어나는 시기에는 굶주리기 일쑤였고, 전염병과 전쟁으로 인간이 대거 죽으면 그때야 비로소 먹는 사정이 나아지는 역사를 반복했다. 그래서 인구 증가 속도도 상당히 느렸다. 농업 생산성의 명백한 한계 때문이다. 이른바 '맬서스의 덫'이다. "인구는 기하급수적으로 증가하지만 식량은 산술급수적으로 늘어난다"라는 '인구론'으로 너무나 유명한 영국의 경제학자 토머스 로버트 맬서스 Thomas Robert Malthus의 말이다.

그런데 산업혁명은 농경 시대를 공업 시대로 바꾸었다. 이는 한마디로 기술을 통한 대량생산이라고 할 수 있다. 이 덕에 인류는 역사상 처음으로 풍요로운 삶이 가능해졌다. '맬서스의 덫'에서 비로소 헤어 나올 수 있게 된 것이다. 이것이 산업혁명의 위대함이다.

우리는 '혁명'이라고 하면 어느 날 갑자기 충동적으로 이루어진 것이라고 오해할 수도 있다. 하지만 이 거대한 변화가 쉽게 일어날 리 없다. 산업혁명은 오랜 세월에 걸쳐 준비됐고, 그 효과도 긴 세월에 걸쳐 서서히 나타났다.

영국에서 변화가 시작된 건 르네상스가 진행되던 16세기경부터라고 볼 수 있다. 이 시기 양모 산업이 활발해지면서 영국의 대농장들은 농사 대신 양을 키우기 위해 울타리를 치기 시작했다. 이것이 인클로저 운동이다. 이 때문에 농사지을 땅을 잃은 농부들이 대거 먹고살기 위해 도시로 몰려들었다. 이 과정에서 산업혁명에서 생산을 담당할 저임금 노동자들이 만들어진 것이다.

그럼에도 종자 개량과 농사 기술 개선으로 농업 생산성이 높아져 영국 내의 식량 조달은 별 문제가 없었다. 이런 식으로 조금씩 산업혁명에 쓰일 초기 자본이 마련되어 갔다. 그러다가 17세기에 영국과 아프리카, 아메리카를 잇는 노예무역으로 떼돈을 벌면서 자본 축적이 완성되었다. 이 시기에 영국이 아프리카에서 내다 판 노예가 330만 명이나 되었다.

이렇게 산업혁명의 뒤를 받쳐줄 노동자와 돈이 마련되었다면 이제 남은 건 제도다. 이 제도는 1688년의 명예혁명이 만들어주었다. 권력이 의회로 넘어오면서 사유재산권이 제도적으로 보장되기 시작했는데, 특히 특허권이 결정적이었다. 이전까지 발명품은 아무나 사용할 수 있는 공공재였다. 그러니 발명가에게 돌아오는 경제적인 보상은 사실 아무것도 없었다. 그런데 이제는 아이디어 하나로 막대한 부를 쌓을 길이 열렸으니 이때부터 영국에서 온갖 발명과 신기술이 쏟아지기 시작했다.

제임스 와트의 증기기관도 그중 하나다. 산업혁명이 낳은 수많은 신기술 중 가장 중요한 것 하나만을 꼽으라면 바로 증기기관일 것이다. 증기기관 발명 이후 이를 응용한 온갖 발명품이 마치 팝콘 터지듯 터져 나와 마침내 산업혁명이라는 거대한 변화를 만들어냈다.

증기기관이 발명된 건 석탄 광산에서 물을 빼내기 위해서였다. 당시 석탄은 '검은 다이아몬드'라고 불렸다. 에너지원으로 쓰기에 나무는 너무 비쌌다. 대장간조차 나무 값을 감당할 수 없어 문 여는 날보다 문 닫는 날이 훨씬 많았다. 그런데 석탄은 적은 양으로도 나무에 비해 엄청난 화력을 얻을 수 있어서 산업혁명 전부터 영국에서는 가정과 공장에서 석탄을 조금씩 사용해왔다.

무엇보다 영국의 석탄은 지표면에 낮게 매장되어 있어서 석탄을 캐내는 비용이 그 어느 나라보다도 저렴했다. 중북부의 석탄 매장량도 세계적인 수준이었다. 게다가 철의 산지와 석탄의 산지가 대부분 겹친다는 점도 영국에 크게 유리했다. 이점 역시 철광석 채굴에 비용이 적게 듦으로써 다양한 기계를 만들고, 공장을 세우는 데 드는 초기 자본을 크게 아낄 수 있었다.

이렇듯 증기기관과 석탄과 철은 찰떡궁합이었다. 증기기관 덕에 영국에서는 석탄과 철을 더 싸게, 더 많이 공급할 수 있게 되었고, 석탄과 철의 채굴량이 많아질수록 증기기관은 더 다양한 분야에서 사용되었다. 그래서 한때 영국에서 생산된 석탄은 전 세계의 80퍼센트 이상을 차지하기도 했다.

와트의 증기기관 덕에 영국은 증기선으로 해외에서 면

화를 들여와, 증기기차로 도시의 공장으로 운반한 다음, 증기방직기로 제품을 만들어, 다시 증기선으로 면직물을 세계에 내다 파는 식의 선순환 구조를 만들어냈다. 석탄 채굴에 돈이 많이 드는 다른 유럽 국가에서는 비용 때문에라도 쉽게 영국을 따라 할 수 없었다.

증기기관의 발명은 산업혁명을 영국에서 먼저 성공시키는 데 또 하나의 아주 결정적인 역할을 해냈다. 이전만 해도 사람과 동물 외의 에너지원은 대개 수력을 이용하는 것이었다. 물레방아로 방아를 찧거나 물의 힘으로 목화에서 실을 뽑아내는 것들이다. 그러려면 큰 개울가로 장소가 제한되어야 했다.

하지만 이제 증기기관과 석탄만 있으면 필요한 곳 어디서든 동력을 만들어낼 수 있게 되었다. 당연히 영국은 이를 이용해 헐값의 노동력이 지천에 깔려 있는 도시 한복판에 공장을 세웠다. 이는 타의 추종을 불허하는 생산성 증대로 이어졌다. 그야말로 산업혁명의 가장 큰 특징인 기술과 기계를 이용한 대량생산을 비로소 현실 세계에서 구현할 수 있게 된 것이다.

마지막으로 영국이 다른 나라와 달랐던 마지막 퍼즐이 하나 더 있다. 상품을 만들기 위해서는 원료가 필요하고, 원료로 상품을 만들고 나면 이것을 팔 거대한 시장이 필요하다. 영국에는 이를 충족시켜줄, 다른 나라보다 월등히 많은 식민지가 있었다. 예를 들어 영국은 인도의 벵골에서

면화를 헐값에 들여와 영국에서 증기방직기로 면직물을 대량으로 만든 다음, 인도는 물론 전 세계의 식민지에 팔아 떼돈을 벌 수 있었다.

사실 인도는 면직물의 최강 국가였다. 영국은 인클로저 운동에서 보았듯 양털을 이용한 모직물 생산에 강한 국가였다. 그런데 인도의 면직물은 영국의 모직물에 비해 가볍고, 세탁도 쉽고, 무엇보다 가격이 저렴해 영국에서도 엄청나게 인기였다.

영국 역시 인도 면직물 때문에 한때는 상당한 무역 적자에 시달려야 했다. 영국도 면직물을 생산하고 싶었지만 무엇보다 인도의 싼 노동력 때문에 가격 경쟁이 되지 않았다. 그래서 한동안은 인도의 면직물 수입을 금하기도 했다. 이를 만회하기 위해 영국 동인도회사는 인도 면직물 대신 중국의 차를 수입했고, 이로 인해 영국의 유명한 차 문화가 만들어졌다.

어쨌든 상대적으로 비싼 영국의 임금 문제를 해결하기 위해 발명된 게 바로 증기를 이용한 방직기와 방적기다. 증기방직기와 증기방적기는 이전의 수동식과 달리 큰 힘이 필요하지 않았다. 그래서 남성보다는 임금이 좀 더 싼 여성들을 주로 고용했다. 이것이 여성들도 본격적으로 직업을 갖게 된 시초가 되었다.

영국의 면직물 산업은 증기방직기 덕에 생산량이 폭발적으로 증가하면서 산업혁명의 도화선이 되었다. 이런 엄

영국의 산업화에 반대하며 스스로 물레를 돌린 마하트마 간디. ————

청난 성공을 똑똑히 본 영국의 산업계에는 이후 거의 모든 분야에서 기계화의 열풍이 불었다. 이것이 영국에서의 첫 산업혁명으로 이어지게 된 것이다.

반면 원래 우위를 보이던 인도의 면직물 산업은 초토화되었다. 아무리 값싼 노동력도 기계의 대량생산에는 당해낼 수 없었다. 그러면서 인도는 결국 영국의 원료 공급지 및 소비지로 전락하고 말았다. 마하트마 간디의 유명한 물레질을 하는 사진은 바로 영국의 면직물 사업에 대한 항의를 뜻하는 것이었다.

이렇듯 인도를 제외하고 대부분의 식민지에서 영국이 간접 지배 방식을 택한 것도 영토보다는 원료를 들여오고, 물건을 팔 시장확보가 무엇보다 중요했기 때문이다.

지금까지는 영국에서 산업혁명이 처음 일어나게 된 핵

심적인 요인을 알아보았다. 그렇다면 이제 다른 나라는 왜 영국보다 산업혁명이 늦어졌는지, 그리고 산업혁명기에 살았던 사람들은 그 혜택을 누리며 과연 생활이 윤택해졌는지를 알아보도록 하자.

산업혁명 ②
프랑스, 독일, 스페인의 산업혁명이 늦어진 이유

전구를 살 때마다 우리는 영국의 산업혁명에 감사를 표하는 셈이다. 전구에는 30와트, 60와트 등 다양한 종류가 있다. 이 와트는 초당 소비 전력을 말한다. 그런데 이 '와트'는 어디서 나온 말일까? 앞서 잠시 언급한 바로 그 제임스 와트다. 산업혁명에 결정적인 물꼬를 튼 증기기관의 발명가, 바로 그 와트 말이다.

영국과학진흥협회가 와트의 공적을 기리기 위해 붙인 이름을 많은 나라가 쓰게 되면서 함께 감사하게 된 것이다. 그런데 사실 따지고 보면 증기기관의 원천기술을 가진 사람은 와트가 아니다. 그 주인공은 드니 파팽Denis Papin이라는 프랑스의 물리학자다. 만약 영국이 아닌 프랑스에서 먼저 산업혁명이 일어났더라면 우리가 감사해야 할 이름은 와트가 아니라 파팽이 되었을지도 모를 일이다. 하지만 역사에서는 그런 일이 일어나지 않았다. 사실 영국이 아닌 프랑스가 산업혁명의 첫 주인공이 되었대도 전혀 이상하진 않았을 것이다. 프랑스는 농업 대국으로 당대의 영국에 비해 경제 규모가 훨씬 컸다.

18세기 말 프랑스는 영국보다 GDP도, 인구도 3배나 많았다. 기술이나 과학 수준도 영국에 딱히 뒤지지 않았다. 영국이 한창 산업혁명을 겪던 1760년경부터 1840년대 사이에 프랑스에는 근대화학의 아버지인 앙투안 라부아지에, 미분방정식을 푸는 '라플라스 변환'으로 유명한 수학자 피에르 시몽 라플라스, 근대 전기학의 기초를 세운 물리학자 앙드레 마리 앙페르가 있었다. 전류를 측정하는 데 쓰는 단위인 암페어도 바로 이 앙페르라는 이름에서 따온 것이다.

지금의 과학사에서도 빅네임인 이들만으로도 당대 프랑스의 과학 수준을 짐작할 수 있다. 영국에 비해 부족한 점이 있다면 산업혁명의 필수품인 석탄과 철의 매장량 정도였다. 물론 공장 건설에 자본을 댈 은행 시스템도 영국에 비해 뒤처져 있었다. 상품을 팔 식민지도 물론 적었다. 하지만 큰 차이는 아니었다.

프랑스 역시 당시 산업혁명의 규모를 감당할 정도의 석탄과 철이 있었고, 은행 역시 모두 초기 자본주의 단계라 영국이 크게 앞선 것도 아니었다. 식민지 보유도 영국만큼은 아니지만, 프랑스도 만만치 않았다. 그럼 무엇이 달랐던 걸까?

프랑스의 산업혁명이 영국에 뒤진 근본적인 원인은 지독할 정도로 보수적이었던 당시의 사회 정치적 분위기라고 해야 할 것이다. 우리는 이걸 '앙시앵 레짐(Ancien Regime, 구체제)'이라는 특별한 용어로 부른다. 앙시앵 레짐은 한마디로 "아무것도 변하기 싫다"라는 말이다.

사실 프랑스는 1600년대 초부터 아무 문제 없는 국가였다. 최소한 프랑스인들은 그렇게 믿었다. 왕권과 신권의 경쟁에서 영국이 귀족들의 승리로 혼란에 빠져든 반면, 프랑스는 태양왕 루이 14세가 압도하면서 강력한 중앙집권형 국가를 만들었다.

선왕 때의 명재상인 리슐리외의 중상주의 정책 덕에 태양왕 시절 프랑스는 사실상 유럽 최강국이 되었다. 이 시절 유럽의 귀족이라면 프랑스어를 반드시 해야 할 정도였으니 그 위상을 짐작할 수 있다.

이 자부심이 하늘을 찌르면서 프랑스는 아예 개혁이나 혁신에 대한 필요성을 느끼지 못하게 되었다. 여기에 종교적 편협심에서도 오랫동안 빠져나오지 못했다. 유럽 최대의 가톨릭국가였던 프랑스는 16세기에 이미 개신교도들에 대한 대학살을 저지른 적이 있다. 이른바 위그노 전쟁이다.

프랑스의 가톨릭은 문맹인 농민들이 대다수였다. 반면 프로테스탄트는 인쇄술의 발달로 대량 보급된 성경을 읽을 정도의 지식인들이었다. 프랑스에서 더 살 수 없게 된 이들은 스위스, 네덜란드, 영국으로 건너가 각국에서 일어난 산업혁명의 주역들이 되었다. 프랑스로서는 이 종교 갈등 때문에 수많은 유능한 인재가 유출되었다. 그중 한 명이 바로 드니 파팽이다. 개신교도였던 파팽은 영국으로 도망친 후 오늘날 압력밥솥의 원조이기도 한 증기 찜통에 관한 특허를 영국에 냈다. 그는 나중에 증기선까지 만들어 냈다.

파팽은 독일의 한 대학에서 교수로 몸담았던 시기에 엘베강에서 증기선의 시험 항해를 앞두고 있었다. 그런데 뱃사공들이 몰려와 배를 불태워버렸다. 자신들의 밥줄이 끊어질까 봐 저항한 것이다. 불행히도 그의 연구는 이렇게 묻히고 말았다. 하지만 파팽의 증기 찜통 기술 덕에 영국의 과학자들이 증기기관을 발전시킬 수 있었고, 결국에는 와트의 실용적인 증기기관이 영국 산업혁명의 결정적인 도화선이 되었다.

한편 귀족들의 승리로 일순 혼란을 맞았던 영국은 명예혁명 등으로 사유재산권과 특허권 등을 쟁취해 자본주의에 바짝 다가섰다.

반면 프랑스는 앙시앵 레짐에 허덕이며 세계의 거대한 변화에 눈감은 채 자본주의와 상극이라 할 절대주의에 머물러 있었다. 그러면서 내부의 모순이 곪을 대로 곪아 갔다. 거의 200년간 켜켜이 쌓인 구체제를 해체하는 데는 프랑스혁명만으로도 부족해 나폴레옹 전쟁, 7월혁명, 2월혁명 등의 파괴적인 과정을 차례로 겪어야 했다. 이런 오랜 정치적 불안정으로 프랑스는 영국에 비해 50년 이상이나 산업혁명이 늦어졌다. 그 기념품으로 에펠탑을 남겼지만, 프랑스는 이 영향으로 결국 군사적 열세를 보이며 1, 2차 세계대전 때 연속으로 독일에 수모를 당하는 결과를 맞기도 했다.

오늘날을 기준으로 유럽에서 공업이 가장 발달한 나라는 독일이다. 하지만 산업혁명만큼은 프랑스보다도 20년 이상 더 늦었다. 영국에서 산업혁명이 시작될 무렵 독일은 여전히 중세에 살고 있었다. 허울뿐인 신성로마제국을 중심으로 수많은 작은 봉건 영주들로 분열되어 있었다. 이들은 서로 싸우기에 바빠 산업혁명 같은 건 신경 쓸 여력도 없었다.

독일이 산업혁명에 나선 건 프로이센에 의해 독일 통일이 무르익어 가던 19세기 중후반이 되어서다. 여타 나라와 다른 특이점이 있다면 철혈재상 비스마르크의 강력한 보호무역주의를 중심으로 산업혁명이 국가 주도로 이뤄졌다는 점이다. 과학기술을 중점적으로 가르치는 독일 특유의 실업학교 전통도 이때 마련되었다. 이렇게 독일은 산업혁명은 늦었지만, 영국이 100년 동안 이룬 것을 단 50년 만에 따라잡았다.

당시 유럽 강국으로 스페인을 빼놓을 수 없다. 한때 스페인은 로마보다 더 넓은 영토를 가진 나라였다. 하지만 이들의 발목을 잡은 건 종교적 광기였다.

오랜 세월 이슬람의 지배를 받은 반작용으로 스페인의 가톨릭은 국토 회복 직후부터 극보수적이었다. 특히 스페인에서 벌어진 마녀사냥은 잔혹했던 걸로 악명이 높다. 무엇보다 스페인을 망친 것은 종교적인 이유로 자행한 유대인의 대량 추방이다. 이 바람에 금융전문가들의 씨가 말라버렸다. 마침 아메리카 대륙의 식민지에서 수탈한 금과 은이 쏟아져 들어왔다. 이 엄청난 기회를 경제적으로 잘 활용하기는커녕 이를 관리할 전문가들이 사라지면서 물가만 엄청나게 뛰는 재앙을 맞았다. 게다가 가톨릭을 지키기 위해 유럽 곳곳에서 전쟁을 벌이는 통에 금과 은을 허무하게 탕진하고 말았다. 이렇게 스페인은 유럽의 강국에서 탈락해버렸다.

대항해시대를 열며 한때 유럽을 주름잡았던 포르투갈 역시 스페인과 비슷한 전철을 밟았다. 이들은 자신들이 고사하는 줄도 모르고 아메리카 대륙의 금과 은에 만족하며 혁신에 대한 의지도, 필요성도 느끼지 못했다.

당대 유럽의 빼놓을 수 없는 강국으로 네덜란드도 있었다. 스페인으로부터 독립한 네덜란드는 농사를 지을 여건 자체가 되지 않았기 때문에 일찌감치 해상 중계무역으로 부를 쌓았다.

그런데 이 작은 나라의 교역 방법이 시종일관 군사력을

앞세우는 것이었다. 그러다 결국 프랑스와 영국과의 경쟁에서 밀려나고 말았다. 주로 이윤이 많은 사치품을 교역하다가 기후 변화로 유럽 전체 농사가 폭망하면서 직격탄을 맞은 게 쇠퇴 이유이기도 하다. 네덜란드는 산업혁명과 같은 거대한 변화를 이끌면서 세계를 선도하기에는 사실 규모가 너무 작아 뚜렷한 한계가 있는 나라였던 셈이다.

그럼 산업혁명을 겪은 당대의 사람들은 이전과는 좀 더나은 삶을 살았을까? 불행히도 전혀 그렇지 않았다. 오히려 한 연구에 의하면 영국에서는 산업혁명기의 사람들이 영국 역사상 가장 힘겨운 삶을 살았다는 얘기도 있다.

도시화가 급격히 진행되면서 정말 많은 문제가 발생했다. 공장과 가정에서 석탄이 마구 사용되면서 그 유명한 런던의 스모그가 일상화되었다. 1851~1910년 사이의 통계에 의하면 대기오염으로 인한 결핵 사망자가 400만 명이나 되었다. 위생시설 미비로 런던을 흐르는 템즈 강이 오염되면서 장티푸스와 콜레라가 주기적으로 발생했는데 이로 인한 사망자는 통계조차 없다.

도시 노동자 급증으로 임금이 폭락하자 부족한 생활비를 채우기 위해 아이들까지 노동에 나서야 했다. 어린이들은 공장에서 15시간씩 일하고도 겨우 한 끼를 해결할 수 있었다.

도시 범죄의 급증도 큰 문제였다. 장발장처럼 배고픔을 참지 못해 빵 몇 조각 훔치는 죄가 대부분이었지만 수용

시설이 부족해지자 이런 경범죄조차 사형에 처해버렸다. 이에 대한 비난이 거세지자 이런 경미한 범죄자들을 모아 해외로 유배를 보냈다. 이렇게 해서 호주가 개척되었다.

실제로 영국이 산업혁명의 덕을 본 건 100년이 더 지난 19세기 후반 이후부터다. 식민지에 대한 영국 제국주의의 지배가 확실하게 자리 잡으면서 영국인들의 삶이 본격적으로 개선된 시점이다. 물론 비유럽권 국가들로서는 지옥의 문이 활짝 열린 불행의 순간이었다.

아무튼 산업혁명이 가져온 결과는 비교적 명확하다. 뒤늦게라도 산업혁명에 올라탄 국가들은 대개 제국으로 발돋움했다. 러시아나 일본처럼 말이다. 하지만 그렇지 않은 국가들은 오스만 투르크나 인도, 중국 같은 전통 강국들도 약소국으로 전락하거나 식민지의 고통을 겪어야 했다.

이제 우리는 4차 산업혁명을 앞두고 있다. 얼마 전까지만 해도 인공지능, 사물인터넷, 빅데이터 등으로 상징되는 4차 산업혁명에 우리도 어떻게든 한 자리 끼게 될 것이라는 나름의 확신이 있었다. 그런데 지금은 잘 모르겠다. 국제 정세나 정치를 보면 이러다 강제 하차당할지도 모른다는 막연한 불안감이 드는 요즘이다.

부탄,
가난한 나라가
정말 행복할 수 있을까?

부탄은 히말라야 산간의 작은 나라다. 우리나라의 절반만 한 땅에 인구는 겨우 80만 명 정도다. 1인당 GDP도 3,000 달러 언저리로 세계 최빈국 중 하나다. 그런데 이 보잘것 없는 나라의 존재감이 제법 대단하다. 세계 언론에서는 부탄을 거론할 때 늘 '행복의 나라'라는 수식어를 붙이곤 한다. 찢어지게 가난한데도 행복하다? 정치인도, 국민도 오직 '경제 성장'만 외치며 살아온 우린 쉽게 받아들이기 어려운 말이다. 가끔은 그들의 정신 승리가 아닐까 하는 생각마저 드니 말이다.

부탄은 오랜 세월 은둔의 나라였다. 국경에 빗장을 걸고, 외국인의 출입을 금지했다. 부탄은 아래위로 중국과 인도라는, 인구 대국 사이에 샌드위치처럼 끼어 있어 늘 존립 자체에 위협을 받아왔다. 국제사회의 인정이 그 해법이라는 판단하에 1970년대부터 조금씩 외국인들에게 문호를 개방하기 시작했다. 실제로 바로 옆 나라였던 시킴Sikkim 왕국은 어느 날 갑자기 인도에 합병되어 부탄에 큰 충격을 주기도 했다.

이때만 해도 부탄은 일부 호기심 많은 여행자를 제외하고는 관심 밖의 나라였다. 그러다 부탄이 세계적인 주목을 받은 건 2006년 경제 전문지인 〈비즈니스 위크Business Week〉의 한 기사 덕이다. "부탄 사람들이 아시아 국가 중 첫 번째, 전 세계 국가 중에서 여덟 번째로 행복하다"라는 내용이었다. 그리고 2010년의 영국 신경제재단NEF의 행복도 조사에서는 아시아가 아닌 전 세계 1위에 오르면서 부탄은 일약 국제사회의 스타가 되었다. 이후 부탄을 취재한 언론을 통해 정말 동화 같은 이야기들이 세상에 전해졌다.

그중에는 첫눈이 내리면 그날은 공휴일이 된다는 낭만적인 얘기도 있었다. 첫눈을 통해 다 같이 풍요를 빌기 위해서다. 전국의 교도소에 50명 이상이 한꺼번에 수감 된 적이 없다는 기사도 있었다. 가난한데도 범죄가 거의 없다는 얘기다. 누군가 자살하면 신문 1면에 오른다는 것도 한국처럼 자살률이 높은 나라에서는 신선한 내용이었다.

무엇보다 인상 깊은 것은 부탄 왕들의 행적이다. 부탄은 1907년 지금의 통일왕국을 이루었다. 당연히 처음에는 다른 왕국들처럼 왕이 모든 것을 결정하고, 모든 것을 소유하는 절대 군주국이었다. 그런데 왕조가 어느 정도 안정되자 부탄의 왕들은 잇따라 매우 특이한 결단을 내리기 시작했다.

우선 3대 왕은 자발적으로 토지 개혁을 단행했다. 국민의 대다수를 차지하던 농민들에게 왕실의 토지까지 공평하게 나눠줬다. 왕의 결단 덕에 부탄은 별 갈등 없이 경제 민주화의 토대를 마련할 수 있었다.

4대 왕인 지그메 싱예 왕추크Jigme Singye Wangchuck는 한 술 더 떠서 아예 왕의 막강한 권한을 내려놓았다. 자발적으로 절대군주제를 입헌군주제로 바꾼 것이다. 오히려 국민이 이를 반대하자 4대 왕은 "미래의 부탄 왕들이 모두 훌륭하다는 보장이 없다. 나쁜 왕이 나쁜 결정을 내리면 한순간에 나라가 무너질 수 있다"라며 국민을 설득했다.

요즘 '부탄' 하면 너무나 유명한 국민총행복지수Gross National Happiness, GNH의 개념을 처음 만든 것도 4대 왕이다. 물질적인 풍요로 국가를 평가하는 GDP보다는 국민의 실질 행복이 더 중요하다는 것이다. 4대 왕은 이를 원활히 추진하기 위해 2006년 51세의 젊은 나이에 왕위를 아들에게 물려주었다.

26세라는 젊은 나이에 왕위를 물려받은 현재 부탄의 5대 왕인 지그메 케사르 남기엘 왕추크Jigme Khesar Namgyel Wangchuck는 옥스퍼드 정치학 석사 출신이다. 아버지가 제시한 앞으로 부탄이 추구해야 할 정책과 철학을 현실로 구체화하고 실현하는 인물이다. 그는 취임식에서 다음과 같이 선서했다.

"나의 통치 기간 나는 절대로 왕으로서 국민 위에 군림하지 않을 것이다. 나는 국민을 위해 모든 것을 주고, 무엇도 취하지 않겠다. 나는 아이들의 표본이 될 수 있는 좋은 인간상으로 살아갈 것이다."

그리고 왕에게도 정년을 두어 65세로 못 박았다. 실제로 5대 왕은 취임사의 약속을 꽤 잘 지켜나가고 있다. 지난 코로나 정국에서 부탄은 왕이 사재를 털어 백신을 산 뒤 세계에서 가장 빨리 2차 접종까지 마쳤다. 이 가난한 나라에서 말이다. 5대 왕 부부는 백신 운송에 왕실 헬리콥터를 내어주고, 대신 산간을 며칠이나 걸어서 지방 순시에 나서기도 했다.

5대 왕이 강력 추진 중인 국민총행복GNH 역시 그냥 단순한 구호가 아니다. 한마디로 GNH는 문화적 전통과 환경 보호, 부의 공평한 분배를 통해 삶의 질을 높이겠다는 것이다. 이를 위해 정부의 정책은 전문가들로 구성된 행복위원회의 심사에서 66점 이상을 받아야 통과가 된다. 예를 들어 한 광산개발 정책은 환경오염을 불러오고, 노동자보다는 사업권자의 이익이 지나치게 크다는 이유로 1년 이상 수정 과정을 거쳐야 했다. 행복위원회의 심사 결과를 꼭 따라야 하는 것은 아니지만 집권 정당과 총리가 정치적 책임을 져야 하므로 위원회의 권고가 무시되는 일은 없다고 한다.

부탄 정부는 국민의 행복도를 적극적으로 정책에 반영하기 위해 지금까지 2008년과 2010년 그리고 2015년 등 세 차례에 걸쳐 설문 조사를 진행했다. 원래는 2020년에도 실시할 예정이었지만 코로나 사태로 무기한 연기되었다.

2015년 조사에서는 대학 이상 졸업자 66명을 훈련 시켜 5개월 동안 인구의 약 1퍼센트에 해당하는 7,153명에게 148개의 질문을 던지며 1인당 약 2시간씩 심층 인터뷰를 했다. 설문 조사 대상자는 15세부터 96세까지 다양한 연령층과 무학부터 대학원 졸업자까지 그리고 무직부터 고위직 정부 관료까지 다양한 계층을 총망라했다. 이들을 만나기 위해 조사자들은 히말라야의 험준한 산길을 이틀이나 걸어야 하기도 했다. 조사 내용 역시 정치참여 기회와 수면시간은 물론 노동, 소득, 주택 등 행복에 필수적인 경제적 측면도 골고루 다루었다. '너무 이상적인 것은 아닐까' 싶은 부탄의 GNH 정책, 정말 그들의 목표대로 삶의 질을 높였을까? 이 질문에 대한 답은 '그렇다'이다.

이 정책이 본격화되기 전인 1960년대의 부탄은 차마 국가라고 할 수도 없는 수준이었다. 국민소득 51달러가 모든 걸 설명해준다. 수도인 팀부를 벗어나면 차가 다닐 수 있는 도로가 전혀 없는, 인프라 제로 국가였다. 평균수명도 근대 국가라고는 믿기 어려운 38세였다. 국가 전체에 의사가 단 2명뿐이었으니 그럴 만도 했다. 교육 수준 역시 국민 대부분이 문맹이라 사실 희망이 전혀 없는 나라라고 해도 무방할 정도였다.

그런데 지금의 부탄은 전혀 다른 나라다. 51달러에 불과했던 국민소득은 3,000달러가 되었고, 38세에 불과했던 평균수명은 69세가 되었다. 글을 아는 국민이 거의 없던 나라가 지금은 고등학교까지 의무교육이고, 아프면 외국인까지도 무상 치료를 해준다. 게다가 투표를 통한 평화로운 정권교체가 세 번이나 이루어졌을 정도로 민주화도 순조롭다.

물론 여전히 국제적인 기준으로는 한참 부족하다. 경제력도 최하위권이지만 무상의료 역시 의료서비스의 수준이 상당히 낮다. 하지만 이 정도의 경제력으로, 이 정도의 대국민 서비스를 하는 나라가 부탄 말고 또 있을까? 아마 없을 것이다.

분명 부탄 국민의 삶의 질은 이전과는 비할 바 없이 높아졌다. 그러면 부탄 국정의 최대 목표인 국민의 행복도도 같이 높아졌을까? 희한하게도 그렇지 않다. 오히려 삶의 질이 높아질수록 부탄 국민의 '행복하다'는 응답은 낮아지고 있다.

영국 신경제재단 행복도 조사에서 2010년 1위였던 부탄은 2016년 조사에선 56위로 급전직하했다. 요즘 이 분야에서 가장 신뢰도 높은 유엔의 세계행복보고서 순위에서도 마찬가지다. 부탄은 100위권 언저리를 기록했다.

이 조사가 경제력의 비중이 높기 때문이기도 하지만 그보다는 부탄이 겪고 있는 성장통이 더 큰 원인이라고 볼 수 있다. 우선 도시화가 급속히 진행되면서 도농 간의 소득 격차가 커져 농민들의 박탈감이 심각하다. 의무교육 덕에 대졸자는 대폭 늘었지만 좋은 일자리는 태부족이라 청년들의 불만도 커져만 가고 있다. 무엇보다 2003년 이후 핸드폰이 허용되면서 부탄 사람들은 매트릭스의 세계에서 깨어나는 중이다. 부탄의 가난한 현실과 고소득 국가의 발전상이 비교되면서 행복감이 급속도로 사라지는 것이다.

하지만 부탄이 선진국 같은 정책을 펼 수는 없어도 제한된 조건 아래에서 국민의 행복도를 높이는 데 진심이라는 것에는 의심의 여지가 없어 보인다. 부탄의 국민행복지수라는 개념도 이미 많은 나라에 영향을 미치고 있다. 유엔의 세계행복보고서 역시 부탄의 정책에서 아이디어를 얻어 만들어진 것이다.

물질적 풍요보다는 정서적 안정을 더 중시하는 부탄식 행복이 우리와 꼭 들어맞을 리는 없다. 한국 전쟁 직후 우리의 1인당 국민소득은 1960년대의 부탄과 별 차이 없는 76달러였다. 지금은 500배 가까이 성장했다. 오직 성장 외길을 달려온 덕이다. 그럼에도 여전히 성장에 배고파한다. 동시에 자살률은 높고, 유엔의 행복도 조사에서도 중하위권이니 우리나라 국민도 그다지 행복하다고는 볼 수 없다. 이런 면에서 부탄의 국민총행복지수 정책은 우리에게 여러 가지의 생각거리를 던져주고 있다.

최소한의 내용으로
최대한의 지식이 쌓이는

잡학 상식

2

서양에
안주가
없는 이유

술은 누가 만들었을까? 그리스 로마에서는 포도주의 신인 디오니소스라 하고, 이집트에서는 죽음의 신인 오시리스가, 성경에서는 하느님이 '노아의 방주' 주인공인 노아에게 가르쳐주었다고 한다. 프랑스의 문호 빅토르 위고는 역시 휴머니스트답게 이에 반론을 제기하며 "물은 신이 만들었지만, 술만큼은 인간이 만들었다"라고 했다.

하지만 요즘 연구에 의하면 술은 신도, 인간도 아닌 원숭이가 맨 처음 만들었을 가능성이 제일 크다. 움푹 파인 바위에 원숭이가 숨겨놓은 과일이 발효된 것을 우연히 인간이 맛보게 되고, 이것이 술로 발전했다는 설이다. 이후 술은 선사 시대 이래 거의 모든 곳에서 인간과 희로애락을 함께해왔다. 물론 몇몇 예외 지역은 있다. 에스키모인들이 사는 알래스카나, 아메리카 인디언들과 호주의 원주

민인 애버리진이 살던 건조지역 같은 곳 말이다. 자연 발효가 일어날 수 없는 극한의 환경을 가진 곳들이다

어쨌든 수많은 사람이 각기 다른 환경 속에서 오랜 세월 술을 마셔왔으니 다양한 술 문화가 만들어지는 건 당연한 일이다. 이에 관해 가장 특징적인 것 중 하나가 술과 함께하는 안주. 특히 동양(엄밀히 말하자면 한국, 중국, 일본의 동북아시아지만 서양과의 대비 상 동양이라고 칭하겠다)에서는 안주 없는 술은 상상하기 어렵다. 반면 대부분의 서구권에서는 아예 안주라는 개념이 없어서 대개는 그냥 술만 들이켠다. 왜 이런 차이가 생긴 걸까?

술은 고대 사회 어디든 제사 의식에 사용되던 성스러운 음료였다. 원래는 제물로 고기와 피를 주로 바쳤다. 그러던 게 사회, 경제, 문화적으로 인류의 발전이 거듭되면서 제물의 성격이 바뀌어 갔다. 고기 제물은 짐승이나 인간 대신 각종 음식이, 피는 쉽게 그리고 언제든 대량 주조가 가능한 술로 대체되었다. 특히 이런 현상은 동양에서 두드러졌다. 신에게뿐 아니라 조상에게까지 풍요와 안녕을 비는 제사 의식이 발전해나갔기 때문이다. 제사 후에는 제사상의 음식과 술을 모든 사람이 골고루 나눠 먹었다. 이때부터 동양에서 술은 여러 음식의 하나로 받아들여졌다.

동북아에 유독 이런 문화가 정착된 건 농경 사회와 밀접한 관련이 있다. 농경 사회는 함께 모여 일하는 것이 파종, 추수, 관개 등 모든 면에서 절대 유리했기 때문에 집단

주의를 형성하기 마련이다. 그렇기에 술은 이미 만들어진 '우리'라는 집단의식을 더욱 공고히 하는 친교의 매개체 역할을 해왔다. 그리고 이게 확대돼 서로 잘 모르는 사이를 이어주는 교량 역할도 하게 된 것이다.

술자리가 친교의 의미로 강해지다 보니 서로 술을 권하는 권주 문화가 만들어졌다. 이는 서로 따라주고 받아 마시는 대작 문화로 발전했고, 마시는 술의 양은 점점 더 많아지게 되었다. 친교에는 접대의 의미도 있어서 술과 함께하는 거한 음식을 차리게 되고, 이게 자연스럽게 안주로 자리 잡게 되었다.

안주 없이 많은 양의 술을 마시면 속이 부대끼게 마련이다. 안주按酒라는 이름도 그래서 만들어진 것이다. 안주에서 '안'은 한문으로 '누를 안按' 자로 즉, 술과 함께 음식을 먹음으로써 술기운을 지그시 누른다는 뜻이다.

동양에서는 술도 음식의 일종이고, 한 자리에서 많은 양을 마시다 보니 서양과 달리 알코올 도수가 훨씬 약한 편이다. 물론 중국에 독주가 많기는 하나 한·중·일에는 대체로 곡주나 과일주 등 발효주가 많은 편이다.

또 동양에서 술은 강력한 비언어적 커뮤니케이션의 기능을 하기도 한다. 즉, 술자리에 초대된다는 것은 한 조직의 일원으로 받아들여진다는 뜻이고, 그 반대는 조직에서 배제된다는 뜻이다. 술이 갖는 이런 강력한 비언어적 뜻을 알기에 직장인들이 회식 자리를 마냥 피할 수만은 없는 것이다.

그렇다면 서양은 어떨까? 물론 서양에 안주가 전혀 없다고는 할 수 없다. 특히 외국 관광객이 많이 찾는 런던이나 파리, 로마 같은 대도시의 술집에서는 간단한 과자나 감자튀김, 견과류 등을 내주기도 한다. 스페인의 핀초스처럼 간단히 집어 먹을 수 있는 핑거푸드도 여러 종류가 있다.

하지만 유럽의 펍이나 주점에서는 보통 술만 판다. 특히 위스키, 코냑, 스카치 같은 독한 술일수록 더 깡술로 마신다. 안주가 나오더라도 동양의 푸짐한 요리하고는 거리가 한참 멀다. 실제로 안주라는 단어를 영어로 검색해보면 대체할 만한 마땅한 단어가 없다. 기껏해야 스낵Snack, 사이드 디쉬Side Dish 정도인데 우리가 생각하는 안주하고는 역시 딱 맞지는 않는다. 이렇게 적확한 단어가 없다는 건 서양에 안주라는 개념 자체가 없다는 뜻이다.

보통 동양에서는 술이 음식 중 하나지만 서양에선 기호식품으로 생각한다. 그런데 서양에서도 음식과 함께 발달한 술이 있다. 바로 포도주와 맥주다. 동양처럼 알코올 도수가 약한 발효주들이다. 하지만 동서양의 술은 태생부터 용도가 달랐다.

석회수는 유럽 대부분 나라의 고민이다. 석회질이 가득한 이 물을 그냥 마실 수 없었기에 맥주가 만들어졌다. 맥주는 이뇨 작용으로 인해 석회질이 몸 안에서 쉽게 배출될 수 있도록 도와주기 때문이다.

맥주가 서민의 음료수라면 포도주는 귀족의 음료수였다. 와인은 순수하게 포도로만 발효시켜 만든 술이기 때문에 석회질이 들어갈 여지가 없다. 포도주는 벽돌처럼 딱딱한 빵을 부드럽게 적셔 먹기 위한 용도로도 사용되었다. 이렇듯 맥주와 포도주는 술이 아닌 물의 대용품이었으니 안주와 함께 마실 필요가 없었다. 즉, 맥주와 포도주는 반주로 식사와 함께 먹는지라 따로 안주를 준비하는 문화 자체가 생길 여지가 없었던 셈이다.

맥주와 포도주가 음료수라면 유럽에서 비로소 술대접을 제대로 받은 건 위스키, 코냑 같은 증류주였다. 유럽에서 증류주의 역사는 술 전체의 역사에 비하면 무척 짧다. 증류하는 기술 자체가 십자군 전쟁 와중에 이슬람 세계로부터 배워온 것이다. 하지만 증류주 역시 동양에서처럼 교류를 위해 여럿이 모여 함께 마실 일은 없었다. 유럽은 사실상 많은 지역이 반농반목 상태였다. 농사도 벼농사와는 노동력 밀집도가 한참 떨어지는 밀농사 위주였다.

무엇보다 현실적인 이유도 있었다. 14세기 중반 페스트가 퍼지면서 유럽은 그야말로 아비규환이었다. 인구의 3분의 1이 목숨을 잃으면서 수백 년간 유럽 전역이 공포 속에 빠져 지내야 했다. 페스트에 대한 아무 치료제가 없었던 이때, 알코올이 병균으로부터 보호해준다는 막연한 소문이 나돌았다. 그러면서 증류주가 유럽 전체에 본격 유행하게 되었다. 전염병의 특성상 모임을 회피했기 때문에 증류주 역시 혼자 조용히 즐기는 술이 되어 갔다. 혼자 이 독한 술을 아무 데서나 한두 잔만 하면 되었기 때문에 증류주 역시 안주가 필요 없었다.

이후 증류주는 발전을 거듭하면서 개인의 취향에 따라 알코올 도수와 향을 선택해 마실 수 있는 기호식품이 되었다. 위스키와 코냑은 이처럼 향을 함께 즐기는 술이다. 그래서 서양인들은 안주를 함께 먹으면 향이 지워져 오히려 피하는 게 낫다고 말하기도 한다.

유럽의 펍에 가면 서서 돌아다니며 술을 마시는 사람들이 제법 많다. 안주가 없기에 가능한 술 문화 중 하나다. 개인적으로는 안주 없이 술만 파는데도 펍이 어떻게 운영이 가능한지 궁금하다. 그것도 많은 사람이 겨우 맥주 한 잔 놓고 한두 시간씩 떠드는데 말이다.

유럽의 창에는
왜
방충망이 없을까?

유럽의 창문에는 방충망이 없다. 우리나라에서는 방충망이 필수지만 영국, 프랑스, 독일, 이탈리아, 스페인, 스위스, 네덜란드, 포르투갈에서는 그렇지 않다. 유럽에는 모기나 파리가 없는 걸까? 그럴 리 없다. 그럼 유럽의 모기나 파리는 사람을 물지 않는 걸까? 더더욱이나 그럴 리 없다. 예전에 독일 여행 중 한밤중에 엄청난 크기의 왕벌이 들어와 그놈을 잡느라 밤샌 적도 있으니 말이다. 그럼 우리처럼 방충망을 달면 간단히 해결될 일을 유럽인들은 왜 이런 불편함을 감수하는 걸까?

유럽의 집과 건물을 자세히 보면 창 모양이 우리나라와 다르다는 걸 알 수 있다. 우리나라의 창이 가로가 길고, 세로가 짧은 형태라면 유럽의 창은 반대로 가로가 짧고, 세로가 길다. 창 하나하나의 크기도 작을뿐더러 건축 면적에 비해 창의 개수도 적은 편이다.

바로 이 창의 차이가 방충망의 유무를 가져온 첫 번째 이유다. 그 이유는 뒤에 다시 얘기하기로 하고, 우선은 우리와 유럽의 건축이 기본적으로 어떤 차이가 있길래 창 모양부터 다른지, 그것부터 알아보도록 하자.

유럽과 우리의 창이 다른 건 우선 건축 자재가 다르기 때문이다. 유럽의 집들은 아주 오래전부터 돌과 벽돌이 주재료였다. 바닥은 석회암에, 무엇보다 비가 연중 골고루 내려 지반 침하나 침수를 걱정할 필요가 없었다. 그래서 돌과 벽돌로 벽을 쌓아 올려 아주 튼튼한 집을 지을 수 있었다. 이렇듯 유럽 건물의 중심은 벽이다. 이 단단한 벽이 지붕을 떠받치는 형태다. 유럽의 오랜 유적지를 보면 다른 건 다 무너져도 벽만은 지금껏 멀쩡한 곳이 많다. 그만큼 유럽의 건축에서 벽은 가장 중요하고, 가장 튼튼한 부분이다.

그런데 벽 중심의 건축물에는 하나의 치명적인 단점이 있다. 창을 내기 어렵다는 것이다. 우리나라에서처럼 창을 가로로 널찍하게 내면 돌과 벽돌의 하중을 견디기 어렵다. 벽이 무너지면 당연히 집도 무너지게 된다. 그래도 집 안에 햇빛도 들여야 하고, 밥할 때는 연기를 밖으로 빼내야 하니 창을 내지 않을 순 없었다. 유럽의 모든 집에 굴뚝이 만들어진 건 19세기나 되어서다. 그전에는 밥할 때마다 집 안에 가득 찬 연기로 고생해야 했다. 이 때문에라도 창은 꼭 필요했다. 창은 필요하고, 그렇다고 집이 무너지게 해서는 절대 안 되고… 그래서 창의 가로 폭을 줄이고, 대신 세로로 길쭉한 창을 내게 된 것이다.

유럽의 창이 이렇게 된 데는 세금 문제도 한몫한다. 정부는 세금을 걷기 위해 기발한 아이디어를 동원하곤 한다. 그중 하나가 '창문세'다.

18세기 프랑스의 루이 16세는 앙숙 관계인 영국이 창문세를 거둬 국가 재정을 충당하는 게 꽤 부러웠다. 그래서 그는 창문세를 도입하되 창문의 개수를 기준으로 하는 영국과 달리 창문 폭을 기준으로 세금을 매겼다. 이는 나름 현명한 방법이었다. 긴 가로 창을 내는 건 더 많은 재료와 기술이 들어가야 해서 건축비가 비쌀 수밖에 없었다. 즉, 돈 많은 곳에 과세한 것이니 조세 형평성에 어긋난 건 아니었다. 이런 합리성 때문에 유럽에서는 19세기까지 창문의 너비에 따라 세금을 매기는 나라들이 많았다. 하지만 세금을 많이 내고 싶은 사람은 어디에도 없다. 이를 피하려고 유럽인들은 더더욱이나 창문을 세로로 길게 내었다.

여기에 더해 유럽의 많은 나라가 건물이 도로에 면한 면적에 비례해 세금을 부과했다. 그래서 사람들은 건물 정면을 좁게 하고 대신 안쪽으로 길쭉하게 집을 지었다. 건물 정면이 좁으니 창도 역시 건물에 비례해 가로로 길게 만들 수가 없었다.

반면 우리는 유럽에 비해 절대 강수량도 많고, 장마 시기에 비가 집중적으로 내리기 때문에 지반도 약할 수밖에 없다. 그러니 건축자재가 가벼워야 한다. 건축 자재로 나무를 선택한 게 바로 이런 이유에서다. 건물의 무게를 줄이기 위해 벽이 아닌 나무 기둥을 중심으로 집을 만들었다. 그러다 보니 벽에 창문을 넓게 내는 게 유럽보다 훨씬 쉬웠다. 기둥이 지붕을 떠받치니 벽을 뚫어 창문을 넓게 내도 집이 무너질 염려가 적었던 거다. 게다가 한지의 발달로 창문의 무게를 가볍게 할 수도 있었다.

따라서 한국 건축은 무엇보다 기둥을 비로부터 잘 보호하는 게 무척 중요했다. 기둥이 비에 젖는 걸 최소화하기 위해 처마를 넓게 만들었고, 땅에서 올라오는 습기에 기둥이 썩는 걸 막기 위해 주춧돌을 먼저 놓고, 그 위에 기둥을 올려놓았다. 대청마루를 땅에서 높이 띄운 것도 마찬가지 이유였다.

한편 미국이나 캐나다는 유럽의 후손들이 만든 나라임에도 유럽과 달리 우리처럼 주로 나무로 집을 지었다. 지반이 약해서가 아니라 유럽인들이 아메리카에 도착했을 때 주변이 나무 천지였기 때문이다. 쉽게 구할 수 있으니 나무는 가장 저렴하게 집을 지을 수 있는 자재였다. 게다가 돌이나 벽돌로 집을 짓는 것보다 시간도 훨씬 단축할 수 있었다. 모든 것이 부족했고, 불안정했던 정착 초기에는 이게 굉장히 중요했다. 그래서 미국과 캐나다는 오래전부터 가로로 된 긴 창을 갖고 있다. 그에 따라 대부분의 집에는 우리나라처럼 방충망이 달려 있다.

그럼 본론으로 돌아와 창문의 넓이와 방충망은 무슨 관계가 있을까? 한국의 창은 대개 옆으로 여닫는 미서기창이다. 반면 유럽은 창의 일부만 안쪽으로 여닫는 틸트창이 다수다. 일부는 아래위로 창문을 여닫는 오르내리기창도 있다. 어쨌든 그 틈새를 비집고 창문 바깥쪽에 방충망을 달아야 하니 그 작업이 어려울 수밖에 없다. 업자를 부르자니 인건비 때문에 비용이 상당할 수밖에 없다.

건물을 지을 때 아예 방충망을 달아 놓으면 좋을 텐데 그것도 쉽지 않다. 사실 창이 좁으면 미서기창을 쓸 이유가 없다. 그러지 않아도 좁은 창을 절반만 개폐할 수 있기 때문이다. 결국 남은 방법은 세로 직사각형 창 전체에 방충망을 다는 것이다. 하지만 유사시에 여닫는 게 불가능한 고정 방충망이다. 1년 내내 이 방충망을 통해 바깥을 봐야 한다면 우리라도 선뜻 선택하기 어려운 방식이다.

사실 지금은 유럽에서도 돌이나 벽돌이 아닌, 철근콘크리트로 집과 건물을 짓기 때문에 우리처럼 창을 가로로 길게 내는 게 어렵지 않다. 하지만 그럼에도 일부를 제외하고는 여전히 세로 창을 고수하면서 방충망을 달지 않는다. 설혹 가로가 넓은 창을 시공하더라도 우리처럼 미서기창이 아니라 굳이 2~3짝으로 된 틸트창을 고집한다. 이는 이미 공사 현장에서 틸트창이 일반적이라 시공이 편하기도 하고, 미서기창보다 난방에 더 좋기 때문이다.

유럽에 방충망이 없는 것은 집으로 날아드는 모기나 파

리, 나방, 곤충 등 벌레가 적기 때문이기도 하다. 우리와 비교해 유럽의 벌레가 얼마나 적은지, 이에 관한 믿을 만한 데이터는 아직은 없다. 하지만 유럽의 여름을 경험해봤다면, 특히 도시에서는 우리나라보다 확연히 모기나 파리가 적다는 데 대다수가 동의하지 않을까 싶다. 아마도 유럽 여름 특유의 고온 건조한 날씨 때문이 아닐까 싶다.

실제로 유럽인들의 생각도 마찬가지다. 1년에 한 달 정도 집에 들어오는 모기나 파리, 나방은 사소한 성가심에 불과하다는 것이다. 유럽의 모기는 열대 지방의 뎅기열이나 말라리아 같은 질병을 퍼뜨리지도 않으니 위험하지도 않다. 즉, 1년에 고작 몇 번 들어오는 벌레 때문에 보기에도 흉물스러운 방충망을 다는 건 유럽인들의 시각에서는 쓸데없는 돈 낭비인 것이다.

유럽 창에 방충망은 없지만 대신 철제 블라인드나 나무 덧문을 댄 집들을 흔히 볼 수 있다. 여름에는 뜨거운 햇볕을 가리고, 겨울에는 차가운 바람을 막기 위해서다. 이 블라인드와 덧문이 파리와 모기 같은 벌레를 1차로 차단하는 역할을 하니, 나머지는 참고 견디면 여름은 금방 지나간다고 유럽인들은 느긋하게 생각한다.

하지만 요즘 유럽은 점점 더 더워지고 있고, 여름도 길어지고 있다. 벌레의 생존 기간도 덩달아 늘고 있다. 더구나 유럽의 온도 상승으로 아프리카 모기들이 지중해 연안에서 자꾸만 발견되고 있다. 뎅기열이나 말라리아의 위험성도 덩달아 높아지고 있다. 그간 코로나 팬데믹으로 연못, 수영장, 물웅덩이 등이 방치된 곳이 많아 모기가 급격히 증가할 가능성도 있다. 이런 변화의 흐름이라면 앞으로는 유럽에서도 방충망을 단 집들이 급작스럽게 늘어날지도 모르겠다.

일본이
다다미방을
만드는 이유

일본은 우리나라만큼 추운 나라는 아니다. 하지만 집만큼
은 우리나라보다 훨씬 춥다. 매년 겨울마다 집에서 동사
하는 사람들의 숫자가 400명 이상이라는 통계가 있을 정
도다. 그만큼 난방도, 단열도 부실한 게 일본의 주택이다.

　그렇다고 건축 강국인 일본에 난방이나 단열 기술이 없
을 리가 없다. 건축은 환경의 거울이라는 얘기가 있다. 각
나라마다 처한 환경을 극복하거나 순응하는 과정이 총집
결된 게 건축이다. 습한 나라는 땅에서 공간을 띄워 집을
짓고, 눈이 많은 나라는 지붕의 경사도를 높이고, 비가 많
은 나라는 처마를 길게 하는 식으로 말이다.

　일본의 집이 이렇게 춥게 만들어진 데도 겨울의 추위보
단 여름의 더위를 나는 게 훨씬 어렵고, 중요하기 때문이
다. 그리고 그 중심엔 다다미가 있다. 우리의 온돌만큼이

나 일본도 다다미에 대한 자부심이 굉장히 크다. 그럼 왜 일본의 집에서 다다미가 중요한지 그리고 그 장단점은 무엇인지 좀 더 알아보도록 하자.

여름에 일본 여행을 해본 사람은 다 알겠지만 일본의 여름은 정말 덥다. 40도에 가까운 온도도 문제지만 무엇보다 사면이 바다로 둘러싸인 나라이다 보니 습도도 정말 높다. 개인적인 체감으로는 한여름의 도쿄는 대구와도 비교불가다. 이 찐득찐득한 일본의 여름나기에 정말 없어서는 안 될 필수템이 바로 다다미다.

'접다', '겹치다'라는 뜻을 지닌 다다미는 골풀로 짜 만든 사각형의 두꺼운 방바닥 깔개다. 보통은 가로와 세로가 180×90센티미터로 되어 있다. 두께는 4~6센티미터이고, 한 장의 무게가 보통 20킬로그램 정도 나간다. 이 한 장의 다다미는 한 사람이 누울 수 있는 크기를 기준으로 한 것인데 보통 다다미 2장이 우리나라로 치면 1평 정도다. 일본에선 대개 다다미의 숫자로 방 크기를 나타내는데 일반 가정의 평균적인 방 크기는 다다미 6장이다.

이 다다미는 오랫동안 지배층의 전유물이었다. 그만큼 비쌌다. 처음에는 방석 정도의 크기였지만 이것이 방 전체를 덮을 정도로 커진 건 15세기 이후부터다. 이때만 해도 다다미는 일종의 사치품으로, 이사할 때는 다다미 전체를 걷어갈 정도였다. 그러다가 17세기 에도 시대에 이르러서 서민들에게 조금씩 보급되기 시작했고, 19세기 메이지 시

대부분의 일본 집에서 볼 수 있는 다다미방.

대에 다다미가 완전히 대중화되었다.

일본에서는 집을 지을 때 두 가지를 가장 신경 쓴다. 집이 시원해야 한다는 것과 지진에서 조금이라도 안전해야 한다는 것이다. 그래서 주로 목재로 집을 짓는다. 목조건축이 돌이나 콘크리트 건물보다 흔들림에 강하고, 좀 더 통풍이 잘되기 때문이다. 단독주택의 경우 80퍼센트 이상이 목조주택이다. 또 비나 눈도 많이 오니 지붕은 경사도를 높이고, 처마를 길게 해 창문과 기둥을 보호했다.

실내 역시 통풍이 가장 중요했다. 그래서 견고한 벽 대신 병풍과 반투명 종이를 붙인 미닫이문으로 실내 공간을 나누었다. 그리고 다다미로 더위와 습기에 강하고, 지진에도 안전한 일본식 주택을 완성했다.

다다미를 만드는 골풀에는 공기를 스펀지처럼 품는 공간이 있다. 이 덕에 다다미는 한여름의 습기를 빨아들인다. 이 제습 기능 덕분에 푹푹 찌는 한여름에도 바닥만큼은 쾌적함을 유지할 수 있다. 동시에 겨울에는 여름 내내 머금었던 습기를 내뿜어 집이 건조해지는 것을 막아준다. 물론 마룻바닥에서 올라오는 한기를 차단하는 단열재 역할도 한다. 이처럼 다다미는 제습기와 가습기, 혹은 돗자리와 카펫의 역할을 동시에 하는 셈이다.

하지만 일본의 목조주택은 통풍이 잘되는 대신 방음에 취약하다는 약점이 있다. 발을 디딜 때마다 집에서 삐걱거리는 소리가 나기 일쑤고, 집 내부에 벽이 거의 없어서 한밤중에 아기 울음소리가 고스란히 이웃에게 전달되기도 한다. 이럴 때 다다미가 소리를 흡수하는 방음재 역할을 하기도 한다.

다다미의 골풀에는 특유의 향기가 있다. 다량의 피톤치드 성분을 내뿜으며 산림욕 효과를 내주는 것이다. 다다미 방 냄새에는 사람의 마음을 안정시켜주는 진정 효과가 있어서 일본인들은 이를 고향의 냄새라고 생각하기도 한다.

또 다다미는 쿠션의 역할을 해 일본인들의 생활습관상 무릎을 꿇고 앉을 때 저리기 쉬운 다리를 보호해주기도 하고, 척추 건강에도 도움이 된다고 한다.

마지막으로 다다미는 여차하면 일본인들을 지진으로부터 보호해주는 역할도 한다. 지진이 나면 바닥에 깔린

다다미를 뜯어 몸 위에 덮는다. 다다미는 20킬로그램에 달할 정도로 두툼하고 쿠션이 좋아서 가재도구나 책장 등이 쓰러질 때 그 충격을 감소시켜주는 것이다. 이런 이유들로 다다미는 오랫동안 일본에서 사랑을 받아왔다. 하지만 다다미에는 만만치 않은 약점도 있다.

가장 큰 문제는 관리하기가 어렵다는 것이다. 천연 소재여서 곰팡이가 피고, 진드기가 발생하기가 무척 쉽다. 특히 다다미 위에 음료수라도 흘리면 정말 최악이다. 액체를 쏟는 순간 바로 흡수돼 내부 깊숙이까지 금방 스며들기 때문이다. 이렇게 되면 다다미가 썩기 시작해 아주 고약한 냄새를 풍기게 된다. 그래서 오래된 집에 들어가면 다다미 특유의 퀴퀴한 냄새가 나는 곳이 많다. 이에 익숙한 일본인들이야 아무렇지 않겠지만 하루 묵게 된 에어비앤비나 료칸이 이런 상태라면 여행자들에게는 아주 고역이다.

또 무거운 물건을 다다미 위에 올려놓으면 금방 손상된다는 것도 약점이다. 다다미가 눌린 자국 때문에 가구를 재배치하거나 이사할 때 골치가 아프기도 하고, 무거운 가구를 질질 끌다간 다다미가 통째로 망가지기도 한다. 어쨌든 다다미의 수명은 고작해야 10년이라 이때마다 전체를 바꾸려면 일도 번거롭고, 비용도 만만치 않다.

다다미가 화재에 약하다는 것도 문제다. 물론 이는 목조주택 전체의 문제이긴 하지만 다다미가 쉽게 불에 탄다는 건 분명하다. 1995년 6,000여 명이 죽은 고베 대지진 때도, 2011년 엄청난 쓰나미를 가져왔던 동일본 대지진 때도 상당수 사망자가 화재로 인한 것이었다.

사실 오래된 일본의 목조주택들은 겨울 난방은 포기한 것이나 다름없다. 지진과 화재의 위험이 너무 치명적이라 온돌은 설치하고 싶어도 할 수 없었던 것이다. 화로에 이불을 씌워 온 식구가 다리를 집어넣는 코다츠こたつ가 난방의 전부인 셈이다. 일본인들이 온천욕을 좋아하는 것도 따지고 보면 이 부실한 난방과 관련이 있다.

하지만 무거운 온돌 대신 가벼운 다다미를 쓴 덕에 일본은 다층 건물을 세울 수 있었다. 일본의 유명한 성이나 궁전은 물론 일반 집에서도 2~3층 정도의 건물은 흔했다. 적의 동태를 감시하는 망루 역할을 하는 여러 층의 천수각들도 있다.

반면 우리는 혹독한 겨울을 나야 하는지라 무거운 온돌이 필수였다. 그래서 고려 시대까지만 해도 많았던 다층 건물을 포기하고, 온돌이 완전히 정착된 조선 시대에는 건물이 주로 단층이 되었다.

앞서 말한 대로 다다미의 유지와 관리가 상당히 까다롭기 때문에 요즘 일본에서는 다다미 사용이 점차 줄고 있다. 최근의 집들은 방 하나 정도만 다다미를 깔거나, 아예 다다미를 없애고 온돌을 설치하기도 한다. 한 설문 조사에 의하면 일본인의 80퍼센트 가량이 다다미보다는 그냥 마룻바닥을 선호한다고 답하기도 했다.

생활이 서구화되어 가고, 지진과 화재에도 강한 건축
기법들이 생겨나면서 다다미는 이제 점차 향수를 불러일
으키는 존재 정도로 변해가고 있는 듯하다.

우산 속에
숨겨진
마초 문화

독일 제국의 철혈재상 비스마르크가 독일을 통일하고 보니 세계 식민지는 이미 열강들의 차지였다. 단독 진출은 무리라고 판단한 비스마르크는 동양에서 협력자를 찾았다. 당시 중국의 실력자인 이홍장이 적합해 보였다. 비스마르크는 그의 환심을 사기 위해 독일산 순종 셰퍼드 두 마리를 고르고 골라 선물로 보냈다. 그리고 초조한 기다림 끝에 마침내 몇 달 뒤 이홍장으로부터 서신 한 통을 받았다. 그 편지에는 다음과 같이 쓰여 있었다.

"맛있게 잘 먹었습니다."

이 이야기만큼 '문화의 차이'를 잘 보여주는 일화도 없는 것 같다. 셰퍼트 사례만큼은 아니더라도 서양인들이 비 오는 날 굳이 우산을 쓰지 않는 것도 이해하기 쉽지 않다. 장대비에 모자 하나만을 눌러 쓰고 거리를 걷는 남자들의 모습은 영국, 프랑스, 독일, 스위스, 미국, 호주 등 서양 어디에서나 쉽게 볼 수 있는 광경이다. 왜 그러는 걸까? 서양인들의 몸은 방수 처리라도 되어 있는 걸까?

미국 서부의 캘리포니아 바로 위에는 오리건주가 있다. 미국에서 비가 잦은 곳 중 하나다. 2017년 한 신문사가 1,700명의 시민을 대상으로 "비 오는 날 우산을 챙겨 가는가?"라는 설문조사를 했다. 그 결과 "절대 안 가져간다"라는 응답이 무려 66퍼센트나 되었고, 항상 가져간다는 사람은 겨우 5퍼센트뿐이었다. 이유는 단순했다. "두 손이 자유로운 게 좋아서"라는 응답이 절반 이상이었다. 귀찮게 우산을 들 바엔 비 맞아 꿉꿉한 몸으로 종일 지내는 게 더 나은 모양이다.

물론 비의 특성이 우리나라와는 좀 다르다. 우선 대부분의 서양에서는 한국과 같은 장마가 없다. 유럽에서는 특히 한국처럼 한꺼번에 쏟아지는 폭우가 드물다. 대신 부슬부슬, 하루에도 여러 차례 내린다. 그것도 해가 쨍쨍하다가 갑자기 비가 쏟아지기도 하니 정말 변덕스럽다.

언제 내릴지 모르는 종잡을 수 없는 날씨가 반복되는데다 비가 와도 대개는 금방 그치니 우산을 매번 챙기는 게 참 번거롭기도 할 것이다. 게다가 바람이 심해 비가 사방으로 뿌려대니 우산이 별 쓸모가 없기도 하다. 그래서 유럽에서 우산은 비싸기만 하지 효율성은 별로 없는, 거추장스러운 물건으로 여기는 사람이 많다.

빗물에 대한 인식 차이도 있다. 한때 우리는 내리는 비는 모두 산성비라고 생각했다. 따라서 비를 맞으면 몸에 해로우므로 우산을 꼭 써야 한다는 생각이 강했다. 씁쓸하지만 우리와 공기 질이 다르니 서양인들은 산성비라는 개념 자체가 없는 듯하다. 산성비가 아니더라도 우리는 여전히 비는 공해로 오염된 물이라는 인식이 강하다. 하지만 서양인들은 그냥 맞아도 괜찮은 깨끗한 물이라고 생각한다. 그러니 우산을 써야 할 필요성도 다르게 느낄 수밖에 없다.

일부이긴 하지만, 실내에서 우산을 펴면 재수가 없다는 미신을 믿는 사람도 있다. 아이들의 경우 안전상의 이유도 있다. 우산을 쓰면 시야를 가려 교통사고의 위험이 크고, 넘어질 수도 있으니 비옷을 더 권장하기도 한다. 또 '삼보 승차'라고, 세 걸음 이상이면 무조건 자동차를 탄다는 미국이나 캐나다에서는 모든 곳을 자동차로만 이동하기 때문에 사실상 우산이 필요 없다고 말하는 사람들도 있다. 하지만 이들이 말하기 꺼리는 진짜 이유는 따로 있다. 그건 서양 사회에 여전히 만연하는 남자 특유의 마초 근성이다.

서양에서는 남자가 우산 쓰는 걸 남자답지 못한 나약한 행동이라고 여긴다. 이런 현상은 젊은 층일수록 더 심해서 우산을 들고 다니는 것 자체를 무척 창피해한다. 유럽보다 분위기가 더 보수적인 미국에서는 우산을 쓰면 아예 게이

취급을 받기 십상이다. 미국에서는 "남자라면 이래야 한다"라는 남성성을 은근히 강요받는 분위기가 있다. 예를 들어 남자라면 늘 근육을 단련해야 하고, 미식축구나 아이스하키 같은 거친 스포츠를 즐겨야 하며, 음악도 락이나 헤비메탈을 들어야 한다는 식이다. 반면 걸그룹 음악을 듣는다거나, 헬스를 하지 않거나, 백팩이 아닌 토트백 등을 들면 게이로 오해받기 일쑤다. 여러 차례 미국 영화에 출연한 바 있는 배우 이병헌도 미국에서 난데없이 게이 논쟁에 휘말린 적이 있다. 겨우 앞머리를 아래로 내렸다는 게 그 이유였다.

미국의 이런 마초 문화는 영국, 프랑스, 아메리칸 원주민들과의 영토확장 전쟁과 무법자들이 득시글거렸던 서부 개척 시대의 카우보이에서 비롯되었다고 보고 있다. 하지만 중고등학생들과 서민층 사이에서 성행할 뿐 중상류층으로 가면 분위기가 좀 다르다. 이들은 마초 문화를 하위문화로 경멸하며, 비 오면 누구보다 먼저 당당하게 우산을 꺼내 쓰고 다닌다.

그런데 사실 역사적으로 따져 보면 우산은 비를 막는 용도가 아니었다. 우산의 영어 단어인 'Umbrella'는 '그늘'이라는 뜻의 라틴어인 'Umbra'에서 유래되었다. 말 그대로 우산은 '들고 다니는 그늘'이라는 뜻으로 비가 아니라 햇빛을 가리기 위한 것이었다. 중국만이 처음부터 양산과 우산 겸용을 만들어냈다. 하지만 동서양 모두 종교나 의례

샤를 르브룅Charles Le Brun, 〈대법관 세기에〉, 1660, 파리 루브르 박물관.
한때 우산은 휴대용 그늘의 형태로 권력 상징의 도구였다. ————————

행사를 주관하는 남자용으로 만들었고, 고위층의 권력을
상징하는 것도 똑같았다.

　당시 우산은 너무 크고 무거워서 대신 들어주는 신하나
하인이 꼭 필요했다. 고대 이집트와 메소포타미아 등지에
서 첫 흔적이 발견된 우산은 그리스 로마 시절에는 부유
한 여성들의 양산으로 주로 사용되었다. 하지만 로마 몰락
후 우산은 긴 세월을 건너뛰어 17세기 프랑스에서 모습을
다시 드러냈다. 이때도 우산은 주로 여성들의 햇빛 가리개
역할을 하고 있었다.

　비 올 때 우산을 쓰는 건 "사람을 젖게 하려는 하늘의

의도에 반하는 것"이라는 종교적 사고에 영향을 받은 측면도 컸다. 우산의 무게도 보통 2킬로그램에 달해 실용성도 떨어졌다. 하지만 장 마리우스Jean Marius라는 금속 기술자가 가벼운 접이식 우산을 만듦으로써 프랑스에서는 우산이 드디어 비를 막는 용도로 함께 사용되기 시작했다. 빨간 하이힐로 멋내기를 즐겼던 루이 14세가 이 우산에 반해 5년간 생산 독점권을 주면서 하루아침에 우산은 귀족들의 필수템이 되었다.

영국은 18세기 중반이 넘어서야 조나스 한웨이Jonas Hanway라는 사업가에 의해 우산이 들어왔다. 남들이 조롱하든 말든 한웨이는 날씨에 상관없이 30년간이나 우산을 들고 다녔다고 한다. 이 덕에 우산의 실용성이 알려지면서 18세기 후반, 비로소 신사들 사이에 퍼지기 시작했다. 그래서 한때 영국에서는 그의 이름을 따 우산을 '한웨이즈'라고 부르기도 했다.

이 시기에 우산은 비를 막는 것 외에도 아주 중요한 쓸모가 있었다. 이때만 해도 유럽의 집들에는 화장실이 없었다. 파리건, 런던이건, 유럽의 주요 도시에 아직 하수도가 시설되기 전이었기 때문이다. 그러니 대소변은 요강으로 해결할 수밖에 없었다. 문제는 2, 3층에 사는 사람들이 창밖으로 오물을 그냥 버린다는 것이었다. 거리를 걷던 사람들은 봉변당하기 일쑤였다. 그래서 프랑스에서는 반드시 "물 조심!"이라고 외친 다음에 버리도록 하는 법도 있었다. 이 소리가 들리면 신사들은 잽싸게 우산을 펼쳐 값비싼 양복을 보호하곤 했다.

이런 우여곡절을 거쳐 우산은 19세기 중후반이 되어서야 서구에서 대중화가 되었다. 하지만 앞에서 이야기한 것처럼 마초 문화에 민감한 일부에서는 우산을 쓰면 게이로 오해받을까 봐 여전히 우산을 피하고 있다. "진짜 사나이는 비를 두려워하지 않는다"라면서 말이다.

마초는 원래 스페인어에서 나온 말로 "남에게 존경받는 용감하고 책임감 있는 남성"을 의미하는 단어였다. 이런 면에서 볼 때 겨우 '비 맞는 게 진짜 사나이'라는 건 마초를 너무 지나치게 싸구려로 만든다는 생각이 든다.

마지막으로 비스마르크와 이홍장은 그 후 어떻게 됐을까? 일설에 의하면, 비스마르크는 개를 잡아먹은 이홍장을 대세를 함께 도모할 수 없는 야만인이라고 생각했다. 그래서 중국 진출에 소극적이었다고 한다. 아마 문화 차이를 좀 더 일찍 알았더라면 중국과 독일의 역사가 다르게 전개되었을지도 모를 일이다. 이 둘은 20년이 더 지나 이홍장의 세계 순방길에 독일에서 만났다. 하지만 그때 이홍장의 나이는 74세였고, 비스마르크 역시 사실상 은퇴 상태라 그 어떤 역사적 변화를 가져오기에는 이미 너무 늦은 때였다.

야구는 왜
축구만큼
인기가 없을까?

한국은 야구도, 축구도 좋아하는 나라다. 아주 특이한 경우다. 야구와 축구가 동시에 인기 있는 나라는 기껏 꼽아봐야 한국을 포함해 일본, 멕시코 정도다. 대개는 축구를 좋아하면 야구를 싫어하고, 야구를 좋아하면 축구에 별 관심이 없다. 프로스포츠가 꽃을 피운 대표 국가인 미국이 그렇고, 유럽이 그렇다. 아프리카나 남미, 서아시아 등도 마찬가지다.

사실 세계화 정도를 따지면 야구는 축구의 상대가 되지는 못한다. 축구의 총본산인 국제축구연맹FIFA 가입국만 해도 유엔보다 더 많은 6대륙의 211개국이나 된다. 축구를 안 하는 나라를 찾는 게 더 힘들 정도다. 그 무엇을 비교하더라도 축구의 규모와 인기는 한마디로 넘사벽이다.

야구도 국제야구연맹IBAF 가입국이 141개국이나 되니 제법 많은 나라가 하는 것처럼 보인다. 하지만 실상은 빈껍데기다. 야구 월드컵에 해당하는 월드 베이스볼 클래식WBC 지역 예선에 참가하는 나라는 다 합쳐봐야 30개국 정도다. 이것도 근래에 많이 늘어서 이 정도다. 지역으로 따지면 유럽에서 양강인 네덜란드와 이탈리아 등 몇 개국과 아시아에서는 한국과 일본, 대만 정도다. 오세아니아에서는 호주 그리고 미국을 포함해 도미니카, 베네수엘라, 쿠바 등 북중미 국가들이 기본적인 야구 운동장과 야구 리그를 갖춘 나라들이다.

지리 웹사이트인 월드애틀라스Worldatlas.com 조사에 따르면 순수 팬층만을 따져봤을 때 인기 1위 스포츠는 단연 축구로 약 35억 명이었고, 25억 명의 크리켓이 2위, 20억 명의 하키가 3위였으며, 테니스, 배구, 탁구, 농구에 이어 야구는 5억 명으로 8위에 불과했다. 이렇듯 야구는 축구에 비해 명백히 세계화에 실패했다. 좀 더 심하게 말하자면 야구는 미국의 강한 영향력 아래에 있는 국가들만의 국지적인 스포츠다. 왜 이렇게 된 것일까?

축구와 야구는 처음부터 다른 길을 걸었다. 두 스포츠가 본격화된 것은 1800년대 중반부터다. 시작은 각각 영국과 미국이었다.

사실 모든 스포츠는 귀족의 여가생활을 위해 만들어졌다. 축구도 마찬가지다. 하루하루 먹고살기 힘든 일반 백성들이 공을 찰 만큼 한가로울 리 없다. 이런 영국 귀족의 공놀이가 세계로 퍼진 건 영국이 해가 지지 않는 제국이 된 덕이다.

영국은 대부분의 식민지에서 간접 통치 방식을 택했다. 그 넓은 땅을 직접 다스리기에는 인구가 턱없이 부족했기 때문이다. 그래서 영국은 식민지의 지배층들과 우호적인 관계를 맺는 걸 늘 중요시했다. 이때 그 매개체 역할을 한 게 바로 축구다. 영국의 지배자들과 식민지의 엘리트들은 축구를 통해 몸을 부대끼며 친목을 다졌다. 마치 오늘날 한국에서 골프가 비즈니스의 윤활유 역할을 하는 것과 비슷하다고 할 수 있다.

이렇게 축구는 아프리카로, 아시아로, 남미로 영국의 확장세에 따라 급속하게 퍼져갔다. 영국은 가는 곳마다 지배층은 물론 일반인들에게도 축구를 적극 권했다. 자신들의 문화를 전파하고, 페어플레이 정신과 규칙을 가르칠 최적의 수단으로 여겼기 때문이다. 이 덕에 세계 각국에서는 계급에 상관없이 지역과 직업, 직장 등으로 나뉜 클럽들이 수없이 생겨나기 시작했다.

하지만 프로화는 보급 속도에 비해 상대적으로 늦었다. 순수한 경쟁이 중요한 숭고한 스포츠에 돈이 개입되는 건 모욕이라고 귀족들이 생각했기 때문이다. 나중에 영국과 영연방 국가들이 미국 야구를 무시한 것도 일찌감치 상업화된 야구를 천박하게 여긴 탓도 있다.

영국의 개방적인 축구 보급과 달리 야구는 처음부터 폐

쇄적인 길을 걸었다. 당시 축구는 당연히 미국에도 보급되었다. 인기도 꽤 있었다. 하지만 미국에 내셔널리즘이 팽배한 시기였다. 영국과 독립전쟁을 마치고 나서도 양국은 사사건건 부딪쳤기 때문에 영국이 종주국인 축구를 즐길 분위기가 아니었다.

하지만 1865년 4년간의 남북전쟁을 마치고 나서는 미국에도 즐길 거리에 대한 욕구가 부풀어 올랐다. 이 바람을 탄 게 야구다. 축구와 함께 영국 스포츠의 양대 상징으로 부상한 크리켓에 맞서려는 의도도 있었다. 당시 미국인들은 축구가 수비만 해도 이길 수 있는, 무승부가 많은 남자답지 못한 경기라며 경멸했다. 이에 반해 야구는 공격적인 경기로 축구보다 훨씬 많은 점수를 내며 승부를 반드시 가린다는 점에 열광했다.

어쨌든 야구에 관중이 몰리면서 야구 클럽들은 울타리를 치고 입장권을 팔기 시작했다. 점점 더 큰돈을 벌게 되자 클럽은 선수들에게 보수를 지급하기 시작했다. 이 보수만으로 먹고살 수 있게 되자 점점 더 야구만 전문적으로 하는 선수들이 생겨나기 시작했고, 클럽은 프로 구단으로 발전하기 시작했다. 야구의 상업화가 본격 시작된 것이다.

미국은 건국 후 1차 세계대전 때까지 외교적으로 고립주의 정책을 써왔다. 유럽의 분쟁에 휘말리지 않고, 내실을 다지겠다는 게 표면적인 이유였다. 야구 역시 마찬가지였다. 1876년 메이저리그가 창설되고 한참 뒤까지 미국은 야구의 해외 전파에 별 관심이 없었다.

이미 자본가들의 돈벌이 수단이 된 메이저리그는 당장 돈이 되지 않는 해외 보급보다는 이윤을 극대화하기 위한 사업 기반을 다지는 데 주력했다. 그래서 만들어진 게 지역과 도시에 대한 독점권과 새로 창설된 구단에 대한 막대한 입회비 등이다.

또 유보조항을 두어 선수들도 다른 팀과 자유롭게 계약할 수 없도록 했다. 지금도 메이저리그를 보면 꼴찌를 해도 강등되지 않는다. 영원히 기득권을 누리는 것이다. 못하면 하부 리그로 바로 강등되는 대부분의 프로축구와는 확연히 다르다. 그래서 지금도 메이저리그는 매우 성공한 독점 자본주의의 모델로 꼽히고 있다.

이렇게 해서 야구는 미국만의 스포츠로 국한되었지만 대신 독점을 바탕으로 막대한 돈을 벌어들임으로써 구단의 안정적인 운영이 가능했고, 선수들의 몸값도 축구보다 훨씬 높아지게 되었다.

야구가 본격적으로 세계화에 나선 건 20세기 말이나 되어서다. 2006년에는 첫 WBC가 미국에서 열렸다. 그런데 이것도 축구와는 완전히 다른 점이 있다. 축구의 월드컵은 종주국인 영국이 아닌 FIFA가 대회를 주관한다. 하지만 WBC는 주최자가 미국 메이저리그다. 국제경기마저 미국 야구가 독점권을 절대 놓지 않고 있는 것이다.

야구가 국제화에 등한시한 사이에 세계 스포츠는 이미

축구가 확고하게 자리 잡았다. 영연방에서는 야구와 비슷한 크리켓 때문에라도 비집고 들어갈 틈이 없다. 그래서 야구는 여전히 미국 영향권의 국지적인 스포츠에서 벗어나질 못하고 있다.

이외에도 야구가 세계화에 실패한 이유는 또 있다. 무엇보다 접근성이 너무 떨어진다는 것이다. 우선 장비값이 너무 비싸다. 한 팀이 글러브와 배트 공 등 기본 장비를 갖추려면 돈이 만만치 않게 들어간다. 규칙도 초보자가 이해하기에는 너무 복잡하다. 그리고 플레이 자체도 너무 어렵다. 야구를 해본 사람이라면 알겠지만 스트라이크 3개를 던지는 것도, 포수가 도루를 저지하는 것도 동네 야구 수준에서는 쉬운 일이 아니다. 운동장도 대부분의 경기장이 사각형인데 야구는 특이하게도 부채꼴이라 아무 데서나 하기도 어렵다. 공 하나만 있으면 골대가 없어도 수십 명이 쉽게 즐길 수 있고, 규칙도 직관적인 축구에 비하면 야구는 허들이 굉장히 높은 스포츠인 셈이다.

경제적으로 충분히 감당할 수 있는 유럽에서 야구가 인기 없는 건 날씨 탓도 있다. 비 오는 날이 많고, 안개도 자주 끼기 때문이다. 축구와 달리 야구는 작은 공을 던지고 쳐야 하니 날씨가 나쁘면 할 수가 없다. 오래전부터 유럽이 미국 문화를 경멸해온 경향도 분명 한몫한다. 특히 도루Steal는 비신사적 행위의 대표로 꼽힌다.

오랫동안 잦은 전쟁을 치러온 유럽인들은 격렬한 축구

에 좀 더 본능적으로 이끌린다고도 한다. 이들에겐 걸핏하면 쉬는 야구는 지루하기 짝이 없다. 동유럽의 경우에는 공산권이던 시절, 야구가 자본주의 체육의 대표로 낙인찍히면서 기피 대상이 되기도 했다.

혹자는 미국의 지배력이 영국보다 조금만 더 빨랐더라면 축구가 아닌 야구가 세계 스포츠의 지배자가 됐을 거라고 말하기도 한다. 알 수 없는 일이다. 하지만 축구의 개방성과 쉬운 접근성 및 직관성을 과연 야구가 당해낼 수 있었을까? 그에 대한 대답은 '글쎄요'다.

흑인이
수영을
못하는 이유

사실 이 제목은 틀렸다. 흑인이 못하는 스포츠는 수영뿐만이 아니기 때문이다.

많은 사람에게 흑인은 모든 스포츠를 잘할 것이라는 선입견이 있다. 몇몇 스포츠에서 흑인들이 보여주는 압도적인 피지컬과 운동신경 때문이다. 미국의 프로농구인 NBA에는 2021년 기준으로 흑인 선수가 73퍼센트나 된다. 미식축구인 NFL도 약 60퍼센트다. 미국의 흑인 인구 비율이 15퍼센트인 점을 감안하면 대단한 수치다. 여기에 육상은 말할 것도 없다. 단거리와 마라톤 모두 오래전부터 흑인들의 독무대다.

하지만 이 종목들을 제외하고는 흑인이 압도하는 스포츠는 없다. 말 나온 김에 미국의 4대 프로스포츠를 좀 더 살펴보면 미국 프로야구인 MLB와 아이스하키인 NHL에는 흑인 선수가 차지하는 비중이 약 7퍼센트밖에 되지 않는다. 여름과 겨울의 대표적인 스포츠인 수영과 스케이트는 어떨까? 수영에서는 1988년 서울올림픽에서 흑인 남성이, 2016년 브라질 리우올림픽에서는 흑인 여성이 첫 금메달을 따냈다. 하지만 여전히 수영에서 흑인 선수는 메달은커녕 찾아보기도 힘들다. 동계 스포츠의 꽃인 스케이트는 더하다. 아니, 아예 동계 스포츠를 하는 흑인이 거의 없다. 2022년의 베이징 동계올림픽에 참가한 미국 선수단 225명 중 흑인 선수는 단 7명뿐이었다.

이 밖에 테니스, 사이클, 골프, 펜싱, 양궁, 탁구, 레슬링, 럭비, 카누, 체조, 태권도, 자동차경주, 역도 등 수많은 종목에서 흑인들의 활약은 굉장히 미미한 편이다. 그럼에도 제목을 "흑인이 수영을 못하는 이유"라고 단 이유가 있다. 수영을 못하는 이유를 알면 흑인이 왜 농구, 육상, 미식축구에서만 잘하고, 다른 종목에서는 못하는 지가 모두 설명되기 때문이다.

흑인들이 폭발적인 스피드를 보이는 육상과 달리 올림픽 메달밭인 수영에서는 부진하자 그동안 체육계에서는 온갖 설이 난무했다. 그중 가장 그럴듯하고, 지금까지도 여전히 언론에 등장하는 설은 흑인의 신체 특성이다. 즉, 흑인은 선천적으로 다른 인종에 비해 근육량이 많은 데다 근육의 밀도까지 높아 물에 쉽게 잠긴다는 것이다. 이러한 신체 특성으로 물의 저항을 많이 받아 앞으로 나가는 게

늦을 수밖에 없다는 것이다.

또 흑인들은 더위를 견디기 위해 다른 인종보다 땀구멍이 큰데, 이 땀구멍이 물을 많이 품어 수영에 불리하다는 설도 있다. 여기에 더 나가 손발의 물갈퀴가 상대적으로 짧기 때문이라거나, 상체보다 하체 근육이 상대적으로 더 발달돼 수영에 불리하다는 속설도 있다.

하지만 이 가설들을 입증하는 그 어떤 과학적 근거도 없다는 게 최근의 공론이다. 흑인의 근육 밀도가 상대적으로 높은 건 사실이나 이는 장거리에서나 약간 불리할 뿐 오히려 단거리에서는 유리한 조건이라는 것이다. 큰 땀구멍 역시 전신 수영복으로 커버할 수 있고, 물갈퀴의 인종 간 차이는 너무나 미미하다고 보고 있다.

그래서 이런 생물학적 차이보다는 사회·환경적 차이가 큰 설득력을 얻고 있다. 미국에서 수영은 1920년대부터 유행하기 시작해 1950~1960년대에 남녀노소 누구나 즐기는 국민스포츠가 되었다. 하지만 이 시기, 흑인은 미국에서 세균 덩어리 취급을 받았다. 같은 수영장을 사용한다는 것은 상상도 할 수 없는 일이었다. 이 당시 만들어진 2,000여 개의 수영장 대부분은 흑인의 출입을 금했다. 물론, 흑인 거주지역에는 수영장도 짓지 않았다. 노예 시절부터 흑인은 도망가지 못하도록 수영이 금지된 삶을 살아왔다.

이런 인종차별로 인해 2010년의 통계에 의하면 미국에서 흑인의 70퍼센트가 수영을 못 한다. 미국에 사는 백인 히스패닉 아시안 중에서 압도적으로 높은 수치다. 부모 모두 수영할 줄 모르면 그 아이가 수영을 배울 수 있는 확률은 13퍼센트에 불과하다고 한다. 즉, 미국에서 흑인은 수영을 접할 기회 자체가 매우 적었다. 흑인 수영선수를 키우기 위한 인프라도 거의 없었다. 이런 상황에서 뛰어난 흑인 수영선수가 나온다는 게 오히려 비정상적인 일일 것이다.

뭐니 뭐니 해도 흑인들이 수영을 못하는 가장 큰 이유는 경제적인 문제다. 미국에서도 개인 종목인 수영을 하려면 돈이 많이 든다. 흑인이 주로 사는 빈민가에는 수영장이 거의 없기에 잘 사는 동네의 수영장을 찾아가야 하고, 거기다 개인 레슨비도 내야 한다. 더구나 수영에 재능이 있어서 전문적인 선수가 되려면 유명 코치에게 집중 트레이닝을 받아야 한다. 잘하면 잘할수록 돈이 많이 든다는 얘기다. 대개의 흑인 부모들은 자식이 수영에 뛰어난 소질을 갖고 있어도 이런 경제적인 부담을 감당하기 어렵다.

더군다나 미국에서도 비인기 종목은 대학의 체육특기생 선발에서 찬밥이다. 장학생은 주로 학교의 명예를 높여 줄 수 있는 미식축구나 농구 같은 인기 종목에 편중되어 있다. 또 수영을 아무리 잘하더라도 돈을 많이 벌 가능성이 희박하다. 프로 수영이 있는 것도 아니고, 올림픽 금메달을 땄다고 우리처럼 포상금이나 연금을 주는 것도 아니기 때문이다.

사정이 이렇다 보니 가난한 흑인 아이들이 수영에 인생을 걸고 도전할 이유가 전혀 없다. 이런 현실은 다른 비인기 종목에도 마찬가지다. 테니스나 사이클, 골프 등 대부분의 개인 종목은 장비값도 많이 들고, 개인 레슨비도 만만치 않다. 훈련 환경 자체가 비싼 동계 스포츠는 말할 것도 없다. 많은 시간과 돈을 투자해도, 큰 부를 보장받지 못한다는 점에서 흑인들에게는 수영과 똑같은 기피 종목이될 수밖에 없다.

반면 흑인들이 두각을 나타내는 농구와 미식축구, 육상을 보면 우선 배우고 즐기는 데 돈이 거의 들지 않는다. 농구와 미식축구는 공과 공터만 있으면 되고, 육상 역시 기본적으로 맨몸으로 할 수 있는 운동이다. 무엇보다 유명선수만 된다면 막대한 부와 명예가 따른다. 가난에서 벗어나는 게 절박한 많은 흑인에게는 이런 종목에 집중하는게 당연한 일이다.

20세기 초까지만 해도 농구는 유대인의 운동이었다. 이들이 선수의 70퍼센트를 차지했다. 흑인의 참여는 불가능했다. 그러면서 농구는 유대인 같은 지능이 중요하기 때문에 흑인들은 잘할 수가 없다고 했다. 하지만 농구가 20세기 중엽에 돈이 되는 프로스포츠가 되자 흑인들은 온갖 편견과 차별을 이겨내고 농구판을 단박에 휘어잡았다.

만약 수영도 농구나 미식축구처럼 막대한 부를 가져다

준다면 어떻게 하든 흑인들도 대거 물속에 뛰어들 것이다. 돈과 재능과 절박함이 합쳐지면 가끔 그 어렵다는 개천에서의 용도 만들어 낼 수 있으니 말이다.

서양에서 여성은
왜 남편 성姓을
쓸까?

서양에서 여성은 결혼하면 남편의 성姓을 따른다. 자신의 본래 성을 계속 쓸 수 있는데도 말이다. 남편 성 따르기는 명백한 남성 우월주의 문화의 유산이다. 그런 면에서 여성의 지위와 남녀평등 의식이 그 어느 곳보다 높은 서구 세계가 이를 여전히 받아들이고 있다는 건 의아한 일이다. 왜 그런 걸까?

사는 도중에 성을 바꾼다는 건 실생활에서 불편한 점이 한두 개가 아니다. 우선 서구권에서 실질적인 신분증 역할을 하는 운전면허증과 여권을 모두 바꿔야 한다. 잠깐이라도 없으면 생활이 불편해지는 신용카드와 은행 계좌도 명의변경을 해야 한다. 보험을 들었다면 그것도 마찬가지다. 더욱이 한국처럼 일사천리로 처리되는 나라들이 아니라서 하나하나 시간이 굉장히 많이 걸리고, 재발급에 따른 비용도 들여야 한다.

여기까지는 아무것도 아니다. 특히 사회활동이 활발한 여성들에게는 치명적일 수도 있다. 예를 들어 여성 학자의 경우 결혼 전의 논문과 결혼 후의 논문이 이름이 다르면 같은 저자로 검색되지 않아서 경력에 큰 저해가 될 수도 있다. 작가들도 마찬가지다.

이혼하고 재혼하면 문제는 더 복잡해진다. 이렇게 되면 논문이나 문학작품이 결혼 전, 결혼 후, 재혼 후로 같은 사람이 세 명의 저자로 나눠질 수 있기 때문이다. 이런 문제 때문에 얼마 전까지 독일 총리였던 앙겔라 메르켈이 재혼한 뒤에도 전 남편의 성인 '메르켈'을 그냥 사용했다(메르켈은 많은 논문을 쓴 물리학 박사 출신이기도 하다).

이런 불편함에도 2016년 영국의 BBC 방송 보도에 따르면 미국 여성의 70퍼센트가 결혼 후 남편의 성으로 바꿨다. 나머지는 원래 성을 유지하거나 자신과 남편의 성을 혼합해 사용하고 있다. 영국은 무려 90퍼센트라는 압도적인 비율로 여성이 남편의 성을 따르고 있다.

결혼의 발달사를 보면 인류 초기에는 주로 근친혼이었다. 하지만 농경과 유목의 발달로 씨족과 부족의 규모가 커지면서 근친혼은 금지되었다. 유전적인 결함으로 인한 기형아 탄생도 문제였고, 다른 곳에서 여성을 데려오면 인구를 한 명이라도 더 늘리는 데 유리했기 때문이다.

집안 내에서 짝을 구할 수 없게 되자 남자들은 밖에서

닥치는 대로 신붓감을 잡아 와야 했다. 이게 약탈혼이다. 여자를 납치할 때 쓰던 그물이 면사포로, 납치를 돕던 친구들이 신랑 들러리로, 여자에게 채우던 족쇄가 결혼반지로, 여자 가족이 찾는 것을 포기할 때까지 시간을 끌던 게 신혼여행으로 발전했다고 말하기도 한다. 근거가 있는 건지 모르겠지만 신랑이 신부 오른쪽에 서는 것도 가족의 추격에 대비해 오른손으로 칼을 잡아야 하기 때문이라는 설도 있다.

하지만 약탈혼은 위험한 비즈니스다. 강제로 여자를 빼앗다가 목숨을 잃을 수도 있고, 나중에라도 부족 간에 전쟁이 벌어질 수도 있었으니 말이다. 그래서 약탈혼은 매매혼으로 바뀌어 갔다. 지참금이라는 이름으로 신부의 몸값을 지불한 것이다.

약탈혼이든, 매매혼이든 이런 결혼은 여자가 남자의 소유물, 혹은 남자의 재산이 될 수밖에 없었다. 목숨 걸고 훔쳐 오거나, 돈을 내고 사 왔기 때문이다. 이런 분위기 속에서 여자들은 결혼하면 자연스럽게 남편의 성을 따르는 문화가 오랜 세월에 걸쳐 만들어진 것이다. 성姓은 영어로 'Family Name'이라고 한다. 즉, '가족 혹은 가문의 이름'을 뜻한다. 여성은 결혼하면 남자의 가문, 즉 그 남자에게 속하게 된다는 뜻이다.

그렇다고 이런 문화가 아주 오래된 것은 아니다. 성이 만들어진 역사 자체가 비교적 짧기 때문이다. 대략 11세기 이전만 해도 대부분은 이름이나 별명만 갖고 있었다. 그러다가 봉건 영주들이 땅 이름을 자신의 이름 뒤에 붙임으로써 성이 만들어졌다.

14세기 이후에는 일반 서민들도 성을 가지기 시작했다. 마을 인구가 늘어나면서 점차 같은 이름을 가진 사람들이 생기자 봉건 영주들은 노역에 동원하거나 인두세 등을 걷기 위해 정확한 구분이 필요했다. 그래서 처음엔 주로 하는 일을 이름 뒤에 붙였다. 그게 제일 간편했다. 예를 들어 어떤 마을에 윌리엄William이란 이름을 가진 사람이 두 명이 있다. 한 명은 대장간을 하고, 한 명은 빵을 만든다. 그럼 대장간을 하는 사람은 윌리엄 스미스William Smith, 또 다른 한 명은 윌리엄 베이커William Baker로 구분해 불렀다. 시간이 지나면서 스미스와 베이커, 즉 '대장장이'와 '빵 만드는 사람'이 성으로 굳어졌다. 아마 유럽에서 이름이 모두 달랐다면 성은 만들어지지 않았을지도 모른다.

어쨌든 인구가 더 늘면서 이젠 대장간을 하는 사람도, 빵을 만드는 사람도 많아져 직업명만으로는 사람을 특정 짓기가 어렵게 되었다. 그래서 얼굴 생김새, 신체 특성, 사는 곳의 특징을 살려 성을 만들기 시작했다. 키가 크면 롱Long이 되고, 피부가 가무잡잡하면 브라운Brown, 여우 같이 생기면 폭스Fox, 팔 힘이 세면 암스트롱Armstrong, 주교의 집에서 일하는 하인들은 한꺼번에 비샵Bishop이 되는 식이었다.

우리가 보기에는 마구잡이로 성을 만들다 보니 서구 세계에는 엄청나게 많은 성이 있다. 전체 숫자는 알 수 없으나 영국만 해도 4만 5,000개가 넘는다. 서방에서 이름이 아닌 성으로 사람을 부르는 게 바로 이런 이유에서다. 웬만해선 겹치지 않아서다. 만약 우리나라에서 김 대통령이라고 하면 김영삼 대통령을 말하는 건지, 김대중 대통령을 말하는 건지 알 수 없지만, 미국에선 바이든이라고만 해도 같은 성을 가진 대통령이 없으니 금방 구분이 된다.

이렇게 성이 쉽게 만들어졌기 때문에 서구 세계에서 성은 그리 중요하지 않았다. 그렇기에 여성이 결혼하면 남편 성으로 쉽게 갈아탈 수 있는 문화적인 배경이 된다. 이건 이름보다 성이 훨씬 중요한 우리와 중국을 보면 좀 더 쉽게 이해할 수 있다.

옛날에는 국민을 백성百姓이라고 했다. 100가지 성을 가진 사람들이 국민이란 뜻이니 성이 얼마나 중요한지 이 단어에서도 잘 드러난다. '성을 간다'라는 표현도 있다. 어떤 것을 장담하거나 강조할 때 이름을 가는 게 아니라 성을 간다고 했다. 우리나라에서 성은 곧 그 사람의 정체성이었다.

한국에서 결혼한 여성이 남편 성을 쓰지 않는 건 그만큼 성, 즉 가문이 중요했기 때문이다. 결혼은 가문과 가문의 결합이었기 때문에 남자의 성만큼이나 시집온 아내의 성도 중요시했던 것이다. 사극에서 외척의 문제가 단골로 등장하는 것도 바로 여성의 성이 어떠한 영향력을 갖는지 잘 보여주는 사례라고 할 수 있다.

성의 수 자체도 서구와 비교했을 때 한국과 중국은 희귀한 편이다. 2015년 통계에 의하면 외국인이 귀화해 만든 성까지 합해 5,500개 정도 된다. 100명 이상이 쓰는 성으로 범위를 좁히면 200여 개뿐이니 인구수가 큰 차이 나지 않는 영국과 비교해 우리나라의 성은 상당히 적은 편이다. 중국도 몇 명 쓰지 않는 성까지 포함해도 2만 3,000개 정도이니 14억 인구에 비해 희귀한 편이다.

반면 일본은 19세기 말 메이지유신 때 영국 따라 하기를 하면서 모든 사람이 성을 갖게 되었다. 오랜 가문이나 혈통과 관계없이 이들도 유럽과 비슷하게 살던 동네의 특징이나 위치를 기반으로 성을 만들었다. 그래서 지금 일본의 성은 무려 12만 3,000여 개나 된다. 그러다 보니 일본에서 성은 유럽처럼 크게 중요시되지 않았고, 결혼한 여성도 96퍼센트가 남편의 성을 따르고 있다.

다시 유럽으로 돌아가 보자. 11세기 봉건 영주에서 시작돼 14세기 일반인들에게 보급된 성은 18세기가 되어서야 거의 모든 사람이 갖게 되었다. 그리고 결혼한 여성이 남편의 성을 따르는 것은 16세기경에 시작되었다. 18~19세기에는 남편의 성과 다른 미망인은 재산 상속을 받지 못했기 때문에 남편 성 따르기는 확고하게 서구 세계에 정착되었다.

서구 문화권에서 남편 성을 써야 한다는 법은 없다. 본래 성을 계속 쓸 수도 있고, 그에 따른 사회적인 불리함도 없다. 그럼에도 이 관습은 지금도 굳건하다.

영국과 노르웨이 공동연구팀의 심층 인터뷰 결과 일부 대상자들은 단순히 전통이라는 이유로 성을 바꿨다. "결혼한 부부는 같은 성을 갖는다"라는 고정관념 때문에 성이 다르면 주변에서 의심의 눈초리로 볼 수 있다는 점도 고려 대상이다. 입국 심사에서 한 가족임을 증명해야 하는 번거로움을 피할 수 있다는 점도 꼽혔다.

하지만 뭐니 뭐니 해도 "같은 성을 가짐으로써 개인이 아닌 가족으로서의 정체성을 가질 수 있다"라는 점이 가장 많이 드는 이유였다. 여성들은 특히 부모의 성이 다르면 자녀들이 혼란스러워하지 않을까를 걱정했다. 그래서 출산 후 마음을 바꿔 남편 성으로 바꾸는 사례도 꽤 많았다. 이렇게 되면 남편은 물론 아이들과도 같은 성으로 연결돼 비로소 완벽한 '하나의 가족'이라는 유대감을 가질 수 있다는 것이다.

일본은 "부부의 성은 하나여야 한다"라는 걸 법률화한 거의 유일한 나라다. 몇 차례의 위헌 심판에서 이를 옹호한 일본의 언론은 "부부의 성이 다르면 가족의 결속력을 해쳐 가정붕괴를 부추길 수 있다"라고 말한다.

오래전부터 부부가 각자의 성을 써온 우리나라에서는 서구의 주장과 일본의 걱정을 이해하기 힘들다. 부부의 성이 달라도 우리나라는 그 어느 나라보다 가족애가 굉장히 강한 나라이니 말이다. 이런 게 관습과 문화의 차이인 모양이다.

미국인들이
신발 신고
침대에 올라가는 이유

이제 지구상에 더 이상 생경한 문화는 없다. 인터넷을 통해 각국의 문화가 순식간에 교류되기 때문이다. 하지만 그럼에도 받아들이기 어려운 문화는 있기 마련이다. 우리에게는 그중 하나가 바로 신발을 신고 집 안을 돌아다니거나 심지어는 침대까지 올라가는 행동이다. 도대체 왜 그러는 걸까? 이들은 신발의 더러움을 모르는 걸까? 어쨌든 집 안에서 신발을 벗는 것도, 신는 것도 다 그 나름의 이유가 있다.

그런데 그 전에, 집에서 신발을 신는 나라가 많을까? 아니면 벗는 나라가 많을까? 이에 관한 자료를 찾다 보니 대부분 집에서 신발을 벗는 나라는 한국과 일본 정도라고 생각하는 사람이 많았다. 하지만 그렇지 않다.

아시아는 필리핀을 제외하고 전부 신발을 벗는 문화다.

아마 필리핀은 집에서도 신발을 신는 대표적인 나라인 스페인과 미국의 지배를 수백 년간 받은 영향 때문일 것이다. 중동에선 이스라엘을 뺀 전부이고, 아프리카 역시 신발을 벗는 게 일방적인 우세다. 유럽에서는 독일과 스위스를 경계로 서유럽과 중동부 유럽으로 나뉜다.

몰론 신발을 벗는 문화라고 해서 그 나라의 모든 사람이 집에서 신발을 신지 않는다는 뜻은 아니다. 어느 나라든 예외는 있다. 독일만 해도 프랑스와 가까운 곳은 집에서 신발 신는 사람이 좀 더 많고, 폴란드와 가까울수록 벗는 사람들이 더 많다. 입식 문화를 가진 중국은 오랫동안 집에서도 신발을 신었다가 20세기 중엽 위생 상태가 개선되면서 신발을 벗는 쪽으로 바뀌었다. 다만 한국처럼 맨발이 아니라 대부분 실내화를 사용한다. 당연히 중국처럼 땅도 넓고, 인구도 많은 나라는 지역적으로 신발을 신는 사람과 벗는 사람의 편차가 무척 크다.

반면 프랑스, 스페인, 포르투갈, 이탈리아, 아일랜드 같은 서유럽 국가들은 집에서도 신발을 신는 문화가 일반적이다. 여기에 이들의 지배를 오랫동안 받은 중남미 국가들도 같은 대열에 있다.

영국, 미국, 호주, 뉴질랜드는 신발을 벗는 사람도 많지만, 신발을 신고 집에서 생활하는 사람들이 좀 더 많은 국가들이다. 사실 이들 나라도 오랫동안 대다수가 신발을 신고 집 안을 돌아다녔다. 하지만 이민 등 동서양 간의 활발한 문화 교류와 위생 관념이 바뀌면서 집에서만큼은 신발을 벗는 사람들이 꾸준히 늘어나고 있다.

이러한 국가별 특성을 통해 우리는 신발을 벗는 이유와 신발을 신는 이유에 대해 많은 것을 추론할 수 있다. 우선 비와 눈 같은 강수량과 깊은 관계가 있다. 아시아권은 비가 많이 오는 나라가 많다. 특히 집중적으로 비가 내리는 장마 혹은 우기라는 계절적 특성이 있다. 독일을 기준으로 동쪽에 있는 유럽 국가들과 캐나다도 비슷하다. 우기는 따로 없어도 비가 연중 자주 오고, 특히 겨울에는 눈이 많이 내린다.

이들 나라의 또 하나의 특징은 집을 지을 때 목재를 많이 사용한다는 것이다. 정리하자면 이들 나라에서는 밖에서 신던 신발을 그대로 집 안까지 가지고 들어오면 집이 엉망이 될 수밖에 없다. 더구나 목재 구조의 집은 습기에 아주 취약하다. 그러니 집 안에서 신발을 신는 걸 엄격히 금지하는 게 당연하다.

인도와 중동, 아프리카는 동쪽의 아시아와 사정이 많이 다르다. 비도, 눈도 거의 없으니 말이다. 이들 나라에서 신발을 집에서 신지 않는 이유로는 크게 두 가지가 있다. 하나는 집 밖이 지저분하다는 것이다. 이들 나라는 아직 비포장도로도 많고, 사막 지대의 흙먼지와 모래도 가까이에 있다. 신발에 묻은 먼지와 모래들로 집 안이 더러워질 수밖에 없으니 벗는 쪽을 선택한 것이다.

또 하나의 이유는 종교적인 영향이다. 인도의 힌두교도, 중동의 이슬람도 신발을 벗는 건 존경의 표시다. 그래서 사원에 들어가려면 신발을 벗고 맨발로 들어가야 한다. 발을 먼저 물로 깨끗이 닦아야 하는 곳도 많다. 이 영향을 받아 가족들이 사는 집 역시 신발을 벗게 되었다. 아프리카의 이슬람 국가도 마찬가지다.

많은 동유럽 국가들과 러시아도 이슬람의 영향을 꽤 많이 받았다. 오스만 제국은 수백 년간 지금의 세르비아, 불가리아, 루마니아와 우크라이나 일부를 직접 지배하면서 집에서 신발을 벗는 이슬람 문화를 전파했다. 러시아도 당시 세계의 중심이나 다름없던 오스만의 영향권이었다.

신발을 벗는 나라들의 마지막 공통점은 바닥을 중시하는 문화를 가졌다는 것이다. 한국과 일본은 아예 바닥에 누워 잠을 자고, 밥을 먹었다. 동남아시아도 비슷하다. 그 외 중앙아시아와 중동, 아프리카에서는 밥을 먹을 때 집 바닥에 음식을 펼쳐 놓고 식사를 해왔다. 그리고 바닥에 앉거나 엎드려 예배와 예불 등 종교 행위를 한다. 이러니 바닥은 늘 깨끗해야 한다. 신발을 신고 집에서 돌아다닌다는 것은 꿈도 꿀 수 없다.

한편, 신발을 신는 이유도 벗는 이유 못지않게 여러 가지다. 어떤 문화도, 전통도 단시일 내에 만들어지진 않는다. 서구 세계의 신발 문화는 멀리 로마로 거슬러 올라간다. 고대 그리스 때부터 샌들 형태의 가죽 신발이 있긴 했지만, 로마는 진정으로 신발을 사랑한 제국이었다. 이들에게는 신발을 신지 않는 부족은 곧 야만족이었다. 그래서 로마 귀족들은 집에서도 늘 당당하게 신발을 신고 다녔다. 집이 지저분해지는 건 조금도 걱정거리가 아니었다. 하루 종일 물걸레질할 노예가 넘쳐났기 때문이다.

18세기 하수도가 만들어지기 전까지 유럽의 도시들은 정말 더러웠다. 하이힐이 만들어진 이유만 봐도 알 수 있다. 밖도 지저분했지만, 집 안이라고 다를 것도 없었다. 오랜 세월 유럽의 일반인들은 이런 집에서 지내왔다. 방도, 부엌도, 창고도, 마당도, 화장실도 아무런 공간 구분이 없었다. 집 안 자체가 더러우니 집에서도 내내 신발을 신고 다니다가 잘 때만 침대 옆에서 신발을 벗었다.

물론 겨울철 난방 문제도 있었다. 밥할 때를 제외하고는 일반인들은 불을 지필 여력이 거의 없었다. 귀족들 역시 기껏해야 벽난로가 난방의 전부였다. 그러니 더럽고 차가운 바닥과는 가급적 멀리 떨어져야 했다. 이게 침대와 소파가 만들어진 이유다. 발이 시려우니 신발도 최대한 오래 신어야 했다. 사실 이 문제는 지금도 마찬가지다. 대개 벽난로나 라디에이터로 난방할 뿐 바닥은 차가워서 신발을 벗으면 발이 추울 수밖에 없다. 그래서 카펫이나 러그를 곳곳에 깔지만, 그것만으로는 부족하다.

반면 우리는 온돌 덕에 바닥과 최대한 밀접한 생활을 하는 게 겨울을 나는 데 유리했다. 그 때문에 침대를 쓸 이유가 없었고, 소파 대신 방석이 훨씬 쓸모 있었다.

상하수도 설치로 유럽의 도시는 점차 깨끗해졌지만, 실내에서 신발을 신는 서구의 문화는 계속되었다. 특히 이 시기 귀족들에게 신발은 패션의 완성이었다. 종일 밖에서 신고 다니던 신발을 방 안까지 신고 들어와서 신발을 옷과 함께 아주 소중하게 옷장에 보관했다.

이런 관습은 지금도 서구 세계에 뚜렷하게 남아 있다. 평소 집에서 신발을 벗고 생활하던 사람들조차 손님을 초대했을 때만큼은 집에서 함께 신발을 신는 경우가 상당히 많다. 옷차림의 일부라고 생각하는 사람들에게 신발을 벗어달라는 건 무례한 요구로 비춰질 수 있다고 생각하는 것이다. 서양인들이 한국 드라마에서 양복을 잘 차려입은 사람이 집이나 직장에서 슬리퍼를 신고 있는 장면을 보면 굉장히 이상하게 여기는 것도 이 때문이다.

어쨌든 이들은 기본적으로 바닥은 어느 정도 더러운 장소라고 생각한다. 원래 바닥은 더러우니까 신발 신는 걸 크게 개의치 않는 거다. 더구나 요즘 도시에 사는 사람들은 흙 묻힐 일도 없으니 신발을 신어도 바닥이 크게 더럽혀진다고 생각하지도 않는다. 서유럽이나 건조한 지역의 도시에 사는 미국인들은 특히 더 그런 경향이 있다.

더구나 미국에선 앞뜰과 뒤뜰, 차고가 있는 집들이 많아 수시로 집과 밖을 드나들어야 하니 귀차니즘이 발동되기도 한다. 그래서 신발을 신은 채 침대에 오르는 사람도 간혹 있다. 영화나 드라마로 인해 실제보다 더 과장되었다고도 하지만 호텔의 침대를 보면 꼭 그렇지만도 않다.

다들 호텔에 가면 침대의 아래쪽에 있는 짙은 색의 띠를 본 적 있을 것이다. 그냥 장식품이 아니다. 베드 스카프, 혹은 베드 러너라고 하는 저 띠는 신발 신은 발을 올려놓는 곳이다. 아직도 신발을 신은 채 침대에 올라가는 사람들이 적지 않다는 것을 보여주는 소품이다.

몇 해 전 신발에 무려 42만 개의 박테리아가 산다는 미국 애리조나 대학의 연구 결과가 있었다. 화장실 변기보다도 훨씬 많은 숫자다. 서유럽과 미국에서의 코로나 확산도 신발 문화와 관련 있다는 연구도 있었다. 게다가 유럽과 미국에서도 우리 같은 바닥난방 공사가 점차 늘고 있다.

이런 분위기 덕인지 요즘 서구 세계에서 집에서 신발을 벗는 게 위생적으로 좋다는 인식이 널리 퍼져가는 건 확실하다. 물론 집에서 신발을 벗거나 신는 문제는 세계사적 큰 흐름에서 크게 중요한 문제는 아니다. 그럼에도 서구 세계가 오랫동안 고집해온 관념이 또 하나 깨져가고 있다는 생각을 하게 만드는 변화임에는 분명하다.

조개껍질에서 화장지까지, 더 잘 닦기 위한 뒤처리의 역사

만약 어느 날 갑자기 화장지가 사라진다면 어떻게 될까? 아마 상상하기 힘들 정도로 삶의 질이 뚝 떨어질 것이다. 사람은 살아 있는 한 평생 섭취하고 배변을 해야 한다. 이 중 무엇을 먹는가는 무척 불평등하다. 하지만 배변만큼은 얼마짜리를 먹었든 상관없이 공평하게 누구나 1인당 하루 평균 220그램의 똥을 누게 된다. 인구가 80억 명이니까 인간이 하루에 배설하는 양이 17억 6,000만 킬로그램이나 된다. 이걸 뒤처리하는 데 드는 전 세계의 두루마리 화장지는 해마다 300억 롤 이상이다. 초당 거의 1,000개씩의 화장지가 사용되는 것이다. 하지만 불과 170년 전만 해도 인류는 이 화장지가 없어서 매일 매일 크나큰 불편을 겪어야 했다.

과거 인류가 용변을 본 후 항문을 닦기 위해 어떤 어려움을 견뎌야 했는지를 알면 지금의 이 화장지가 인간이 인간답게 사는 데 얼마나 큰 공헌을 했는지 인정하지 않을 수 없다.

《똥 오줌의 역사》의 저자 마르탱 모네스티에는 "배설 활동은 전 대륙에서 같은 발달과정을 거쳐온 흔하지 않은 인간 활동"이라고 말한다.

인류는 수렵 채집 시대만 해도 배설을 아무 데서나 해도 전혀 문제가 없었지만, 정착 생활을 하게 되면서 배설은 집단으로 해결해야 할 사회문제가 되었다. 실제로 어떤 대륙이든 인류는 오랜 세월 자연에서 얻을 수 있는 온갖 재료를 밑 닦는 데 사용해왔다. 나뭇잎, 풀, 이끼, 지푸라기, 양털, 과일 껍질 등 구하기 쉬운 것 중에서 부드러운 물체는 뭐든 활용했다.

오스트리아 잘츠부르크 인근의 한 소금 광산에서는 머위 잎으로 엉덩이를 닦았다는 증거가 남아 있다. 그래서 이 지역에서는 지금도 머위를 엉덩이 식물Arschwurzen이라고 부른다. 지역에 따라서는 돌과 나무 조각, 조개껍질도 흔히 쓴 재료였다. 이 딱딱한 물체로 변을 긁어낸 후 물이나 눈으로 뒷마무리를 했다. 근처에 강이 있다면 손으로 모든 걸 해결할 수 있으니 일이 간단했다.

사막이 가까운 이집트에서는 부드러운 모래를 사용했다. 고대 그리스와 로마에서 많이 쓴 건 페소이Pessoi라는 원형의 점토판이었다. 대변이 묻은 페소이는 물론, 페소이를 이용해 뒤를 닦는 그림의 2,700년 된 술잔도 발견되었다. 그러다가 공중화장실이 발달한 로마에서는 상당히 진일보한 도구가 사용되었다. 테르소리움tersorium이라는 물건이다.

로마의 공중화장실은 따로 칸막이가 없었다. 구멍이 뚫린 돌바닥에 나란히 앉아 온갖 주제로 대화를 나누는 게 로마의 화장실 문화였다. 화장실 한가운데는 소금물 통이 있었다. 소금물 통에는 끝에 부드러운 스펀지(해면)가 달린 긴 막대기가 하나 들어 있었다. 이게 바로 터소리움이다. 볼일을 마치면 터소리움으로 뒤를 닦고 다시 소금물 통에 넣어 두었다. 공용이라 여러 사람이 돌려가며 써야 했기 때문이다.

지금 사람들이야 이 광경을 끔찍하다고 여길 것이다. 하지만 당시 로마인들은 분명 딱딱한 돌에 항문을 문지르는 것보다는 훨씬 낫다고 생각했을 것이다. 이 물건의 존재는 "동물과의 대결을 앞둔 한 검투사가 터소리움으로 자신의 목을 찔러 자살했다"라는 철학자 세네카의 편지를 비롯해 로마 문학 전반에 자주 언급되고 있다. 한편에서는 터소리움이 화장지 대용이 아니라 화장실 청소 도구였다는 일부 주장도 있어 아직 논쟁거리이긴 하다.

인간은 아주 오래전부터 점토판과 석판, 목편, 죽간 등에 기록을 남겨왔다. 하지만 인간 사회가 복잡해질수록 기록해야 할 정보는 점점 더 많아졌고, 이를 모두 담기 위해서

볼일을 보며 이야기 나누는 로마 시대 화장실의 모습.

는 더 나은 도구가 필요했다. 그래서 발명된 게 바로 종이다. 종이는 인류에게 비로소 본격적인 기록의 역사를 시작하게 해주었다. 그런데 종이는 기록뿐 아니라 발명 당시에는 전혀 생각지 못했던, 또 다른 혁명적인 역할을 했다. 바로 화장지다. 종이를 맨 처음 발명한 중국인들에 의해서다.

2세기 중국 후한의 채윤이 제지술을 완성한 후 수백 년 만에 중국인들은 낡은 책을 찢어 화장실에서 사용했다. 6세기 남북조시대의 학자였던 안지추(顔之推)는 "성현들의 말씀이 적혀 있는 종이를 감히 화장실에서 사용할 수 없다"라는 기록을 남긴 바 있다. 8세기 당나라를 방문한 아랍 상인의 기록에는 "이들은 볼일을 본 후 더럽게도 물로 씻지 않고 종이로만 닦는다"라고 되어 있다.

중국에서는 14세기가 되어서 이미 화장지가 상당량 생산되었다. 절강성에서만 연간 1,000만 개 이상의 화장실용 휴지를 만들었다는 기록이 있고, 황실 소모품 담당 부서의 기록에는 황궁에서 쓸 화장지 75만 장을 주문했다고 되어 있다. 황실용 화장지는 특별히 더 부드러웠고, 향기가 났으며, 황제를 상징하는 노란색으로 일반 화장지들과 차별을 두었다.

반면 유럽과 아랍에서는 뒤처리에 물 사용이 가장 위생적이라고 여기면서 화장실에서 종이 사용이 상당히 늦어졌다. 그래서 중세까지만 해도 평민들은 고대 시절과 다를 바 없이 나뭇잎이나 풀을 사용했고, 때론 개와 고양이, 닭으로 엉덩이를 닦기도 했다.

대귀족들은 화장실 담당 하인이 양모나 부드러운 천을 때맞춰 대령하기도 했고, 프랑스 왕인 루이 14세는 양털로 뒤처리를 했다. 어쨌든 이 시기에는 용변 후 처리가 늘 골칫거리라 귀부인들은 아예 변 보는 걸 참는 탓에 변비로 고생하는 사람이 정말 많았다.

15세기에 구텐베르크의 인쇄기가 나온 후 출판물이 다양해지면서 16세기에는 조금씩 유럽에서도 화장실에서 종이를 사용하기 시작했다. 그래서 영국 작가 토머스 브라운Thomas Browne은 "책을 많이 쓰는 사람은 화장지를 공급한다는 점에서 국민에게 큰 호의를 베푸는 셈"이라고 하기도 했다.

18세기에 들어 신문이 가장 인기 있는 화장지로 쓰이면서 화장실에서 종이 사용은 점차 대중화되어갔다. 한편 미국에서는 오랫동안 부드러운 옥수수 속잎이 가장 즐겨 사용된 화장지 대용품이었다. 그러다가 18세기 들어 신문 및 각종 인쇄물이 폭발적으로 증가하면서 화장실에서도 본격 종이를 사용하게 되었다.

그중 뭐니 뭐니 해도 가장 인기 있는 인쇄물은《농부 연감》이었다. 날씨와 파종 시기 등 농사에 관한 각종 정보를 담은《농부 연감》은 무척 두꺼웠다. 미국인들은 해 지난 책을 화장실에 두고 필요할 때마다 한 장씩 뜯어 사용했다. 그러자 아예 처음부터 화장실에 걸기 좋도록 구멍을 뚫어 출판하는 서비스 정신을 보이기도 했다. 그러다가 드디어 19세기 중반 지금과 같은 형태의 화장지가 등장하기 시작했다. 그 시초는 미국 뉴저지주의 사업가 조셉 가예티Joseph Gayetty가 만든 '변기용 약용지'라는 이름의 휴지였다.

당시 사람들은 거친 재질로 뒤를 닦느라 치질이 많았다. 가예티는 종이에 알로에를 흠뻑 먹여 500장 묶음을 50센트에 팔면서 '치질 치료용'이라고 광고했다. 가예티는 스스로 이 발명품이야말로 "우리 시대의 가장 큰 축복이라 할 만한 거대한 발견"이라고 평가했다. 하지만 자신만만했던 사업은 얼마 못 가 망했다. 공짜 종이가 널려 있는데 뒤처리를 하는 데까지 왜 귀중한 돈을 써야 하느냐는 것이었다. 더구나 화장지보다는 의학 용품임을 강조한 점도 실패의 한 원인이었다.

그 후 세스 휠러Seth Wheeler에 의해 최초로 두루마리 형태의 화장지가 나왔고, 한 장 한 장 뗄 수 있는 절취선도 그어졌다. 그리고 19세기 말 스코트 형제에 의해 두루마리 화장지가 처음으로 상업적인 성공을 거두게 되었다. 스코트 형제는 두루마리 한 가운데에 두꺼운 심을 넣어 오늘날의 형태를 완성했다. 의학 용품을 내세웠던 조셉 가예티의 실패를 분석해 '오래된 린넨처럼 부드러운'이라는 슬로건을 내세운 것도 시장에서 좋은 반응을 얻게 해주었다. 스코트라는 이름은 오늘날 우리나라에서 '주방용 제품'의 상품명으로 여전히 사용되고 있다.

화장지 사업의 확대에도 불구하고 일반인들이 화장지를 사는 건 그리 쉽지 않았다. 배변 후 뒤처리는 부끄러운 이야기였기 때문이다. 그래서 화장지를 사는 것도 눈치를 보는 사람들이 많았다. 영국에서는 약국에서 계산대 밑에 숨겨두고 팔기도 했다.

하지만 20세기 초가 되어 화장실에 대변혁이 일어났다. 도시마다 상하수도가 완비되면서 수세식 화장실이 대중화되었기 때문이다. 이제 화장실이 집 안으로 들어오면서 무엇보다 위생이 중요해졌다. 청결을 위해 의사들이 나서서 화장지 사용을 적극 권장하기도 했다.

무엇보다 수세식 화장실은 변기가 막히지 않는 게 중요했다. 물에 잘 녹는 부드러운 화장지에 대한, 지금까지 없던 새로운 수요가 만들어졌다는 뜻이다. 이렇게 화장지 사용은 폭발적으로 증가하게 되었고, 오늘날 인류에게는 한시라도 곁에 없어서는 안 될 생필품이 되었다.

화장지 얘기는 끝이 났지만, 화장지에 대한 TMI 다섯 가지로 마무리하려 한다. 첫째, 한국에 두루마리 화장지가 도입된 건 1971년 유한킴벌리 사에 의해서다. 당시 이 보들보들한 종이는 부자들이나 쓰던 사치품이었다. 그러다 1980년대 들어 아파트 건설 붐이 불면서 대중화가 되었다.

둘째, 한국화장실연구소 조사에 의하면 남성은 1회 평균 93센티미터, 여성은 118센티미터의 휴지를 사용한다.

셋째, 비데가 보급되면서 화장지 사용이 줄어들었을 것 같지만 사실은 오히려 더 증가하고 있다. 비데 사용 후 화장지로 한 번 더 닦아내야 안심이 되기 때문이라는 분석이다.

넷째, 모두가 사용할 것 같지만 실제로는 세계 인구의 4명 중 1명만이 용변 후 화장지를 쓴다. 중동이나 일부 아시아 지역처럼 물을 사용하는 곳도 있고, 아직 화장지를 살 여유가 없는 곳도 많아서다.

다섯째, 화장지 계에는 부먹찍먹과 비슷한 논쟁이 있다. 화장지를 어느 방향으로 거느냐 하는 것이다. 푸는 방향이 벽과 떨어진 전면 파가 있고, 벽으로 향하는 후면 파가 있다. 전면 파는 휴지가 벽에 닿아 세균에 오염되는 걸 걱정하고, 후면 파는 변기나 세면대의 물이 화장지에 튀는

걸 싫어한다. 유한킴벌리 조사 결과 우리나라에서는 65대
33으로 전면 파가 많다. 최초로 두루마리 화장지 특허를
받았던 세스 휠러도 전면 파였다고 한다.

남미 여성들은
왜 백인 남자의 모자를
쓰게 됐을까?

세계 최초 비행에 성공한 라이트 형제Wright Brothers, 무성 영화 시대 코미디계의 황금 콤비였던 로럴과 하디Laurel & Hardy, 미국 서부 개척 시대의 전설적인 총잡이 빌리 키드Billy Kid, 2차대전을 승리로 이끈 영국 총리 윈스턴 처칠Winston Churchill, 영화 역사상 가장 중요한 캐릭터인 찰리 채플린Charlie Chaplin, 미국의 30대 대통령 캘빈 쿨리지Calvin Coolidge 그리고 디즈니 애니메이션 〈토이 스토리 2〉에 등장하는 캐릭터 미스터 포테이토 헤드Mr. Potato Head 까지.

이처럼 다양한 직업을 가진 이들의 공통점은 볼러 햇Bowler Hat의 애호가들이라는 점이다. 우리말로는 '중산모'라고 불리는 모자다. 가운데가 산처럼 봉긋 솟았다 해서 중산모라는 이름이 붙었다. 요즘에도 많이 쓰는 페도라

볼러 햇을 쓰고 있는 라이트 형제.

Fedora, 즉 가운데가 살짝 꺼진 중절모하고는 다른 모자다.

이 인물들의 또 하나의 공통점은 백인 남자들이라는 것이다. 이 볼러 햇은 19세기 말부터 20세기 초까지 노동자들은 물론 은행원들과 정부 관리까지 백인 남자라면 누구나 즐겨 쓰던 모자였다.

이 시기 반짝하는 인기 후 백인 사회에서 사라졌던 이모자는 지금 엉뚱한 곳에서, 엉뚱한 사람에 의해 여전히 사용되고 있다. 중남미, 특히 볼리비아와 페루 원주민 여성들의 머리 위에서 말이다. 뚱뚱한 몸매에 흘러내릴 듯 간신히 머리에 매달려 있는 이 작은 모자, 그래서 어딘가 심히 언밸런스하게 보이는 이 여인들의 모습은 오늘날 중남미를 상징하는 아이콘이기도 하다. 백인 모자가 어떻게 원주민 여성들의 패션 아이템이 된 것일까? 그리고 그 안에는 어떤 의미가 있는 걸까?

볼러 햇은 1849년 영국의 귀족인 에드워드 코크의 주문에서 비롯되었다. 코크는 큰 수렵장을 가진 거부였다. 그는 산림관리원들을 위해 나무에 머리를 부딪쳐도 안전한 튼튼한 모자가 필요했다. 나뭇가지에 걸려 모자가 잘 벗겨지지도 않아야 했다. 런던의 모자 장인인 볼러 형제가 코크의 주문대로 동물성 지방을 굳혀 모자를 단단하게 만들었다. 그리고 나뭇가지에 잘 걸리지 않도록 챙을 작게 했다. 그래서 제작자인 볼러 형제의 이름을 따 모자 이름이 볼러 햇이 되었다.

당시로서는 혁신적인 기술로 만든 볼러 햇에 에드워드 코크는 대만족했다. 이에 용기를 얻은 볼러 형제는 볼러 햇의 대중화에 나섰다. 그들의 기대대로 볼러 햇은 우선 노동자 계층에서 큰 인기를 얻었다. 무엇보다 챙이 작아 바람에 날아갈 염려가 적었기 때문에 철도 노동자들에게 특히 인기였다.

얼마 후 이 모자는 대서양을 건너 미국에도 전해졌다. 처음에는 주로 유명 경마 대회에서 기수들이 쓰는 안전모로 사용되었다. 그러자 서부 시대의 총잡이들과 보안관들도 앞다퉈 볼러 햇을 쓰기 시작했다. 존 웨인이나 클린트 이스트우드가 나오는 서부극을 보면 많은 총잡이가 챙이 넓은 카우보이 모자를 쓰고 있다. 하지만 이는 영화적인 설정일 뿐이다.

챙이 넓은 큰 모자는 말을 타고 달릴 때 바람에 날아가기 쉽다. 특히 권총 결투를 앞두고 바람에 펄럭이는 카우보이 모자는 치명적인 위험이 될 수도 있다. 무엇보다 서부 개척 시대의 카우보이들은 총싸움보다는 말을 타고 달리다 떨어져 죽는 경우가 훨씬 많았다. 그래서 카우보이 모자보다는 챙이 짧고, 낙마 때 머리를 보호해줄 수 있는 볼러 햇이 서부의 마초들에게도 압도적으로 인기가 많았다. 미국에서 볼러 햇이 '서부에서 승리한 모자'라는 별칭으로 불리는 것도 바로 이 때문이다.

대서양을 건넌 볼러 햇 중에서는 볼리비아에 도착한 모자도 있었다. 1920년대 철도 건설을 위해 꽤 많은 영국 노동자들이 볼리비아에 진출해 있었다. 영국 맨체스터의 한 볼러 햇 공급업체가 이 철도 노동자들에게 팔기 위해 대규모의 모자를 볼리비아에 들여왔다. 그런데 누구의 실수인지 영국인들이 쓰기에는 모자가 너무 작았다. 게다가 갈색 모자도 섞여 있었는데 그때만 해도 남자의 모자는 반드시 검은색이어야 한다는 고정관념이 강한 시절이었다.

수입업자는 손해를 줄이기 위해 영국인보다는 머리가 작은 볼리비아 남자들에게 절반 값에 모자를 내놨다. 하지만 이 낯선 모자를 거들떠보는 사람은 아무도 없었다. 그 다음에는 어린이를 겨냥했지만 역시 실패했다. 이제 남은 건 볼리비아 여성뿐이었다. 그리고 이야기를 지어내기 시작했다.

우선 볼러 햇을 남성용이 아닌 여성용으로 둔갑시켰다. 현재 영국에서 가장 인기 있는 모자로, 패션을 아는 여성이라면 누구나 하나쯤은 가지고 있는 필수템이라고 사기를 쳤다. 여기에 영악하게도 이 모자를 쓰면 "아이를 잘 낳게 된다"는 엉뚱한 설도 퍼뜨렸다. 볼리비아에서 중시하는 다산多産의 문화를 악용한 것이다.

조금 어이없기는 하지만 이 마케팅이 통하면서 볼리비아 여성들 사이에 볼러 햇을 쓰는 패션 바람이 불기 시작했다. 그리고 점차 볼리비아를 넘어 페루 등 남미의 여러 곳으로 퍼져나갔다.

볼리비아에서는 특히 토착민인 아이마라족과 케추아족 여성들에게 볼러 햇이 큰 인기였다. 이들은 화려한 치마를 겹쳐 입어 엉덩이를 최대한 넓게 보이게 했다. 엉덩이가 커야 아이를 잘 낳는다는 다산 문화 때문이다. 그리고 숄을 걸친 다음 두툼하게 땋은 머리 위에 작은 볼러 햇을 얹었다. 치마나 숄 같은 전통 의상은 문제가 없지만, 그 위에 얹어진 모자가 생경해서 처음엔 볼리비아 사회에서 큰 거부감이 있었다. 이 모자를 쓴 여성들은 한동안 공공건물 출입이나 택시 승차를 거부당하기도 했다.

하지만 얼마 후 볼러 햇은 남미 여성을 상징하는 문화 코드로 완전히 자리 잡았다. 사실 볼러 햇은 머리보다 작고 챙도 짧아서 실용성과는 거리가 멀다. 그럼에도 남미에서 볼러 햇은 패션을 완성시켜주는 필수 패션 아이템이

땋은 머리 위에 볼러 햇을 얹은 볼리비아 여성들.

다. 오늘날 볼러 햇은 전통 의상은 물론 드레스나 비즈니스 같은 현대 복장과 함께 착용하기도 한다. 초기에는 검정과 회색 정도에 불과했던 색상도 갈색과 흰색 등으로 다채로워졌고, 모자 형태도 조금씩 다양해지고 있다.

예전과 변한 것이 없다면 모자의 위치에 따라 결혼 유무를 드러낸다는 것이다. 모자를 머리 위에 똑바로 쓰면 결혼했다는 뜻이고, 옆으로 비스듬히 쓰면 미혼이나 과부 등 독신임을 나타낸다.

남미에서는 볼러 햇을 토착민의 자부심과 정체성을 상징한다고 말한다. 하지만 그렇게 이해하기는 쉽지 않다. 남미 여행 중 볼러 햇을 쓴 여인을 만날 때마다 남미를 정복한 유럽의 모습이 연상되곤 하니 말이다. 마치 잉카와 마야의 신전을 허물고 그 위에 일부러 정복자들의 교회를 세운 것처럼 말이다. 그래서 남미 여성들의 머리에 얹힌 이 자그마한 모자는 약간 코믹하면서도 한편으로는 남미의 슬픈 역사를 나타내는 상징물처럼 느껴진다.

예술 작품에
무제가 많은
이유

현대미술은 참 이해하기 어렵다. 전시 공간에 화장실에서 쓰던 변기 하나를 덩그러니 올려놓거나, 미술관 벽에 노란 바나나 하나를 테이프로 붙여 놓고 작품이라고 한다. 아이들의 짓궂은 장난 같아 보이지만 전자인 마르셀 뒤샹Marcel Duchamp의 〈샘Fontaine〉은 미술사에 큰 획을 그은 작품이고, 후자인 마우리치오 카텔란Maurizio Cattelan의 〈코미디언〉은 다 썩어가는 바나나에 수억 원의 가격표가 붙어 있다.

이 작품들은 그나마 낫다. 제목이라도 있어서 작가의 의도를 유추라도 해볼 수 있기 때문이다. 하지만 많은 현대미술 작품은 '도대체 이게 뭐야?' 싶어서 제목을 찾아보면 〈Untitled〉, 즉 무제無題라고 표시되어 있기 십상이다.

잭슨 폴록Jackson Pollock, 〈무제Untitled〉, 1950, 뉴욕 현대미술관. ————

미국의 미술을 오늘날의 지위로 끌어올린 추상표현주의의 거장 잭슨 폴록Jackson Pollock의 이 작품 역시 제목이 없다. 누구나 할 수 있을 것 같은, 검은 물감을 붓으로 마구 뿌려댄 이 작품을 대체 어떻게 이해해야 할까? 그래서 〈무제〉라고 되어 있는 작품을 만나게 되면 개인적으로는 작가들이 참 불친절하거나 무책임하다는 생각이 들기도 한다.

한 연구에 의하면 제목이 〈무제〉일 경우 관람자의 작품에 대한 이해도가 확연히 떨어지는 것으로 나타났다. 그만큼 미술 작품을 감상할 때 많은 사람이 제목의 도움을 받고 있다는 뜻이다. 게다가 무제는 관람자의 관심도를 떨어뜨리는 주요한 요인으로 드러났다. 즉, 작품을 팔아야 하는 화가들에게 무제는 결코 현명한 선택이 아니다. 그럼에도 많은 화가는 여전히 작품에 제목을 달지 않는다. 그 이유가 뭘까?

작가들이 말하는 이유는 여러 가지다. 작품은 다 만들었는데 적당한 제목이 떠오르지 않거나, 처음부터 특별한 의도가 없는 작업이라서 〈무제〉를 달기도 한다. 때론 작가가 게을러서이기도 하고, 때론 자기가 뭘 하는지 몰라서 제목을 생략하기도 한다. 어이없을 수도 있겠지만 현대미술에서는 이 모든 게 허용된다. 남성용 소변기를 엎어 놓은 뒤샹의 〈샘〉이 유명한 것은 작가가 만들지도 않은 흔한 사물이 작가의 선택과 주장만으로 미술이 될 수 있다는 첫 사례였기 때문이다.

무제는 자신의 신변보호와 저항의 표현이기도 하다. 어떤 나라건 독재 정권하에서 예술을 하는 사람들은 탄압의 대상이 되기 쉽다. 권력에 반하는 작품으로 해석될 소지가 있는 경우 작가들은 아예 제목을 달지 않는 방법으로 위험도 피하고, 항의도 하는 것이다.

하지만 작가들이 작품에 제목을 달지 않는 가장 큰 이유는 관람객의 상상과 해석을 방해하지 않기 위해서다. 이 문제적 인물인 뒤샹은 〈샘〉이라는 유명 작품과 함께 "제목은 보이지 않는 색"이라는 유명한 말도 남겼다. 파블로 피카소는 "화가는 작품으로 소통할 뿐 작품 제목에 관해서 자신이 할 수 있는 건 아무것도 없다"라고 말했다. 이는 모두 작가가 다는 제목이 대중의 자유로운 상상과 해석을 해칠 수 있음을 경계한 말이다. 작가들이 왜 이런 걱정을 하게 되었는지는 예술 사조의 변화를 통해 좀 더 잘 이해할 수 있다.

사실 작가들이 자신의 작품에 제목을 달게 된 건 그리 오래되지 않았다. 18세기 이전에 유럽에서 그려진 대부분의 명작은 제목이 없었다. 그러니까 지금 현대미술의 무제는 조금도 유별난 현상이 아니란 뜻이다. 세계에서 가장 유명한 그림인 레오나르도 다빈치의 〈모나리자〉도, 마드리드의 프라도 미술관이 소장한 최고의 걸작인 디에고 벨라스케스Diego Velázquez의 〈시녀들Las Meninas〉도 처음에는 이름이 없었다. 지금의 이름은 작가가 아니라 후대의 미술사가나 화상畫商, 큐레이터들이 분류와 보관의 편의상 지은 제목이다. 왜 그렇게 되었을까?

18세기 이전의 그림들은 성경의 내용을 그린 성상화, 친숙한 신화나 사건을 그린 역사화, 왕족과 귀족의 인물을 그린 초상화, 주변의 자연을 담은 풍경화나 정물화 등이 대부분이었다. 그래서 그림만 봐도 누구나 금방 내용을 알 수 있었다. 그리고 대개는 교회 혹은 후원자의 주문을 받아 그림을 그렸기 때문에 제목은 누구에게도 필요하지 않았다. 게다가 교회나 궁전, 귀족의 저택에 그림이 위치할 뿐, 전시라는 개념이 없었으니 관람자의 이해를 돕기 위한 제목에 신경 쓸 이유 자체가 없었다.

하지만 18세기 중반이 되면서 미술계에 여러 가지 변화가 생겼다. 우선 전쟁이 잦아지면서 그림은 전리품의 대상이 되었다. 약탈한 작품들을 보관하기 위해 유럽 전역에 박물관과 미술관이 들어서게 되었다. 비슷한 시기에 소더비와 크리스티 등 경매소가 생기면서 미술 시장도 발달하게 되었다. 이렇게 되자 분류를 위해서도, 거래를 위해서도 작품명이 꼭 필요했다. 그래서 뒤늦게나마 고전 명작들의 이름을 미술사가나 화상, 큐레이터들이 짓게 된 것이다.

한편 카메라의 발명은 19세기의 화가들을 심각한 고민속에 빠지게 했다. 사진이 나오기 전까지 그림의 속성은 기본적으로 현실의 재현, 혹은 기록이었다. 하지만 아무리 사실처럼 그려도 사진을 따라갈 수는 없었다. 갑자기 미술이 설 자리를 잃게 된 것이다.

이런 상황에서 화가들은 미술만이 할 수 있는 것을 고민해야 했다. 그 결과, 화가들은 카메라로는 찍을 수 없는, 자신의 내면을 드러내는 데 초점을 맞추게 되었다. 폴 세잔과 빈센트 반 고흐 등으로 대표되는 후기인상파가 그들이다. 그래서 논란거리이긴 하지만 이들로부터 현대미술이 시작되었다고 하기도 한다. 물론 프랑스혁명과 산업혁명을 겪으면서 보게 된 인간성의 혼란도 영향을 끼쳤다.

어쨌든 이제 화가들은 후원자의 돈을 받고 그림을 그려주는 하청업자가 아니라 자의식과 욕망으로 가득한, 지금까지와는 전혀 다른 그림을 창작해낸 창조주가 되었다. 그리고 자신의 소중한 창조물에 이름을 지어주고, 서명까지 남기게 되었다.

당시 미술의 중심지는 단연 프랑스 파리였다. 화가들의 등용문이라 할 살롱전에서도 출품하려면 반드시 작품명을 요구했기 때문에 제목 짓기는 순식간에 정착될 수 있었다.

작가의 내면을 미술에 표현하려던 이 뚜렷한 경향성은 급기야 추상미술을 등장시켰다. 이는 1차 세계대전의 영향이 컸다. 예술가들은 전례 없는 대규모 살육을 보고 인간의 이성에 대해 환멸을 갖게 되었다. 그래서 그간 이성으로 만들어온 회화의 모든 요소를 배제해나가기 시작했다. 풍경화나 정물화 같은 예술의 장르도 버리고, 전통 회화 기법이나 그림에 등장하는 사물도 없앴다. 이제 남은 건 캔버스의 평면과 선과 색뿐이었다. 이들은 이 세 가지를 가장 순수한 예술적 요소로 보았다. 이 세 가지만으로 그림 그리는 것이야말로 이성의 완성이라며 추상미술 혹은 순수미술이라고 불렀다.

이 추상미술의 세계에서는 잘 그렸다거나 잘 만들었다는 기준이 없다. 그보다는 선과 색을 자유롭게 표현해내는 독창성이 더 중요했다. 그래서 작가의 생각과 감정을 드러내는 데 도움이 된다면 비디오나 무용, 심지어 과학도 접목하게 되었다.

문제는 작품이 복잡미묘해질수록 창작자조차도 하나의 제목으로 자신의 작품을 아우르기가 어려워졌다는 것이다. 이런 상황에서 제목은 오히려 작가의 의도를 왜곡할 가능성이 더 크다. 이를 우려한 예술가들은 아예 제목이라는 걸림돌을 없애 관람자가 맘껏 상상하고, 맘껏 해석하게 놔두는 게 더 낫겠다고 생각하게 되었다. 이게 현대미술에서 〈Untitled〉, 즉 무제가 많은 이유다.

　정리하자면 작가가 〈무제〉라는 타이틀을 달았다는 건 작품에 이름 붙일 권리를 관객에게 넘겼다는 뜻이다. 그러니 현대미술을 만나면 내 마음대로 작가의 의도를 생각해 보고, 내 입맛대로 제목도 붙여 보는 즐거움을 기꺼이 누리면 된다. 작가의 의도를 받아들여 "내 권한을 행사할 기회다!"라고 생각하면 현대미술의 어려움이 조금은 덜해지지 않을까?

비둘기는 어떻게
전 세계의 도시를
점령했을까?

도시는 지금까지 인류가 진화해오면서 만들어낸 가장 복잡하고, 가장 위대한 문명이다. 숲과 초원이 사라지고, 대신 아스팔트와 고층빌딩이 들어섰다. 하지만 인간이 도시 하나를 세울 때마다 나머지 동식물들은 이 달라진 환경에 목숨을 건 적응과 종種 간의 경쟁을 벌여야 했다. 이 과정에서 도태된 놈들은 멸종하거나 도시 밖으로 밀려났다. 지금도 전자파에 적응 못 하는 종들은 조용히 사라지는 중이다.

우리가 도시에서 흔히 마주하는 동물이 있다면 그건 틀림없이 이 살벌한 싸움에서 살아남은 승자들이다. 요즘 천덕꾸러기 대접을 받는 비둘기가 바로 그중 하나다. 비둘기는 우리나라뿐 아니라 세계적인 대도시의 공원과 광장을 모조리 장악하고 있다. 다른 새들은 비둘기의 세력권을 넘볼 엄두도 못 내고 있다. 도대체 비둘기는 어떤 능력이 있기에 변덕스럽기 그지없는 인간과 대도시의 공간을 공유하며 다른 동물들을 압도하는 걸까?

비둘기는 원래 바닷가 절벽에 둥지를 틀고 살던 새였다. 비둘기의 조상은 '바위 비둘기', 즉 '락 도브Rock Dove'라는 종이다. 약 1만 년 전, 메소포타미아인들과 이집트인들이 식용으로 기르면서 인간과 비둘기의 오랜 인연이 시작되었다. 이후 인간은 비약적으로 발전하면서 마을은 점차 도시 문명으로 업그레이드 되어 갔다. 도시화가 진행될수록 대부분의 동식물은 터전에서 쫓겨났지만, 비둘기만큼은 예외였다. 아니, 조금 운이 따르면서 오히려 지배종이 될 큰 기회를 맞았다.

인간은 비둘기가 원래부터 좋아하는 환경인 바닷가와 강가에 도시를 세웠다. '바위 비둘기'라는 이름에서 알 수 있듯이 비둘기는 땅과 초원보다는 콘크리트나 돌, 대리석 등 딱딱한 표면을 더 좋아하는 새다. 사실 동물들은 인공적인 것과 자연적인 것을 구분하지 못한다. 모두 극복해야 할 대상일 뿐이다. 그런 점에서 비둘기는 건물의 높이가 점점 더 높아가는 것에도 쉽게 적응했다. 마치 빌딩이 비둘기가 좋아하는 자연 절벽처럼 익숙했기 때문이다. 건물의 창틀이나 에어컨 실외기, 튀어나온 베란다, 커다란 간판 등은 마치 절벽의 바위 틈새 같아서 비둘기가 둥지를 틀기에 최적의 장소였다.

이런 이유로 오늘날에도 런던, 베네치아, 이스탄불, 뉴욕 등 큰 강과 바다를 낀 대도시에 비둘기가 유독 더 많다. 인간이 우연히 자신들에게 익숙한 환경에 도시를 세운 덕에 비둘기는 다른 동식물보다 첫 출발부터 적응에 훨씬 유리했던 것이다.

하지만 이 복잡한 대도시의 승자가 되려면 이것만으로는 부족하다. 무엇보다 중요한 먹는 문제를 해결해야 하니 말이다. 이 점에서도 비둘기는 타고난 도시새였다. 보통의 새들은 자연 상태가 제공하는 열매나 과일, 벌레 등을 먹어야 하지만 비둘기는 그야말로 완벽한 잡식파였다. 무엇보다 인간이 먹는 거라면 과자든, 빵이든, 감자칩이든 닥치는 대로 먹었다. 인간이 먹다 버린 음식을 먹을 수 있는 능력, 이것이 비둘기가 다른 동물과 차별화된 결정적인 요인이다. 도시가 커져 인구가 밀집할수록 생존 자체를 위협받는 다른 동물과 달리 비둘기는 오히려 더 많은 식량을 안정적으로 구할 수 있었다. 도심에서도 공원이나 광장에 비둘기가 집중적으로 모이는 이유도 사람이 이곳에 몰리기 때문이다.

이렇게 되자 도시 비둘기는 어렵게 먹이를 구하러 다닐 필요가 없게 되었다. 도심 어디서나 조금만 어슬렁거려도 하루에 필요한 양인 20~50그램 정도는 아주 쉽게 구할 수 있으니 말이다. 그럼 시간 여유가 생긴 비둘기는 무엇을 하게 되었을까? 바로 번식이다. 의식주가 해결된 덕에 번식에 전념할 수 있게 된 것이 다른 동물, 다른 새들과의 큰 차이를 만들었다.

보통의 비둘기는 1년에 한두 번의 짝짓기를 한다. 알은 한 번에 2개를 낳는다. 그런데 도시의 비둘기는 많으면 1년에 10마리 이상의 새끼를 낳는다. 그런데 새끼만 많이 낳는 게 아니라 생존율도 굉장히 높다. 피존밀크라는 특별 이유식 덕이다. 암수 모두로부터 공급받는 이 피존밀크는 단백질과 지방은 물론 각종 면역성분이 함유된 농축 영양덩어리다. 이 덕에 새끼비둘기들은 성장도 매우 빨라서 4~6주만 지나면 독립을 하게 된다. 다른 동물에 비해 이것 역시 상당한 경쟁우위다. 비둘기가 번식을 멈추는 건 먹을 게 없을 때뿐이다. 한국뿐 아니라 전 세계에서 확인한 사실이다. 길고양이에게 먹이를 주는 캣맘이 있다면 비둘기에게는 구구맘들이 있다. 이들에게 자제를 호소하는 것도 먹이를 줄여 번식을 조금이라도 억제하려는 것이다.

도시가 비둘기에게 유리하게 작용하는 또 다른 요인은 사실상 천적이 없다는 점이다. 자연 세계에서 비둘기의 천적은 독수리, 황조롱이, 매 등이다. 하지만 이 새들은 개체수 자체가 너무 적다. 더구나 비둘기는 날다가 갑자기 멈춘 다음 방향을 급선회하는 곡예비행의 달인들이다. 이 상위포식자들이 도시에 있더라도 비둘기를 잡기란 무척 어렵다는 얘기다. 도시에서 천적이라고는 쥐와 고양이 정도인데 비둘기의 귀가 워낙 밝아 이마저도 그다지 위협이 되지는 못한다.

야생 동물이 도시에서 살아남기 어려운 이유 중 하나가 복잡한 도시 구조다. 건물과 도로가 수시로 생겼다가 없어지고, 변경되면서 동물들의 이동을 무척 어렵게 만들었다. 하지만 비둘기는 오래전부터 편지를 전하는 메신저로 사용되었을 만큼 길을 찾는 데는 정말 탁월한 능력자들이다. 마치 지구의 자기장을 감지해 이를 위치 파악에 활용하는, 일종의 GPS가 탑재되어 있는 듯하다. 이 덕에 비둘기는 도시가 아무리 복잡해도 먹이가 많은 곳을 기억해내고, 무사히 집으로 돌아오는 데 아무 어려움이 없다.

비둘기가 이 거대한 도시에서 인간과 성공적으로 공존하게 된 마지막 이유는 바로 지적 능력이다. 보통 머리가 나쁘면 '새대가리'라고 한다. 하지만 비둘기에게는 이런 욕을 할 수가 없다. 앞에서 잠깐 이야기한 것처럼 비둘기는 아무리 복잡한 곳에서도 먹이가 많았던 곳을 정확하게 기억해낸다.

그뿐 아니다. 놀랍게도 비둘기는 자신에게 호의적인 사람과 적대적인 사람을 구분할 줄 안다. 실험생물학학회The Society for Experimental Biology에 발표된 한 프랑스 연구팀의 실험에 의하면 비둘기는 자신에게 먹이를 준 사람에게는 쉽게 다가가지만 난폭하게 쫓아낸 사람은 얼굴을 기억해 계속해서 피해 다녔다. 옷을 바꿔입은 뒤 진행한 실험에서도 결과는 마찬가지였다.

이렇듯 인간이 만든 시설물을 적극 활용한다는 점, 먹이를 준 사람을 따라다닌다는 점, 자동차나 자전거를 기가 막히게 잘 피해 다닌다는 점 등을 보면 비둘기의 지능이 꽤 높다는 건 분명하다.

당연히 도시는 인간만의 공간이 아니다. 개와 고양이가 나름의 역할로 인간과 공존하듯 비둘기는 이제 유능한 청소부 역할을 맡고 있다. 인간이 버린 쓰레기 중 상당량이 비둘기에 의해 처리되고 있다. 그래서 관련 학자들은 도시에 비둘기가 없다면 거리에 쥐가 득시글거릴 것이고, 병원균의 전파 위험도 이전보다 훨씬 더 커질 것이라고 주장하기도 한다.

몇 해 전부터 조류독감 같은 병원균을 옮길 가능성을 우려해 비둘기를 혐오하는 사람이 늘고 있다고 한다. 하지만 공간을 공유하다 보면 같은 사람끼리도 이해 충돌은 늘 일어나게 마련이다. 인간과 동물 사이도 다를 리 없다.

좋아하든, 싫어하든 도시에 사는 한 이제 비둘기를 피할 방법은 없는 듯하다. 더욱이 인간의 곁에서 1만 년을 적응하고, 생존해낸 그들에게도 도시의 지분이 있는 건 아닌가 하는 생각이 들곤 한다.

읽는 것만으로 세상이
더욱 선명하게 보이는

정치·사회의 역사

3

폴란드가
한국 무기를 산
진짜 이유

2022년 폴란드가 엄청난 액수의 한국 무기를 구매하기로 해 세상을 깜짝 놀라게 했다. 무려 25조 원어치다. 좀 더 구체적으로는 K2전차 980대, K9자주포 648문, FA-50 경공격기 48대 등이다. 세계 방위산업 시장에서 호평받아온 소위 한국산 무기 3종 세트다.

그런데 왜 폴란드는 같은 나토NATO 회원국인 미국이나 독일, 프랑스가 아닌, 이렇게 멀리 떨어진 한국에서 무기를 사게 된 것일까? 여기에는 크게 두 가지 이유가 있다.

하나는 이 정도의 물량을 댈 수 있는 곳은 한국밖에 없다는 현실적인 이유다. 그리고 이러한 결정 뒤에는 1,000년에 걸친 폴란드와 러시아 간의 지독한 악연이 숨어 있다.

그런데 이 주문량이 얼마나 대단한 규모인지는 다른 유럽 강대국들과 비교해봐야 알 수 있다. 우선 전차, 즉 탱크다. 영국의 국제전략문제연구소IISS에서 발간하는 〈세계 군사력 보고서〉에 의하면 2019년 기준으로 나토에서 육군이 가장 세다는 독일이 겨우 236대를 갖고 있다. 그리고 같은 G7 국가인 영국, 프랑스, 이탈리아까지 합해도 900대가 되지 않는다. 그런데 폴란드가 주문한 전차가 980대다. 나토 4대 강국을 합한 것보다도 많은 양이다.

'육군 화력의 결정판'이라고 불리는 자주포 역시 마찬가지다. 독일의 108문을 비롯해 영국, 프랑스, 이탈리아를 합해봐야 채 400문이 되지 않는다. 그런데 폴란드가 한국에서 사려는 K9 자주포가 무려 648문이다.

이제 폴란드의 주문량이 얼마나 큰 것인지 실감 될 것이다. 이 때문에 독일과 프랑스의 신경이 바짝 곤두서있다. 한국에 주문한 전차와 자주포가 폴란드에 도착하는 순간, 졸지에 폴란드 육군이 최강이 되기 때문이다. 특히 역사적으로 관계가 껄끄러운 독일에게는 국경을 맞댄 이웃이 군사대국화 하는 건 무척 꺼려지는 일이다. 폴란드의 무기 구매 요청에 독일이 시큰둥한 반응을 보인 것도 이런 견제 심리 탓이기도 하다.

사실 폴란드가 처음부터 한국 무기를 살 생각은 아니었다. 원래는 미국 무기를 사고 싶었다. 하지만 가격이 너무 비싸고, 유지 운영비도 많이 드는 데다 무엇보다 무기를 손에 쥐는 데까지 시간이 너무 오래 걸리는 게 큰 문제였다. 전 세계를 상대로 무기를 판매하는 미국의 군수산업은 보통 4~5년간 무기 공급 일정이 꽉 차 있기 때문이다. 전투기라면 설혹 판매 승인을 얻더라도 10년 이상 기다려야 하는 경우도 많다. 게다가 미국은 기술 이전에도 늘 야박하다.

한편 유럽은 폴란드가 원하는 물량을 댈 능력 자체가 없다. 그간 유럽은 냉전이 끝나고 평화가 길어지면서 병력은 물론 방위산업의 규모를 대폭 줄였다. 독일, 영국, 프랑스 같은 유럽의 강국들은 병력이 각 20만 명도 되지 않는다. 절정기에 비해 3분의 1도 되지 않는 규모다. 따라서 유럽의 방산 기업들도 규모가 작아 1년에 수십 대의 탱크를 만드는 게 고작이다. 그러니 폴란드가 원하는 수량의 무기를, 원하는 기일에 납품할 수 있는 나라는 한국이 세계에서 유일한 셈이다.

한국 육군이 국내에서 운용하는 전차와 자주포는 각각 2,000대 이상이다. 쏩쓸하지만 북한과의 대치 때문에 한국의 무기 산업은 규모의 경제를 이루고 있다. 그 덕에 성능에 비해 가격이 상당히 싼 편이다. 탱크의 가격은 이것저것 옵션을 달면 대당 100억 원 정도 한다. 굉장히 비싸 보이지만 독일제 전차에 비하면 거의 반값이다. 자주포는 대당 약 50억 원 정도 하는데 이것 역시 독일제에 비해 절반 값에 불과하다.

더구나 한국의 무기들은 한국의 자동차들처럼 옵션의 끝판왕이다. 호주에 판매한 장갑차처럼 탱크도, 자주포도 폴란드의 지형과 환경에 맞는 맞춤형 제작이 가능하다. 이 정도면 한국제 무기를 안 살 이유가 없다. 이런 매력을 바탕으로 한국은 미국, 러시아, 프랑스, 중국에 이어 세계 5위권의 무기 수출 대국으로의 도약을 꿈꾸고 있다.

그렇다면 폴란드는 왜 이렇게 다급하게 엄청난 양의 무기를 구매하는 걸까? 그건 지금 폴란드의 무기고가 텅 비었기 때문이다.

2022년 2월, 푸틴의 러시아가 우크라이나를 침공하자 폴란드는 곧바로 준準 전시상태에 들어갔다. 그리고 다른 나토 국가들이 미적거리는 동안 폴란드만은 지체 없이 우크라이나 지원에 나섰다. 우선 폴란드는 난민 400만 명을 받아들였다. 그리고 전투기, 전차, 자주포, 지대공, 미사일 등 그간 폴란드가 갖고 있던 러시아제 무기의 거의 모든 것을 우크라이나에 넘겨주었다. 2조 원이 넘는 규모로 미국과 영국에 이어 세 번째로 많은 지원이다. 이 기회에 소련제 무기를 전부 처분하고 나토 회원국 간에 호환되는 현대 무기로 교체하자는 계산도 물론 깔려 있다.

그렇지만 전쟁이 길어지면서 우크라이나 지원에 따른 이 전력 공백에 폴란드는 심각한 안보 불안을 느끼고 있다. 폴란드는 2014년 크림반도를 합병할 때부터 러시아의 제국주의적인 팽창을 의심해왔다. 그러다가 우크라이나 침공을 보면서 확신하게 된 것이다. 이 때문에 최고의 가성비에 신속한 납품까지 가능한 한국산 무기로 그 공백을 시급히 채우려는 것이다. 폴란드가 이처럼 공포에 빠진 건 러시아와 주변국에 의해 두 차례나 지도에서 지워진 뼈저린 경험 때문이다.

폴란드는 10세기 후반에 피아스트라는 첫 통일 왕조가 들어섰다. 이때부터 사실상 폴란드와 러시아 간의 질기디질긴 악연이 시작되었다. 폴란드와 러시아는 이후 내내 경쟁 관계였다. 결론적으로 폴란드에게 이긴 러시아가 강국이 되었고, 러시아에 패한 폴란드는 온갖 수모를 겪었다. 하지만 17세기 중반까지만 해도 대체로 폴란드가 우세했다.

사실 폴란드는 역사에서 여러 차례 주인공이 될 뻔했다. 1287년 몽골의 유럽 3차 침공을 막아낸 게 폴란드다. 이후 몽골은 유럽 정벌을 포기했으니 폴란드의 선방이 없었다면 세계 역사가 뒤바뀌었을지도 모를 일이다. 1683년 오스만 투르크 제국의 포위에 함락 직전이었던 오스트리아의 빈을 구한 것도 폴란드였다. 이때 폴란드의 활약이 아니었다면 서유럽은 지금 이슬람 천지가 되었을지도 모를 일이다.

폴란드로서는 리투아니아와 손잡고 폴란드-리투아니아 연방제국을 세웠던 15세기부터 17세기까지가 전성기였다. 당시의 영토는 현재의 폴란드와 리투아니아는 물론 우크라이나, 벨라루스, 러시아 일부를 포함할 정도였다. 참고로 지동설의 코페르니쿠스도 이 시기 폴란드가 배출한 인물이다.

폴란드는 이 시기에 러시아를 공격해 모스크바를 직접 통치하기도 했다. 러시아로서는 치욕의 역사다. 이를 잊지 않기 위해 러시아는 모스크바 붉은 광장의 바실리 성당 앞에 '미닌과 포자르스키 동상'을 세웠다. 러시아에서 폴란드를 몰아낸 영웅들이다.

하지만 폴란드가 반짝하던 역사는 이것으로 끝이었다. 폴란드-리투아니아 제국은 특이하게도 오랫동안 귀족들이 운영하는 의회에서 투표를 통해 왕을 선출해왔다. 하지만 17세기 중반 귀족들의 힘이 커지면서 의회에 만장일치제가 도입되었다. 이게 폴란드가 급속하게 몰락하게 된 원인이 되었다. 의원들은 초심을 잃고 자기 이익에 조금이라도 해가 되면 그 어떤 법도 통과시키지 않았다. 심지어 러시아는 의원을 매수해 폴란드의 국정을 완전히 마비시키기도 했다.

국력이 급격히 약해지자 주변 강대국들이 피라냐 떼처럼 몰려들어 폴란드를 물어뜯기 시작했다. 이것이 이른바 러시아, 오스트리아, 프로이센의 3국 분할이다. 이중 오스트리아는 불과 100여 년 전에 폴란드가 오스만 제국으로부터 구해낸 나라다. 이렇게 되면서 폴란드는 1795년 유럽 지도에서 완전히 지워졌다. 그것도 무려 123년 동안.

러시아는 오랜 라이벌인 폴란드 문화를 아예 말살하기 위해 이름을 러시아식으로 바꾸도록 했다. 그리고 학교에서 폴란드어 교육도 금지했다. 여기에서 여성 최초로 노벨상을 받은 마리 퀴리의 어린 시절 일화가 등장한다. 몰래 폴란드어 교육을 받던 어느 날 러시아인 장학관이 교실에 들이닥쳐 "너희의 군주가 누구냐?"라고 묻자, 어린 퀴리가 러시아어로 "러시아 황제 알렉산드르 2세"라고 답해야 했다는 옛 교과서에 나오는 이야기 말이다.

1차대전 후 잠시 독립한 폴란드는 2차대전 때 다시 또 나치 독일과 러시아에 분할 점령을 당하며 지도에서 사라져야 했다. 이 시기에 폴란드가 당한 가장 가슴 아픈 일은 카틴 숲 학살사건이다. 러시아는 폴란드의 장교, 경찰, 지식인 등 약 2만 2,000명을 한꺼번에 카틴 숲에서 죽였다. 스탈린이 "폴란드가 다시는 독립을 꿈꿀 수 없도록 엘리트들의 씨를 말리라"라고 한 명령에 따른 것이다.

1944년 연합군이 노르망디 상륙에 성공하자 폴란드인들은 바르샤바에서 일제히 봉기했다. 어떻게 하든 러시아가 오기 전에 먼저 수도를 차지해야 한다고 판단했기 때문이다. 우리의 광복 즈음을 되돌아보면 폴란드의 혜안을 알 수 있는 대목이다. 하지만 봉기는 두 달 만에 실패했고, 엄청난 희생자를 냈다.

결국 걱정대로 폴란드는 2차대전 후 러시아의 위성국가로 사실상 러시아의 지배를 받아왔다. 그리고 1991년 소련이 무너지면서야 겨우 러시아의 지배에서 벗어나게 됐다. 나중에 폴란드의 대통령이 된 자유노조 지도자 레흐 바웬사와 가톨릭 교회가 이끈 반소련 투쟁이 소련을 붕괴시키는 데 결정적인 역할을 했다. 동시에 폴란드는 동구 공산권에서는 가장 먼저 민주화를 이룬 나라가 되었다.

이렇듯 폴란드에게 러시아는 같은 하늘 아래 살 수 없는 불구대천不俱戴天의 원수다. 러시아의 위협에 맞서기 위해 폴란드는 독립한 지 10년도 안 돼 나토부터 가입했다. 하지만 폴란드는 동맹국인 다른 나토 국가들을 믿지 않았다. 오스트리아에게 뒤통수를 맞은 것처럼 2차대전 때도 프랑스와 영국에게 배신을 당했기 때문이다. "독일이 폴란드를 침공하면 프랑스와 영국은 독일을 친다"라는 군사 협정이 지켜지지 않았던 것이다.

이런 역사적 경험으로 폴란드는 "스스로 강해지지 않으면 나라를 지킬 수 없다"라는 국민적 공감대가 그 어느 곳보다 확고하다. 폴란드는 국방 장관이 밝힌 것처럼 "푸틴은 러시아 제국의 부활을 꿈꾸고 있다"라며 "우크라이나가 무너지면 그다음은 한 번도 만만해 본 적 없는 폴란드부터 치게 될 것"이라는 위기의식으로 가득 차 있다.

이쯤 되면 전 세계는 폴란드나 에너지 대란 정도가 아니라 3차 세계대전을 걱정해야 할 처지가 될 것이다.

러시아에는
왜 남자보다
여자가 훨씬 많을까?

"김태희가 밭 갈고, 한가인이 소 모는 나라." 한때 꽤 유행했던 말이다. 미인이 많기로 소문난 슬라브 계열의 동구권 나라들로 우크라이나, 벨라루스, 발트 3국, 러시아가 대표적이다. 그런데 이 나라들의 공통점은 이 미인들이 결혼하기가 쉽지 않다는 것이다. 남자가 태부족이기 때문이다. "이러다가 일부다처제를 도입해야 할지도 모른다"라는 얘기가 농담인 듯 아닌 듯 여성계에서조차 나오는 게 요즘의 러시아다. 도대체 러시아 남자들은 다 어디로 간 걸까?

러시아의 인구는 대략 1억 4,500만 명이다. 인구학에서 남녀 성비는 여성 100명을 기준으로 남성의 수를 계산하는데 러시아는 86 대 100이다. 즉, 여성 100명당 남성이 86명밖에 안 된다는 얘기다. 인구 전체로 따지면 남자가 무려 1,100만 명이나 적다. 전 세계 평균 성비가 101.7 대 100으로, 남성이 약간 많은 편이니 이것만 봐도 러시아의 성비가 얼마나 심각한 불균형인지 알 수 있다.

평화 시 한 국가에 성비 불균형을 가져오는 건 대개 두 가지다. 급격한 이민과 남아선호사상 등으로 인한 출생 성비의 쏠림 현상이다. 전통적으로 여자가 많았던 스웨덴은 2015년 시리아 난민을 대거 수용하면서 갑자기 남초 국가로 바뀌었다. 난민이 대부분 남성이었던 것이다.

네팔은 아시아에서 극히 드문 여초 국가다. 남자들이 일자리를 찾아 대거 해외로 나간 탓이다. 하지만 러시아는 옛 위성 국가들에서 많은 남자가 일자리를 찾아 러시아에 온 적은 있어도 러시아 남자들이 해외로 빠져나간 적은 거의 없었다.

그럼 러시아에 여아선호사상이 있어서 딸을 많이 낳은 걸까? 그럴 리 없다. 출생 기준으로 자연적인 성비는 105 대 100 정도다. 여자가 100명 태어날 때 남자는 105명 태어나는 것이다. 남자의 기대 수명이 짧기에 세월이 지나면서 남녀 성비가 비슷해지거나 조금이라도 여초가 되게 하려는 자연의 섭리다.

러시아도 마찬가지다. 시기 불문하고 이 범주에서 벗어나 본 적이 없다. 그렇다면 러시아의 극심한 성비 불균형은 다른 사정이 있다는 얘기다. 사실 러시아는 꽤 오래전부터 여초 국가이긴 했다. 2차대전 때 너무 많은 남자가 죽었기 때문이다. 당시 소련의 인구는 약 1억 9,000만 명이었다. 러시아의 최근 연구에 의하면 민간인을 합쳐 2차대전 사망자가 최대 2,700만 명이나 된다고 한다. 무려 인구의 14퍼센트다. 사망자의 다수는 당연히 군인을 포함한 남자들이었다.

그런데 러시아에서는 2차대전을 겪은 세대가 거의 다 교체되었는데도 성비 불균형이 좀처럼 시정되지 않고 있다. 이와 관련해 러시아에서는 "30대가 되면 남자들이 사라지기 시작해 연금을 받기 시작하는 65세가 되면 절반도 남지 않는다"라고 말한다. 실제로 러시아 남성들의 기대 수명은 점차 늘어나는 듯하다가 코로나를 겪으면서 64.7세로 주저앉았다. 한국 남성보다는 무려 16년, 심지어 방글라데시보다도 7년이나 더 일찍 죽는다.

전 세계 평균적으로 여성은 남성보다 5년 정도 더 오래 산다. 그런데 러시아에서는 이 차이가 무려 11년 이상이다. 정말 이례적인 현상이다. 이것만 봐도 러시아 남자들의 수명이 얼마나 짧은지 분명하게 알 수 있다. 그런데 묘한 것은 "김태희가 밭 갈고, 한가인이 소 모는 나라"들이 하나같이 비슷하다는 것이다. 러시아만큼은 아니더라도 세계 평균을 훌쩍 뛰어넘을 정도로 남녀의 수명 차이가 크다.

러시아를 압도적인 여초 국가로 만든 건 앞에서 본 것처럼 러시아 남자들이 30세 무렵부터 일찌감치 죽어 나가기 때문이다. 이건 이 시기부터 러시아 남자들이 생명에 위협이 되는 상황에 급격히 노출된다는 뜻이다. 그리고 그 원인의 첫 번째는 그 어떤 연구 결과를 가져오더라도 '술'이다. 그중에서도 단연 40도짜리의 독한 보드카다.

러시아에서 흔히 하는 말 중에 "영하 40도 이상은 추위도 아니고, 알코올 40도 이하는 술도 아니다"라는 말이 있다. 그만큼 러시아의 겨울은 혹독하다. 이런 추위를 견디기 위해 독한 보드카로 몸을 따뜻하게 하는 게 러시아의 오랜 전통이다. 그래서 러시아 남자들은 "마누라 없이는 살아도 보드카 없이는 살 수 없다"라고 말하곤 한다. 황제의 전유물이었던 보드카가 17세기 표트르 대제 때 일반 대중에게까지 퍼진 후 지금까지 쭉 그래왔다.

문제는 너무 마신다는 것이다. 러시아인들은 1인당 연평균 18리터의 술을 마시는 세계 최고의 술꾼들이다. 만만치 않은 술 부심을 가진 우리나라보다 두 배 이상 많은 양이다. 세계보건기구WHO는 연간 8리터 이상의 술을 마시면 생명이 위험해질 수도 있다고 경고한다. 1리터를 초과할 때마다 남자는 11개월씩 수명이 단축된다는 것이다. 이러니 러시아 남자들의 짧은 수명이 술과 관련되어 있을 것이란 점을 의심할 수밖에 없다.

영국 의학저널인 〈랜싯Lancet〉의 발표에 의하면 2014년 러시아 남성의 4분의 1은 과도한 음주로 55세 이전에 사망했다고 한다. 또 음주로 인한 질병과 교통사고 등을 합하면 러시아에서는 매년 술로 인한 사망자가 50만 명이나 된다. WHO에 따르면 러시아 남성의 3분의 1은 알코올 중독이 의심되며, 청소년의 80퍼센트가 술을 마시는 것으로 드러났다.

푸틴 역시 이 문제의 심각성을 모르는 바가 아니다. 한 연설에서 푸틴은 "러시아 정도라면 인구가 5억 명 정도는 되어야 한다"라며 "국민 건강을 위해 주류 판매 제한과 함께 보드카의 국가 독점 사업화"를 선언했다. 그리고 자신의 이름을 딴 푸틴카Putinka라는 보드카를 2002년부터 판매하기 시작했다. 이 보드카의 판매수익이 어떻게 배분되는지는 아무도 모른다. 다만 푸틴과 그의 측근들이 보드카 판매수익으로 이미 수억 달러를 챙겼다는 소문만 무성할 뿐이다.

흡연은 술과 함께 러시아 남자들의 수명을 줄이는 양대 원흉이다. 지금은 그나마 조금 개선되었지만 2010년대만 해도 러시아는 세계에서 담배를 가장 많이 피는 나라였다. 성인의 절반이 흡연자였는데 남자만 따지면 65퍼센트를 넘어설 정도였다. 여기에 모스크바에 사는 10대 남자 청소년의 흡연율은 무려 73퍼센트에 이르렀다. 러시아에서는 전체 사망자의 17퍼센트가 흡연과 연관돼 있으며, 매년 흡연으로 인한 사망자가 40만 명이나 된다.

술과 담배 외에도 러시아 남자들이 일찍 죽는 이유는 다양하다. 그중 빼놓을 수 없는 것이 교통사고다. 러시아는 도로도 열악하지만 난폭한 운전 습관으로도 악명높다.

당연히 교통사고 사망률은 오랫동안 러시아가 세계 1위였다. 러시아는 2010년대 중반까지 내내 차량 100만 대당 사망자가 939명으로 연간 2만 명대가 훌쩍 넘었다. 참고로 우리나라는 차량 100만 대당 사망자가 러시아의 3분의 1 정도다.

러시아 남자들이 본인의 건강에 무관심한 것도 한 요인이다. 러시아는 인구의 60퍼센트가 과체중이고, 25퍼센트가 비만이다. 이는 자본주의화 되면서 생긴 빈부 격차와도 밀접한 관계가 있다. 서민들이 건강에 좋지 않은 값싼 인스턴트 식품을 주로 먹으면서 비만율이 가속화되고 있다. 비만은 죽음을 부르는 각종 질환을 가져옴에도 러시아 남자들은 이에 무심하기만 하다.

여기에 일부 러시아 남자들의 마초 문화도 한몫한다. 러시아 남자들은 위험을 감수하며 모험을 즐기는 걸 좋아한다. 이를 러시아에서는 '남자답다'고 여기는 성향이 있다. 사실 음주, 흡연, 난폭한 운전도 이와 어느 정도 관련이 있다. 이는 2차대전을 비롯한 수많은 전쟁의 영향으로 보인다. 상남자임을 과시하기 위해 벌이는 이 무모한 도전으로 러시아 남자들은 매년 많은 사고를 당한다. 당연히 사망사고도 끊이지 않아 러시아 남자들의 평균 수명을 깎아 먹고 있다.

최근 이런 현상에 기름을 부은 게 우크라이나 전쟁이다. 러시아군 사상자가 25만 명에 이르고 있다. 전쟁 징집을 피해 해외로 빠져나간 러시아 남자들의 숫자는 더 많아 최대 100만 명이다. 이중 IT 종사자가 10퍼센트다. 고급인력의 유출은 아마 푸틴이 계산하지 못한 피해일 것이다.

전쟁과 이에 따른 경제적 고통의 시름을 달래주는 건 보드카뿐이다. 술로 인한 각종 질병과 사고로 러시아 남자들이 더욱 줄어들 것은 뻔하다. 그러니 러시아의 성비 불균형은 상당 기간 계속될 수밖에 없을 것이다.

선진국에는
왜 주민등록번호가
없을까?

우리나라에서는 아기가 태어나 출생신고를 하는 순간 국가가 13자리의 숫자를 붙여준다. 바로 주민등록번호다. 그리고 17세가 되면 의무적으로 주민등록증을 발급받아야 한다. 그런데 이게 당연한 걸까? 그렇다면 대다수의 나라에는 왜 주민등록증이나 주민등록번호가 없는 걸까?

우리는 오래전부터 광범위하게 이 개인식별번호를 사용했기에 대부분 이에 대한 의문조차 갖지 않는다. 그런데 가만 생각해보면 국가는 우리를 이 숫자로 분류해 관리해오고 있는 것이다.

우린 일상생활의 거의 모든 것이 이 주민등록번호와 연결되어 있다. 입학할 때, 입대할 때, 취직할 때, 세금 낼 때, 병원 갈 때, 집을 살 때, 이사할 때, 심지어 핸드폰을 살 때도 마찬가지다. 이 숫자를 통해 내가 한 일은 모조리 국가에 보고된다. 그러니 국가는 마음만 먹으면 내가 한 모든 일을 알 수 있다. 하지만 미국, 영국, 독일, 프랑스, 호주, 캐나다, 일본 등 세계에서 내로라하는 선진국들은 일부러 주민등록증과 주민등록번호를 만들지 않는다.

물론 나라마다 나름의 개인식별번호가 있긴 하지만 우리나라와 다른 점은 정부가 국민에 대한 정보 수집을 최대한 피한다는 것이다. 그러기 위해 모든 걸 주민등록번호로 통합한 우리와 달리 선진국에서는 여권, 운전, 조세, 복지 등 목적별로 나누어 카드와 카드번호를 발급하고, 이 번호를 최대한 행정에 사용한다. 그리고 대개 번호는 아무 의미 없는 일련의 숫자로 되어 있다. 생년월일, 성별, 태어난 지역을 알 수 있는 우리의 주민등록번호와는 성격이 완전히 다르다.

물론 독일과 프랑스에도 전 국민에게 발급하는 ID카드가 있긴 하다. 이 카드는 운전면허증과 함께 신분증 역할을 한다. 하지만 우리처럼 모든 일상에서 ID카드를 요구하는 일은 없다. 국가가 이 정보를 수집하거나 보관하는 것도 법으로 엄격히 제한되어 있다. 게다가 평생 하나의 주민등록번호를 갖는 우리와 달리 10년간 한시적으로 사용되는 임시 번호다. 그리고 이 번호보다는 의료보험번호, 연금보험번호, 납세자번호 등 목적별로 다양한 번호를 더 많이 사용한다.

일본도 사실상 신분증이 없는 사회다. 일본 정부는 여

러 차례 전 국민적인 신분증을 만들려고 시도해왔다. 사실 행정 효율만 따지면 국민 모두에게 번호를 붙이는 것만큼 편한 방법도 없다. 그러다가 2016년에야 우리의 주민등록증과 비슷한 마이넘버카드를 만들었다. 하지만 극심한 반대여론 때문에 이를 의무화하지는 못했다. 그랬더니 발급률이 2020년까지 20퍼센트도 되지 않았다. 그나마 코로나로 인한 재난지원금이 이 카드와 연동되면서 최근 발급이 급격하게 늘었지만 여전히 30퍼센트 수준에 불과하다.

정부에 순응적인 일본 국민이 왜 이 문제에 대해서만큼은 협조하지 않는 걸까? 그건 정부가 마음만 먹으면 사생활을 샅샅이 들여다볼 수 있다는 두려움 때문이다. 그리고 개인정보가 다른 사람에게 유출될지 모른다는 불안감도 있다.

미국 역시 전 국민이 갖는 신분증은 없다. 다만 9개 숫자로 이루어진 사회보장번호(Social Securtiy Number: SSN)가 비슷한 역할을 한다. 고유의 기능인 조세, 복지는 물론 은행, 임대, 여권발급, 인터넷 신청 등 아주 다양한 분야에서 사용되고 있다. 하지만 우리와 달리 이 번호를 통해 그 어떤 개인정보도 알 수 없다. 사진도 없으니 어떻게 생겼는지도 모르고, 당연히 범죄자에게나 하는 지문 채취는 상상도 할 수 없다. 발급도 물론 강제는 아니다.

신분증과 개인식별번호가 없는 나라가 어떻게 운영되는지 그리고 왜 그렇게 운영하는지를 알려면 사실 영국

우편물 수령지와 단순 일련번호로 구성된 미국의 사회보장 카드.

사회를 들여다보면 된다. 많은 나라가 영국의 영향을 받았기 때문이다.

　우선 영국에서는 살면서 관공서를 갈 일이 거의 없다. 각종 신고와 서류 때문에 뻔질나게 동사무소 등을 드나들어야 하는 우리와 달리 영국에선 보통 평생 3번만 가면 된다고 한다. 바로 출생신고, 혼인신고, 사망신고를 할 때다. 이 중 출생신고와 사망신고는 본인이 하지 않으니 결혼만 하지 않으면 관공서를 한 번도 가지 않고 살 수 있다. 당연히 혼인신고도 의무는 아니다. 물론 이사를 한다 해도 관공서에 해야 하는 전입신고라는 게 없다. 이 모든 건 주민등록이란 제도 자체가 없기 때문이다. 그래서 국가는 모든 국민이 어디에 사는지 알 길이 없다. 아니. 정확히 말하면 알아서는 안 된다고 여긴다.

영국에서는 투표도 신분증 없이 할 수 있다. 유권자 등록이라는 절차가 있긴 하지만 기본적으론 선거 당일 투표장에 가서 주소와 이름만 밝히고 원하는 후보를 찍으면 그만이다. 국가는 국민의 말을 그냥 믿어야지, 함부로 신원을 의심하면 안 된다는 불문율이 있기 때문이다. 영국에서는 출입국 관리도 하지 않는다. 국민이 나라를 드나드는 것을 국가가 왜 알아야 하느냐는 것이다.

주민등록증이나 주민등록번호가 없기 때문에 영국에서 가장 힘든 일 중 하나는 자신이 누구인지를 증명하는 것이다. 예를 들어 여권을 만들려면 반드시 신분증이 필요한데 그럴 때는 어떻게 할까? 우선 대부분의 나라처럼 운전면허증이 1차 신분증 역할을 한다. 하지만 모두가 운전면허증이 있는 건 아니다. 이럴 땐 동네의 나름 명망 있는 사람을 찾아가 여권에 붙일 사진 뒤에 "이 사람이 여권 신청인 맞음"이라고 써달라고 요청한다. 그리고 이걸 출생등록서와 함께 제출하면 대부분 이걸로 끝이다. 엉성하기짝이 없지만 국가는 국민이 그렇다는데 확실한 이유 없이 의심하면 안 된다는 불문율이 여기서도 작동한다.

개인식별번호와 신분증이 없으니 영국에서는 실제로 대리투표도, 가짜여권도 가능하다. 그럼에도 영국은 지금까지도 이 방식을 고수하고 있다. 역대 여러 정부에서 행정 효율을 위해 우리 같은 주민등록제도를 도입하려는 시도가 있었다. 하지만 그럴 때마다 영국 의회는 보수와 진보가 힘을 합쳐 이를 부결시켜 왔다. 왜 그랬을까? 국가에 너무 많은 힘이 실리는 것을 경계해서다. 주민등록증과 주민등록번호는 필연적으로 국가가 국민을 통제하는 데 사용될 것이라고 보는 것이다. 이것이 권력의 속성이기도 하고, 마치 히틀러의 독일처럼 국민이 늘 현명한 선택을 하는 것도 아니라는 것을 영국인들이 잘 알고 있는 것이다.

사실 우리나라에서도 처음 주민등록제가 시작될 때 반대가 굉장히 심했다. 1961년 쿠데타에 성공한 박정희 군사정권은 무엇보다 주민등록제를 하고 싶어 했다. 하지만 그때마다 "국민 기본권을 침해하는 악법 중의 악법"이라는 언론과 시민사회의 여론에 밀렸다. 그러다가 1968년 김신조 무장간첩 사건을 계기로 이를 밀어붙였다. "주민의 이동 실태를 파악해 남파간첩을 색출하고, 유사시 인력동원을 위해서"라는 정부의 살벌한 배경설명이 뒤따랐다.

그러다가 1975년에는 지금과 같은 많은 정보가 담긴 13자리 숫자의 주민등록번호제로 개편되었다. 유신 시대에 국민을 일상적으로 감시하기 위한 수단이었다. 한때 2만 3,000여 종에 이르는 민원서류에 주민등록번호 기입란이 만들어졌고, 이를 통해 정부는 출생, 결혼, 출산은 물론 학력, 병력, 병역, 혈액형 등 140개가 넘는 개인정보를 알아낼 수 있었다. 영국을 비롯한 대다수 선진국이 두려워하는, 주민등록제가 가져올 지나친 국가 권력과 국가의 국민 통제가 실제로 우리나라에서 벌어졌던 것이다.

그럼 이제 우리의 주민등록제는 어떻게 해야 할까? 영국 같은 서구 사회처럼 없애야 할까? 그건 아마 불가능할 것이다. 시작은 국민 통제였지만 우린 이제 이 주민등록제를 기반으로 세계 최고 수준의 디지털 정부를 만들어냈다. 그리고 이미 효율과 편리함, 신속성이라는 달콤한 열매를 맛봤다. 국제적인 찬사를 받았던 코로나 대응과 백신 접종, 재난지원금 지급은 모두 주민등록번호라는 연결고리가 없었다면 불가능한 일이었다.

이 편리한 행정서비스에 취해서인지 우리는 세계에서 유독 국가가 개인정보를 맘껏 가져가도 별다른 거부감을 느끼지 않는다. 폐지가 아니라 개선할 수 있는 여러 가지 방법이 있다는 전문가들의 견해도 거의 관심을 끌지 못한다.

정말 국가가 내 일거수일투족을 손바닥 들여다보듯 해도 괜찮은 걸까? 정말 우리는 "국가의 힘이 너무 세져 우리를 통제하려 들지도 모른다"는 서구의 걱정을 하지 않아도 되는 걸까? 디지털 시대에 우리가 한 번쯤은 진지하게 생각해봐야 할 주제다.

중남미는
스페인을
어떻게 생각할까?

중남미는 300년간이나 스페인의 지배를 받았다. 이 기간 동안 원주민에게 주어진 운명은 딱 두 가지뿐이었다. 죽음 아니면 노예. 스페인의 지배와 수탈은 정말 가혹했다. 지금도 중남미에서 저지른 스페인의 잔혹성은 '검은 전설'이라고 불린다. 세계를 함께 식민 지배했던 유럽 국가들 사이에서도 고개를 절레절레 흔들 정도였다.

이제 콜럼버스가 이 대륙에 발을 들여놓은 지 500년 이상이 흘렀다. 독립한 지는 200년이 넘었다. 지금 이 땅에는 스페인어를 쓰는 나라가 19개나 된다. 그리고 중남미의 6억 5,000만 명 중 약 70퍼센트가 스페인의 혼혈인 메스티소다. 콜럼버스와 코르테스, 피사로를 위시한 스페인 정복자들이 이 땅에 들어오기 전에는 없었던, 완전히 새로운 인종이다. 그렇다면 이들은 지금 스페인을 어떻게 생각할까?

1492년은 스페인 역사에서 가장 중요한 해인 동시에 중남미인들에게는 운명의 한 해였다. 바로 이해 1월에 스페인은 이슬람을 몰아내고 레콩키스타(국토 회복 운동)를 완성했다. 무려 800년의 이슬람 지배였다. 그리고 3월에는 유대인 추방령을 내렸다. 내친김에 유대인까지 쫓아낸 것이다. 오랜 이슬람 지배에 대한 반작용으로 스페인의 종교적 광기가 절정으로 치닫던 때였다. 그리고 마지막 유대인이 스페인을 떠나던 8월 말, 콜럼버스는 아메리카로 향했다. 아주 한참 후에야 밝혀졌지만, 이 모든 게 중남미 원주민들에게는 최악의 역사 전개였다.

사실 스페인은 콜럼버스를 지원할 만한 형편이 아니었다. 이슬람과 싸우느라 국가의 체계도, 재정도 취약했다. 당시 오스만 투르크 제국이 동방 무역로를, 이탈리아 도시국가들이 지중해 무역을 장악하자 이제 갓 국토를 회복한 스페인은 유럽에서 더 이상 할 수 있는 게 없었다. 게다가 옆 나라 포르투갈의 해양 진출은 스페인을 무척 초조하게 만들었다. 뭐라도 해야 했던 다급한 처지에 스페인은 콜럼버스의 황당한 제안에 도박을 건 셈이었다.

때문에 스페인의 아메리카 지배는 초장부터 한계에 부딪혔다. 무엇보다 스페인 정부는 엄청나게 큰 아메리카 대륙을 관리할 돈도, 행정력도 없었다. 종교적 감정이 앞서 미래를 생각지 못한 유대인 추방이 사태를 더욱 악화시켰다. 유대인이 사라지자 세금을 걷을 사람도, 세금을 낼 사람도, 돈을 빌려줄 사람도 사라졌다. 네덜란드로 건너간 이들의 후손은 해상강국을 만들어 스페인의 몰락을 가져오는 데 한몫하게 되었다.

이렇게 되자 당장 스페인 왕실의 돈줄부터 말라버렸다. 이 말은 정부 차원에서 스페인이 중남미의 식민지를 관리할 수 없게 되었다는 뜻이다. 그래서 식민지는 전적으로 정복자들의 손에 맡겨졌다. 수탈물의 20퍼센트만 스페인 왕실에 보내면 나머지는 모두 정복자들의 차지였다. 스페인의 지배가 유독 잔인했던 게 바로 이런 이유 때문이다.

한편 북미에서도 원주민 대학살이 일어난 건 마찬가지이지만 남미와 같은 대규모의 혼혈은 없었다. 미국과 캐나다엔 초반부터 가족 단위로 이주한 사람이 많았기 때문이다. 하지만 중남미의 스페인은 남성으로 짜인 군인들이 중심이었다. 초기 이주자들 역시 백인 남성들이 대부분이었다. 이들이 정착하는 과정에서 대규모의 혼혈이 일어난 것이다. 스페인은 이미 이슬람의 지배를 받던 시절 대대적인 혼혈을 경험한 터라 이에 대한 거부감이 적었다. 피가 강제로 섞여본 적이 없는 영국이나 프랑스 독일 등과는 사정이 좀 다르다.

이렇게 태어난 메스티소가 이제 중남미의 다수가 되었다. 메스티소의 조상을 보면 거의 모두가 아버지는 스페인 피이고, 어머니는 원주민의 피다. 조상으로서의 스페인과

정복자로서의 스페인, 어느 한쪽을 편들려면 어느 한쪽을 부정해야 하는 혼란스러운 정체성을 대부분 갖고 있는 것이다.

그래서 중남미 국가들은 스페인의 피가 어느 정도 섞여 있느냐에 따라 나라마다 스페인에 대한 인식이 조금씩 다르다. 그럴 만도 한 것이 스페인은 혼혈 정도에 따라 계급을 나누는 엄격한 카스트 제도를 식민 통치 기간 내내 운영해왔다.

그러니 스페인 본토에서 건너온 백인이 당연히 최상위였다. 그리고 백인 사이에서 태어나더라도 중남미 태생이라면 그보다 한 단계 낮은 대우를 받았다. 크리오요Criollo라고 불린 이들은 중남미의 지배자로서 막대한 부를 축적할 수 있었지만, 정치적으로 출세하는 데는 한계가 있었다. 이 때문에 간혹 지배층에서는 스페인으로 원정 출산을 떠나는 사람들도 있었다. 이에 대해 불만을 품은 크리오요들이 나중에 중남미의 독립을 주도하게 된다.

이 지배층 아래로는 스페인 백인과 원주민 사이의 혼혈인 메스티소가 있다. 정복자 에르난 코르테스의 자식들 같은 특별한 경우를 제외하고는 대부분이 노예로서 비참한 생활을 했다. 하지만 피가 전혀 섞이지 않은 원주민들보다는 그래도 대우가 훨씬 나았다.

스페인의 이 카스트 제도는 사실상 지금도 중남미에 남아 있다. 백인들에 대한 부의 편중과 백인들의 지배 카르

텔은 중남미 빈곤의 주요 원인이다. 조금이라도 나은 대우를 받기 위해 원주민들이 메스티소로 등록하는 바람에 메스티소가 실제보다 과다 집계되는 경향도 있다.

이런 역사적 배경으로 인해 백인이 다수를 차지하는 우루과이, 아르헨티나, 코스타리카, 푸에르토리코, 칠레, 브라질 등에서는 스페인에 상당히 우호적인 분위기다. 이들 중 일부 부유층과 보수층에서는 스페인을 모국이라고 지칭하는 사람들도 상대적으로 많다.

메스티소가 다수인 엘살바도르, 온두라스, 에콰도르, 니카라과, 파라과이, 콜롬비아, 베네수엘라 등에서는 스페인에 대한 호의적인 시선이 아무래도 백인들이 많은 국가보다는 확실히 떨어진다. 반면 원주민들이 상당 부분을 차지하는 볼리비아, 페루, 과테말라 등에서는 스페인에 아직도 적개심을 가진 사람들이 제법 많다.

또 하나는 스페인이 도착하기 전에 이미 찬란한 문명을 이뤘던 나라들에서 상대적으로 반反 스페인 정서가 좀 더 강하다. 아즈텍의 멕시코, 고대 마야 문명의 과테말라, 잉카 제국의 페루가 그런 나라들이다.

우리는 일본의 식민 지배라는 뼈아픈 경험 때문에 중남미인들도 스페인을 몹시 싫어할 것이라고 지레짐작할 수 있다. 하지만 중남미에선 그렇지 않다. 중남미에선 우리와 일본 같은 가해자와 피해자의 구분조차 뚜렷하지 않다. 그건 같은 언어와 종교 그리고 혼혈에서 오는 동질감 때문일 것이다. 물론 중남미에서 지금도 케추아어, 과라니어, 아이마라어 등의 원주민 언어도 공용어로 대접받고는 있다. 하지만 실제로 이를 사용하는 사람들은 일부일 뿐 스페인어 사용이 압도적이다.

스페인의 정복자들은 일부러 원주민들의 신전을 허물고 그 기단 위에 가톨릭 성당을 세웠다. "우리 신이 너희들의 신을 이겼다"는 것을 상징적으로 보여줌으로써 원주민들의 반란 의지를 꺾으려는 것이었다. 그래서 원주민들에게 스페인의 가톨릭은 '한 손에는 성경을, 또 한 손에는 칼'을 든 종교로 보였다. 하지만 지금은 대부분의 중남미 사람들이 가톨릭과 개신교를 유럽보다도 훨씬 더 열렬하게 믿고 있다.

혼혈은 기묘한 방향으로 작용하기도 한다. 극히 일부지만 메스티소 중에는 백인의 피가 섞여 있다는 것에 강한 자부심을 느끼는 사람도 있다. 이들은 마치 자신이 백인인 것처럼 유럽 제국주의에 적극 동조한다. 메스티소 중에 간혹 동양인을 멸시하는 사람들이 있는데 바로 이런 부류들이다.

또 하나는 세월의 힘이다. 스페인이 중남미를 침략한 지 벌써 17세대가 지나고 있다. 독립한 지도 200년이 지났다. 낙천적인 기질의 중남미인들은 '이미 오래된 과거'라고 쉽게 치부해버리고 마는 것이다. 게다가 교육열이 낮아 역사 교육을 제대로 받지 못하는 사람이 많다는 점도 반

스페인 정서가 낮은 이유다.

마지막으로 스페인의 정치적 영향력이 적기 때문이다. 그만큼 이 지역에서 스페인의 존재감이 별로 없어 현실적으로 부딪힐 일이 거의 없다. 미국은 고사하고 중국보다도 영향력이 적다. 1991년 스페인의 주도로 중남미 국가들이 정기적으로 참가하는 이베로 아메리카 정상회의를 개최하면서 중남미에 대한 투자를 늘리고 있지만 큰 효과는 없다. 그러니 과거 식민지에서의 반미나 반프랑스 반영국 정서에 비해 반스페인 정서는 훨씬 낮다.

정리하자면 과거 스페인이 인종학살과 문명파괴 자원 약탈을 저지르긴 했지만, 지금의 중남미인들은 큰 적대감이 없다. '여전히 오만하지만 그나마 유럽에서 정서적으로나 문화적으로 가장 가까운 나라', 이 정도가 중남미가 스페인에 대해 가진 대체적인 인식이라고 할 수 있다.

프랑스인들은
왜 이렇게 자주
시위를 하는 걸까?

대한민국에서 검사들이 파업하는 걸 상상할 수 있을까?
판사들이 법복을 벗고 거리 시위에 나서는 건 또 어떨까?
우리한테는 이런 그림이 잘 그려지지 않는다. 하지만 프
랑스에서는 실제로 벌어지는 일이다. 판검사뿐 아니라 변
호사도, 의사도, 교사도, 공무원들도 툭하면 기차를 세우
는 철도 노동자들처럼 똑같이 시위하고 파업을 한다.

프랑스에서 파업과 시위는 한마디로 그냥 일상사다. 여
기에는 화이트칼라와 블루칼라의 구분도 없다. 판사들의
시위에서는 법전을 태우기도 한다. 조금 오래된 통계지만
프랑스에서 연간 파업 횟수는 1,000건이 넘는다고 한다.
프랑스에서는 왜 이렇게 자주 시위와 파업을 하는 걸까?

국가 유사성 지수Country Similarity Index에 의하면 프랑스
는 유럽 국가 중에서 한국과 가장 닮은 나라다. 전체 순위

에서도 일본, 대만, 북한, 중국에 이어 다섯 번째다. 하지만 프랑스와 우리나라는 유럽과 아시아의 물리적 거리만큼이나 여러 면에서 큰 차이가 있다. 그중 하나가 시위와 파업에 대한 인식이다. 보통 민주국가에서는 합법적인 시위와 파업은 국민의 권리로 본다. 그런데 프랑스는 한 단계 더 나아가 권리를 넘어 의무라고 생각한다. 세금도 아니고 병역도 아닌 시위가 의무라니.

우리나라에서는 잘 받아들여질 것 같지 않은 이 희한한 이야기는 그 어느 나라보다 강한 주권 의식에서 기인한 것이다. 그리고 이런 주권 의식은 프랑스의 반복된 역사적 경험을 통해 뼈에 각인되었다.

그 출발점은 프랑스 대혁명이다. 과중한 세금에 시달리던 프랑스 민중들은 1789년 7월 14일, 바스티유 감옥을 습격하면서 역사적인 혁명을 시작했다. 당시 프랑스는 루이 16세를 중심으로 한 왕실과 제1신분인 성직자, 제2신분인 귀족들이 부와 특권을 독점한 나라였다. 이 절대권력 체제에 불만을 제기한 자는 곧바로 바스티유 감옥행이었다. 바스티유는 절대왕정의 상징이었다. 98퍼센트에 달하던 제3신분인 평민들은 바스티유를 가장 먼저 침으로써 '억압하는 권력에 대해선 저항으로 맞선다'라는, 지금까지도 이어지고 있는 시위 DNA를 처음 깨달았다.

프랑스 대혁명은 루이 16세를 단두대에서 처형하는 것으로 그 절정을 맞았다. 오스트리아나 프로이센 같은 주변

강대국들이 왕정으로 복귀하지 않으면 전쟁하겠다는 협박에도 굴복하지 않았다. 프랑스인들이 강한 자부심을 갖는 게 바로 이 대목이다. 시민의 힘으로 절대왕정을 무너뜨렸고, 다른 나라에서는 이루지 못한 일이며, 주변국의 압력에도 혁명을 지켜냈다는 것이다. 그리고 이 자부심은 프랑스의 강한 주권 의식을 만들어냈다. 이후에도 프랑스에서는 성공적인 혁명의 경험이 계속 쌓여 갔다.

1830년에는 7월혁명이 일어났다. 나폴레옹 시대가 끝난 후 프랑스에서는 모든 걸 혁명 전으로 되돌려 놓으려는 왕정복고의 움직임이 강했다. 당시 왕은 단두대에서 죽은 루이 16세의 동생으로 프랑스 대혁명 당시 영국으로 망명했던 샤를 10세였다. 결국 프랑스 시민들은 7월에 다시 혁명을 일으켜 왕을 몰아내는 데 성공했다.

프랑스인들은 1848년에도 왕을 쫓아냈다. 선거권의 확대를 요구하며 일으켰던 2월혁명이 그것이다. 루이 필립 왕을 퇴위시키면서 프랑스 시민들은 프랑스에서 왕국을 완전히 문 닫게 만들었다.

혁명은 20세기에도 계속되었다. 1968년에는 68혁명을 일으켜 샤를 드골 대통령을 무너뜨렸다. 2차 세계대전에서 프랑스를 구한 영웅이었고, 재임 기간 프랑스 재건에도 큰 공헌을 한 인물이었다. 하지만 과도한 권위주의가 문제였다. 프랑스 시민들은 드골의 권력이 개인의 삶을 억압한다고 느끼자 곧바로 대대적인 시위와 파업에 나섰다. 당시 슬로건이 그 유명한 "금지를 금지하라"였다.

비교적 최근인 2018년에는 혁명이라고 할 수는 없지만 '노란 조끼 운동'이라는 대대적인 국민 저항이 있었다. 저소득층의 조세 부담을 증가시키는 유류세 인상이 그 시발점이었다. 실상은 빈부 격차, 부자 감세, 높은 실업률 등이 얽힌 복합적인 경제문제였다. 이 시위는 2018년 10월에 시작돼 2019년까지 내내 이어졌다. 결국 마크롱 대통령이 유류세 인상을 철회하고, 최저임금 인상을 약속하면서 겨우 진정시킬 수 있었다.

이렇듯 무능하고 권위주의적인 권력을 여러 차례 끌어내려 본 경험으로 프랑스 시민들은 "권력은 국민으로부터 나온다"라는 것을 거듭 확인했다. 하지만 그뿐 아니라 "권력은 언제든 시민의 삶을 억압할 수 있다"라는 점도 역사적 경험으로 확인했다. 그렇지 않았다면 프랑스에서 이렇게 자주 혁명할 필요도 없었을 것이다.

때문에 프랑스인들은 지금도 정부에 대한 믿음이 별로 없다. 선출된 권력도 언제든 국민을 배반할 수 있기에 끊임없이 경고장을 보내야 한다고 생각한다. 프랑스인들의 운명은 권력자가 아니라 프랑스 시민만이 결정할 수 있다는 것, 즉 주권이 누구한테 있는가를 알리는 방법이 바로 시위와 파업이라는 확고한 믿음이 있다. 시위는 권력자들에게 여차하면 다시 단두대로 보내질 수 있다는 것을 상기시켜 주는 적절한 수단이라는 것이다.

우리와 다른 노동에 대한 인식도 프랑스에서 시위와 파업이 자주 일어나는 이유 중 하나다. 우리는 보통 "손님이 왕"이라고 하지만 프랑스에서는 "노동자가 왕"이다. 퇴근 시간이 되면 손님이 기다리든 민원인이 기다리든 식당도, 관공서도 칼같이 문을 닫는 게 이런 이유에서다. 어디서도 친절을 기대할 수는 없지만, 프랑스인들은 "내가 그들이 될 수도 있잖아!"라며 전혀 개의치 않아 한다. 노동자와 소비자가 동등한 대우를 받다 보니 우리나라의 서비스업에서 가끔 벌어지는 갑질도 없다.

　　노동자 중심으로 사회가 돌아가다 보니 노동자들이 벌이는 파업에도 무척 관대하다. 지하철과 버스 운행이 중단되어도 대부분의 프랑스인은 무덤덤하다. 이미 이골이 나서이기도 하지만 노동자들의 정당한 권리이므로 이로 인한 불편은 감수해야 한다는 게 프랑스 시민들의 일반적인 생각이다. 그리고 자신도 의사를 표현하기 위해 언제든 시위와 파업을 할 수 있으므로 다른 사람들도 똑같은 권리를 누리고 행사하는 것은 당연하다고 여긴다.

　　자신의 이익과 관계없는 시위와 파업도 빈번히 일어난다. 물론 전제는 정의롭다거나 공공의 이익에 부합해야 한다는 것이다. 2015년 이슬람에 대한 만평 문제로 시사 주간지 〈샤를리 에브도〉가 테러를 당하자 수만 명이 "내가 샤를리다"라는 팻말을 들고 장기간 시위에 나섰다. 에펠탑 노조와 루브르 박물관 노조는 경찰이 제대로 소매치기를 단속하지 않는다며 파업을 벌이기도 했다. 한여름 땡볕 아래에서 벌어지는 지구온난화 반대 시위에도 늘 상당수가 참여한다. 전혀 관계가 없을 듯한 단체들의 동조 시위도 쉽게 일어난다.

요즘 프랑스 전역에서 벌어지고 있는 연금 개혁 반대 시위에는 노인들의 참여가 눈에 띌 정도로 많다. 이들은 이미 연금을 받는 은퇴자들로 연금 개혁과는 아무 상관도 없는 세대인데 말이다. 하지만 자신이 누린 것을 자식 세대에서도 누리게 하고 싶다는 의사를 표현하기 위해 적극적으로 나서는 것이다.

현재 프랑스인의 법정 근로시간은 주당 35시간이다. 이 짧은 노동시간에 파업과 시위도 자주 하니 국가가 망하지는 않을까 프랑스를 걱정하는 사람도 있을지 모른다. 하지만 프랑스의 국가 GDP는 세계 7위이고, 1인당 GDP도 4만 3,500달러에 달하는 탄탄한 경제를 자랑한다. 굳건한 G7 국가로 세계적인 영향력도 여전하다.

영국이 산업혁명으로 인류에게 처음으로 경제적인 풍요로움을 가져왔다면, 프랑스는 삶의 질을 높여 처음으로 인간답게 살 수 있도록 공헌한 나라다. 19세기 산업혁명 당시 프랑스만 해도 노동자들은 하루 15~16시간씩 일하는 게 보통이었다. 쉬는 날 없이 일주일 내내 일하는 곳도 많았다.

프랑스인들은 이 살인적인 노동시간을 줄이기 위해 끝

없는 투쟁을 벌여왔다. 그 결과 드디어 1919년엔 하루 8시간 근무를 법제화했고, 1936년엔 주 40시간 근무제를, 2000년엔 주 35시간으로 세계에서 가장 적게 일하는 사람들이 되었다. 여기에 휴가는 세계에서 가장 길어 법적으로 5주의 유급 휴가가 보장되어 있다. 이 어렵게 얻어낸 워라밸을 지키기 위해 프랑스에선 여름이 되면 일제히 시위와 파업을 멈추고 바캉스를 떠난다.

여기에 프랑스는 독일, 오스트리아에 이어 세계에서 세 번째로 연금제도를 도입해 많은 나라의 복지제도에 큰 영향을 끼쳤다. 비교적 최근에는 '연결되지 않을 권리'도 갖게 되었다. 퇴근 후 휴식을 보장하기 위해 전화나 이메일을 주고받지 않아도 되는 권리를 뜻한다.

프랑스인들이 이룬 이 소중한 성과물들은 많은 민주국가에서 삶의 질을 높이는 데 크게 기여했다. 따지고 보면 프랑스 대혁명 이후 프랑스 시민들이 끈질기게 벌여온 시위와 파업에 우리 역시 수혜자인 셈이다.

영국 식민지가
영국 연방에 자발적으로
가입하는 이유

영국이 등장하는 모든 콘텐츠에 반드시 따라붙는 댓글이 있다. "모든 세계사의 문제 뒤에는 영국이 있다"라거나 심지어 "영국은 만악의 근원"이라는 것이다.

이처럼 영국은 우리나라에서 혐오국 취급을 받지만 정작 과거 영국의 식민지였던 나라들은 그렇지 않다. 오히려 이 나라들은 영국을 중심으로 한 영연방을 만들어 뭉치고 있다. 얼핏 이는 일본이 과거 식민지들을 모아 연방을 만든 것과 같다고도 할 수 있다. 그렇다면 우리라면 이런 연방에 가입할까? 국민 정서상 절대 그러지 못할 것이다. 그렇다면 영연방은 어떤 매력이 있길래, 혹은 어떤 이득이 있길래 과거 식민지들이 너도나도 자발적으로 가입하는 걸까?

19세기 초 빅토리아 여왕 시절부터 본격 건설된 대영제국은 인류 역사상 최대 영토의 국가였다. 세계 육지의 4분의 1과 세계 인구의 5분의 1이 모두 영국 것이었다. '해가 지지 않는 나라'라는 표현이 어울리는 유일한 제국이었다.

이렇듯 역사와의 접촉면이 워낙 넓다 보니 온갖 것이 영국과 관련되어 있다. 실제로 이 광활한 영토를 지배하면서 영국은 나쁜 짓도 정말 많이 했다. 중국에서 무역 적자를 메운다고 아편전쟁을 일으켰고, 아일랜드에서는 200만 명 이상을 착취로 굶어 죽게 했다. 남아공에서는 네덜란드계 백인인 보어인을 수만 명 학살했고, 중동에선 수십만 명의 쿠르드족을, 인도 벵골에서는 대기근을 일으켜 300만 이상을 아사餓死케 했다.

하지만 또 다른 측면도 있다. 무엇보다 영국은 산업혁명과 의회민주주의를 만들고 전파해 현시대의 양대 지배 이념인 자본주의와 민주주의를 세계에 전수했다. 그 외에도 경제, 문화, 철학, 과학, 군사, 정치, 언어 등 전 세계에 걸쳐 영향을 미치지 않은 분야가 없다. 하다못해 세계 최고의 인기 스포츠인 축구도 영국이 보급했다. 따지고 보면 이 시대에 우리가 누리고 있는 수많은 문물의 원조가 영국이다. 그래서 현대인이라면 누구라도 영국에 빚지지 않은 사람은 없다는 말도 나오는 거다.

1·2차 세계대전을 거치면서 영국이 세계를 주도하던 시절은 분명 끝났다. 대영제국에서 독립한 나라만 해도 53개국에서 60개국 정도나 된다. 독립 후 합쳐지기도 하고, 분

열하기도 해서 정확한 숫자는 알 수 없지만, 이것만 봐도 대영제국의 위용을 가늠할 수 있다.

그런데 이때부터 이상한 일이 벌어졌다. 독립한 나라들이 자발적으로 다시 영연방으로 모여들기 시작한 것이다. 1931년 영국 아일랜드 캐나다 남아공 뉴펀들랜드(추후 캐나다로 통합) 등의 5개국으로 조촐하게 시작하더니 지금 영연방은 무려 56개국이나 된다. 영국 식민지 중에서는 미국과 이슬람을 믿는 중동 국가들을 제외하고는 거의 전부인 셈이다.

이 중에는 희한하게도 영국의 식민지가 아니었던 나라들도 있다. 아프리카의 나미비아는 독일 식민지였고, 르완다는 벨기에, 모잠비크는 포르투갈, 가봉과 토고는 프랑스 식민지였다. 그럼에도 영연방에 가입한 것이다. 지금 영연방의 전체 규모는 인구가 거의 25억 명으로 전 세계 인구의 3분의 1을, 토지는 4분의 1을, 경제 규모는 전 세계 GDP의 15퍼센트를 차지하고 있다. 대영제국 시절보다 오히려 더 커진 것이다. 이는 영국의 식민 지배에 큰 반감이 없거나, 혹은 반감이 있더라도 상쇄할만한 큰 이득이 있다는 것을 보여준다.

식민지라면 대개 지배국과 피지배국 사이에 차별과 수탈이 벌어지고, 문화와 역사는 물론 언어 말살까지 이루어지면서 원한이 깊어지게 된다. 무엇보다 독립 과정에서 수많은 희생자가 발생하니 양국 사이가 돌이킬 수 없는 원수지간이 되는 게 보통의 경우다. 영국이 프랑스나 스페인 포르투갈 등의 서구 열강과 다른 지점이 있다면 바로 이 부분이다.

영국은 인도처럼 직접 지배한 식민지도 있지만 대개는 현지인을 전면에 내세우는 간접 통치 방식을 택했다. 관리의 대부분을 토호 세력에 맡기고 자치권을 부여했다. 물론 영국이 배후 조종을 맡았다. 이 방식은 영국과 식민지인들의 접촉면을 최소화시켰다. 그만큼 반감도 줄일 수 있었던 것이다. 물론 미얀마의 로힝야처럼 소수 부족을 지배 세력으로 키워 두고두고 분열에 시달리도록 하는 악질적인 통치 수법을 쓰기도 했지만 말이다.

식민지가 독립하는 과정도 다른 서구 열강과는 좀 달랐다. 미국과의 독립전쟁에서 뜨거운 맛을 본 영국은 이후 식민지들이 독립을 원하면 전쟁을 피하고, 타협을 통해 적당히 이익을 챙기는 선에서 물러났다. 이 덕에 식민지인들의 희생이 줄어 상대적으로 원한을 덜 살 수 있었다.

반면 다른 서구 열강들은 본국에서 파견된 많은 인원을 통해 대부분 직접 지배에 나섰다. 영토적 야욕은 물론 단시일 내에 최대한 많은 것을 수탈하기 위해서다. 그러니 식민지가 독립을 원해도 순순히 물러나는 법이 없었다. 식민지의 독립을 막기 위해 매번 격렬한 전쟁을 치르는 바람에 지금도 그 앙금이 상당하다.

영국과 다른 열강과의 식민 지배 방식이 다른 건 식민

지에 대한 인식이 완전히 달랐기 때문이다. 가장 큰 차이는 프랑스와 스페인은 식민지를 영토라고 생각했지만, 영국은 시장으로 여겼다는 것이다.

영국은 무엇보다 산업혁명의 성공으로 물건을 내다 팔 시장이 필요했다. 상업 활동만 보장된다면 지배 형태는 뭐가 되든 상관없었다. 영국의 지배를 받아들이기만 한다면 토착 세력의 권력을 인정해주는 선에서 마무리 짓고, 재빨리 다른 땅으로 옮겨 시장을 넓히는 게 효율적이라고 생각했다.

식민지를 관리할 인력 부족이라는 현실적인 문제도 있었다. 19세기의 영국 인구는 약 2,000만 명 정도였다. 이 인구로 그 넓은 땅을 직접 지배하려야 할 수도 없었다. 어쨌든 이 덕에 영국은 영토 정복이 우선인 기존 제국들과는 성격이 다른, 해상 무역을 통한 상업 제국을 만들 수 있었다.

과거 식민지들이 영연방으로 다시 모인다는 건 영국이 문화적인 지배에 성공했다는 걸 뜻하기도 한다. 영국은 식민지마다 영국의 제도와 문화를 이식했다. 영국은 식민지에 비해 압도적인 군사력과 경제력, 의회민주주의라는 첨단의 정치제도를 가진 나라였다. 영국이 가져온 민주주의라는 정치 체제는 각 식민지 국민에게 꽤 매력적이었다. 엘리트들 역시 영국이 지원한 런던 유학을 마치면 자신의 나라에서 고위직에 앉을 수 있으니 대영제국에 감사하는 사람들이 많았다.

이렇듯 영국이 식민지를 정신과 문화적으로 지배할 수 있었던 것은 식민지인들 스스로가 영국의 우월성을 인정했기 때문이다. 하지만 영국을 롤모델로 삼았던 일본은 이를 고스란히 조선에 적용했지만 실패했다. 역사적으로, 문화적으로 조선이 오히려 일본을 낮게 보았기 때문에 통하지 않았던 것이다. 하지만 아무리 이렇더라도 현실적인 이득이 없다면 독립하자마자 식민지가 영연방으로 바로 돌아오는 일은 없을 것이다.

우선 식민지들이 영연방에 가입하면 영국이나 캐나다 호주 같은 선진국들로부터 경제적인 지원을 받을 수 있다. 다양한 기술 협력기금 등이 마련되어 있어서 연방 내의 가난 퇴치를 돕기도 한다. 게다가 가입 즉시 무려 25억 명의 무역 시장이 열린다. 연방 내 무역은 각종 관세 혜택 등으로 약 20퍼센트의 비용을 절감할 수도 있다.

경제적인 혜택뿐만이 아니다. 영연방은 안보에서도 큰 역할을 한다. 물론 영연방은 방위조약은 아니다. 그럼에도 회원국 간에는 위기 상황에서 서로를 돕는다는 암묵적인 합의가 있다. 그래서 인구 1만 2,000명의 투발루 같은 나라도 안심할 수 있는 것이다.

아직도 매년 800명을 뽑아 런던 유학을 시켜주니 가난한 나라들 입장에서는 이것도 만만치 않은 혜택이다. 또 영국으로의 이민도 상대적으로 쉬워진다는 매력도 있다.

모든 나라에 대사관을 둘 수 없는 작은 나라들은 세계 어디서든 영국대사관의 도움을 받을 수 있다는 것도 큰 이점이다.

인도 같은 큰 나라들은 UN에서 국제적인 지지를 얻는 데 영연방이 큰 도움이 된다. 상임이사국 진출이나 주변국과의 갈등에서 56개국의 지지를 늘 확보하고 있는 셈이니 큰 힘이 될 수밖에 없다.

그러나 현재 영연방에 대한 평가는 엇갈린다. 일부에서는 영국이 브렉시트를 한 이유가 영연방이라는 뒷배 때문이라는 분석도 있지만 경제 규모 면에서 EU와 영연방은 비교가 되지 않는다. 대체로 영연방이 영국에 가져다주는 이익은 매우 적다는 게 주된 평가다. 식민지였다는 걸 빼면 공동의 정체성이 없다는 지적도 영국 언론에서 자주 제기되는 평가다. 영국 역시 그간 꾸준히 연방에 주는 혜택을 줄여온 것도 사실이다.

그럼에도 불구하고 영국이 영연방을 고수하는 것은 대영제국에 대한 일종의 향수라는 비판도 있다. 어쩌면 영연방은 대영제국의 긴 황혼녘 같은 게 아닐까?

한중·미중 갈등을 가져온 중국의 복수 문화

지난 2017년 초 사드 배치에 따른 중국의 경제 보복이 시작되었다. 중국의 보복은 예상보다 집요하고, 광범위했다. 그리고 사실상 아직도 끝나지 않았다. 사드 부지를 댄 롯데그룹은 중국 내의 롯데마트 99개의 점포를 모두 닫아야 했고, 잘 나가던 화장품과 한류 콘텐츠는 불매 대상이 되었으며, 단체 관광객은 한국 방문이 금지돼 우리에게 21조 원 이상의 손해를 안겨주었다. 현재 80퍼센트를 넘나드는 우리의 반중 의식도 이때 본격 싹 트게 되었다.

그런데 우리뿐 아니다. 중국은 전 세계를 대상으로 지나치다 싶을 정도로 사사건건 '눈에는 눈, 이에는 이' 식으로 맞서고 있다. 이 때문에 생긴 온갖 외교적 마찰로 중국 역시 이미지가 악화되는 상당한 손해를 보고 있다. 그럼에도 중국은 아랑곳하지 않는다. 왜 이러는 걸까?

이 배경에는 DNA처럼 중국인들의 뼈에 새겨진 '복수문화'가 있다. 굴묘편시掘墓鞭屍라는 중국의 사자성어가 있다. 묘를 파헤쳐 시체에 매질을 한다는 뜻이다. 우리는 좀 섬뜩하지만 중국인들이 정말 좋아하는 복수 이야기다. 주인공은 춘추시대의 오자서伍子胥다.

원래 초나라 사람인 오자서는 아버지와 형제를 죽인 왕에게 복수하기 위해 적국인 오나라로 망명한다. 이곳에서 재상이 된 오자서는 15년을 준비한 끝에 초나라를 멸망시킨다. 그리고 이미 죽은 초나라 왕의 시신을 꺼내 무려 300대나 채찍질을 해댔다. 우리에게는 엽기적으로 보이지만 중국에서 오자서는 "군자의 복수는 10년이 걸려도 늦지 않다"라며 대단한 영웅으로 추앙받고 있다.

중국의 역사서 《사기》에 등장하는 진나라 예양도 집요한 복수로 영웅이 된 인물이다. 자신이 모시던 주군이 살해당하자 예양은 이를 복수하기 위해 평생을 바친다. 그는 우선 자신을 감추기 위해 얼굴에 옻칠을 했다. 당연히 옻나무의 독성으로 얼굴이 검게 썩어 문드러졌다. 거기에 원수가 목소리를 알아채지 못하도록 뜨거운 숯을 삼켰다. 아무리 복수도 좋지만 정말 이렇게까지 해야 하는 걸까? 우리도 너무나 잘 아는 고사성어인 와신상담臥薪嘗膽도 결국은 복수 이야기다. 오나라의 부차와 월나라의 구천은 쓸개를 핥고, 장작더미에서 자는 고통을 견디며 결국 복수의 뜻을 이루었다.

중국의 복수가 더욱 소름끼치는 건 앞에서 본 것처럼 아무리 오랜 세월이 걸리더라도 반드시 실행한다는 것이다. 중국에서는 절대 결혼하지 않는 두 성씨姓氏가 있다. 악岳 씨와 진秦 씨다. 송나라의 명장 악비岳飛가 재상 진회秦檜의 모함으로 죽게 되면서부터다. 이제 그 일이 있은 지도 거의 1,000년이 되어간다. 그런데 지금도 악 씨는 진 씨와 결혼은커녕 교류조차 하지 않는다. 이렇듯 중국인들의 원한과 복수심은 우리의 상상 이상으로 참 집요하고, 오래간다.

"원한이 있는데도 갚지 않으면 군자가 아니다"라는 중국의 오랜 격언은 21세기인 오늘날에도 여전하다. 중국 뉴스에서는 지금도 심심치 않게 사적인 복수 이야기가 전해진다. 2000년에는 한 아들이 아버지를 죽인 범인을 찾아 17년간 중국 전역을 뒤진 끝에 마침내 원한을 풀었다. 2014년에는 수십 년 전에 자신을 모독했다며 살인을 청부한 50대 여성이 구속되었다. 2019년에는 허난성 뤄양에서 일가족 4명을 몰살시킨 한 청년이 종신형을 선고받았는데 23년 전의 아버지 죽음에 대한 복수였다.

중국의 심각한 사회문제 중 하나는 '무관심'이다. 노인이 갑자기 길에 쓰러져도, 아이가 길을 잃어도 못 본 척한다는 것이다. 심지어 폭행이나 뺑소니 사건을 목격해도 경찰에 신고하는 사람조차 없다는 기사가 자주 보도된다. 이런 이유 중 하나가 바로 끔찍한 보복을 당할지 모른다는 두려움 때문이다. 중국 거리에 "복수해 드립니다"라는 대행업체의 광고문이 간혹 붙는 것만 봐도 복수 문화가 중국에 얼마나 깊숙이 자리하고 있는지 짐작할 수 있다.

중국인들의 복수에 대한 집착은 국가적인 차원의 외교에서도 다르지 않다. 중국은 프랑스가 티베트 지도자인 달라이 라마를 만났다는 이유로 구입하기로 했던 비행기 150대를 취소해버렸다. 노르웨이는 반체제인사를 노벨평화상 수상자로 선정했다는 이유로 연어 수출을 금지당했다. 일본은 센카쿠 열도 분쟁으로 희토류 수입을 거절당했고, 필리핀은 남중국해 영유권 분쟁으로 바나나 수출길이 막혔다. 그런가 하면 캐나다는 중국 기업의 규제 문제로 카놀라유 수출을 금지당했고, 호주는 팬데믹 기원을 두고 중국과 말다툼을 벌이다가 돌연 석탄 수출이 전면 취소되는 보복을 당했다.

중국은 미국이라고 다르지 않다. 미국의 규제에 자존심 상한 중국은 이를 갚기 위해 바로 보복에 나섰다. 이것이 지금의 미중 갈등이다. 다만 지금까지의 상대와는 체급이 너무 달라 고전하는 중이다. 작은 손해에도 발끈해 사사건건 보복에 나서는 건 장기적으로 중국에 큰 손해임을 중국 지도부도 모르는 바가 아니다. 여기에 중국 공산당의 고민이 있다. 맞대응하지 않으면 복수를 피하는 비겁자로 인식돼 중국 공산당의 지지도가 떨어질 게 뻔하기 때문이다.

그럼 "중국인의 피에는 복수심이 흐른다"라는 말이 있

을 정도로 유별난 중국인들의 복수 정신은 어떻게 만들어진 걸까? 그 근본은 유교다. 유교가 어질 인仁을 도덕적 기준으로 삼는 이념임을 고려할 때 조금 뜻밖이라고 생각할지도 모른다. 하지만 유교의 경전이라 할 《논어》에 나오는 이덕보원以德報怨 논쟁이 그 시작점이다.

어떤 사람이 공자에게 "'은혜로 원한을 갚으라'는 노자의 말을 어떻게 생각하십니까?"라고 물었다. 그러자 사회적 윤리를 중시하는 공자는 "덕으로 원한을 갚는다면 은혜는 무엇으로 갚을 것인가?"라고 되물으며, "은혜는 은혜로 갚고, 원한은 곧음으로 갚아야 한다"라고 답했다.

여기서 문제는 "곧음이 무슨 뜻이냐"라는 것이다. "눈에는 눈, 이에는 이" 식의 맞대응은 아니라는 해설도 있긴 하다. 하지만 그에 상관없이 사람들은 이를 '복수'라고 받아들였다. 그럴 만도 한 것이 이후의 여러 유교 경전과 주석서 곳곳에 '복수'를 암시하는 구절이 여럿 등장하기 때문이다.

유교의 주요 경전인 《예기禮記》에는 "아버지의 원수와는 같은 하늘 아래에서 살 수 없으니 죽음으로 복수해야 한다"라는 뜻이 담겨 있다. 《춘추春秋》의 주석서인 《춘추공양전春秋公羊傳》에는 한 발 더 나가 "시해당한 군주의 복수를 하지 않으면 신하라 할 수 없고, 살해당한 복수를 하지 않으면 아들이라 할 수 없다"라고 되어 있다.

유교가 중국의 지배 이념이 되면서 경전의 영향으로 복

수를 하지 않으면 비겁한 자로 멸시당하는 사회 분위기가 만들어진 것이다. 그러면서 복수의 범위도 점점 더 늘어 군주와 부친에서 가족과 친족, 친구로까지 확대되어 간 것이다. 더구나 중국은 오랜 세월 잦은 전쟁에 시달렸고, 왕조 분열을 겪었다. 이로 인해 법의 보호를 받지 못하는 시대가 길어지면서 개인과 집단 차원의 처절한 복수는 스스로를 지키는 건 물론, 억울함을 풀 수 있는 유일한 수단이기도 했다. 워낙 땅이 넓어 통일 왕조 때조차 행정력이 미치지 못해 법보다 주먹이 가까운 지역도 많았다.

여기에 불교의 영향도 한몫했다. 원래 불교의 가르침은 "살생하지 말라"와 "원수에게도 자비를 베풀라"이다. 하지만 중국인들은 이보다는 불교의 '윤회'와 '인과응보'를 복수와 접목시켰다. 그 바람에 복수는 성공할 때까지 대를 이어서 계속해야 하는 더 지독한 행위가 되었다.

물론 사적인 복수는 힘들게 세워 놓은 통일왕조의 법질서를 흔들 수 있다는 점에서 만만치 않은 골칫거리였다. 하지만 복수는 부친을 위한 것이라는 점에서 효孝, 군주를 위한 것이라는 점에서 충忠 등 유교가 가장 중시하는 두 덕목과 연관되어 있다. 이 때문에 다른 범죄와 같은 취급을 할 수 없다는 지배층의 암묵적인 동의가 있었다. 그래서 아무리 잔혹한 복수극을 벌였더라도 대개는 정상 참작을 받을 수 있었다. 이렇게 중형을 피하게 되면서 중국에서는 복수가 더 성행하게 되었다.

한편 같은 유교권이지만 우리나라는 중국과 좀 달랐다. 우선 중국에 비해 땅이 훨씬 좁다. 그만큼 행정력이 두루 두루 미치면서 강력한 중앙집권적 정부를 가지게 되었다. 이런 나라에서는 정부의 권위를 세우기 위해서라도 법을 초월하는 사적인 복수가 용납되기 어렵다.

거기에 통일왕조의 수명이 길어 내부 갈등이 적은 편이었다. 그 덕에 공동체 의식이 높아 잔인한 복수극이 벌어질 여지도 적었다. 복수를 마친 후 땅이 넓어 숨어지낼 곳이 많은 중국과 달리 우리나라는 도망칠 데도 별로 없었다. 그래서 복수보다는 정으로 용서를 베푸는, 중국에 비해 좀 더 너그러운 문화가 만들어졌다고 할 수 있다.

이란 사태로 본 히잡에 관한 오해 4가지

2022년 이란에서는 1979년 호메이니의 이슬람 혁명 이래 최대 시위가 벌어졌다. 발단은 히잡이다. 히잡을 제대로 쓰지 않았다는 이유 하나만으로 도덕 경찰에 체포된 한 젊은 여성이 의문사했다. 이를 계기로 그간 쌓인 분노가 폭발한 것이다.

이 시위는 지금까지와는 전혀 다른 양상을 보였다. 우선 여성이 시위를 주도했다는 점이다. 늘 여성이 수동적인 입장인 이슬람 국가에서는 드문 일이었다. 여성이 주축을 이룬 시위에 남성들이 대거 합세했다는 점도 특이한 모습이었다. 심지어 월드컵 평가전에 나선 이란 축구 대표팀마저 시위 지지 의사를 노골적으로 드러내 화제가 되었다.

수백 개의 도시에서 동시다발적으로 벌어졌던 이 시위로 300명 이상이 숨졌고, 수천 명이 체포되었다. 하지만 이란의 최대 단체인 에너지 산업 노조까지 동조 시위에 나서며 시위는 팽창일로였다. 1979년 팔레비 왕조가 무너진 것도 에너지 산업 노조가 이슬람 혁명 편에 선 것이 결정적인 이유 중 하나였다. 이 때문에 이란에 또 다른 혁명이 일어나는 게 아닌가 하는 조심스러운 관측도 생기기 시작했다.

이전에도 이란에선 히잡 강제 착용에 반대하는 여성단체들의 시위가 간간이 있었다. 하지만 2021년부터 집권한 검찰총장 출신의 강경 보수 대통령 에브라힘 라이시가 이를 탄압하면서 사태가 악화되기 시작했다. 머리카락을 가리기 위한 작은 천 조각에 불과한 히잡이 대체 뭐길래 시아파의 종주국인 이란 전체가 이렇게 들썩이는 걸까?

이란은 물론 이슬람 세계를 좀 더 잘 이해하기 위해서는 히잡에 대한 핵심 4가지를 알아둘 필요가 있다.

첫째, 히잡은 종교적인 유물이 아니다. 아랍어로 '가리다'라는 뜻을 가진 히잡은 보통 이슬람의 교리에서 비롯되었다고 생각하기 쉽다. 하지만 그렇지 않다. 히잡은 이슬람이 탄생하기 훨씬 이전부터 중동에 존재했던 일종의 전통 복장이다. 중동의 뜨거운 태양과 모래바람으로부터 보호하기 위해 아주 오래전부터 메소포타미아에서 베일을 쓰기 시작한 게 그 기원이다. 여자는 물론 남자에게도 베일은 생존을 위한 필수품이었다.

그뿐 아니라 이슬람 경전인《코란》에는 히잡을 반드시

써야 한다거나 히잡으로 몸을 얼마만큼 가려야 하는지에 대한 명확한 내용이 없다. 다만 "남성을 유혹하지 않기 위해 여성은 아름다운 곳을 드러내지 않아야 한다"라고 두루뭉술하게 언급된 부분이 있을 뿐이다.

이슬람이 발흥한 7세기는 무법천지나 다름없었다. 유목 부족들 간의 끊임없는 전쟁으로 여성들은 성적으로 유린당하거나 노예로 팔려나가기 일쑤였다. 이 때문에 당시 환경은 여성들이 남성들에게 성적 매력이 드러나지 않도록 옷을 입는 게 좀 더 유리했다.

그래서 오랫동안 이슬람 학자들은 베일이 아니라 여성의 정숙한 의상 자체를 히잡이라고 해석했다. 물론 지역마다 정숙한 의상의 기준은 제각각이었다. 그래서 지역에 따라 머리카락과 가슴을 가리는 히잡, 얼굴을 남기고 전신을 가리는 차도르, 눈을 제외한 전부를 가리는 니캅, 눈까지 망사로 가리는 부르카 등을 입게 된 것이다.

그런데 후대로 갈수록 이슬람 율법학자들은 "남성을 유혹하지 않기 위해 여성은 아름다운 곳을 드러내지 않아야 한다"라는 애매한 구절을 확대해석하며 여성들에게 히잡을 강요하기 시작했다. 그러다가 결정적으로 히잡을 이슬람의 정체성으로 만든 건 비교적 최근인 20세기 중엽 이후다. 이 시기 들어 이슬람에 근본주의가 본격 득세하면서부터다.

아랍은 이스라엘과 네 차례에 걸쳐 중동전쟁을 벌였다.

연전연패였다. 당시 아랍에서는 많은 나라에 세속주의 정권이 들어서 있었다. 충격을 받은 무슬림들은 패배의 책임을 세속정권에 돌렸다. 전쟁 패배의 원인을 신앙심 부족에서 찾으면서 이슬람 세계는 속속 강경 원리주의 정권으로 교체되고 있었다.

그 대표적인 국가가 아랍은 아니지만, 시아파 이슬람의 종주국인 이란이고, 그 하이라이트가 이슬람 혁명이다. 당시 정권을 잡은 호메이니 정부의 한 각료는 여성의 히잡 착용 의무화를 선언하면서 "여자의 머리카락은 빛을 내어 남자들을 흥분시킨다. 그게 여자가 베일로 머리를 가려야 하는 이유이다"라고 밝혔다. 1,300년 전과 조금도 다르지 않은 논리로 히잡을 강요하기 시작한 것이다.

둘째, 히잡은 이슬람에만 있는 것이 아니다. 우리는 '히잡' 하면 무슬림 여성부터 떠올리지만 무슬림 남성들도 마찬가지로 하얀 모자로 머리카락을 가리고, 헐렁한 옷으로 온몸을 감싸고 있으니 히잡을 입은 것과 같다.

또한 히잡은 따지고 보면 이슬람뿐 아니라 거의 모든 종교가 따르는 관습이다. 유대교, 기독교, 힌두교, 조로아스터교, 시크교 등에서 종교 의례 시 사용하는 모자는 머리카락을 가린다는 점에서 히잡과 다를 바가 없다.

여성의 성적 매력을 숨기는 히잡의 용도 역시 마찬가지다. 비잔틴 여성도 베일을 쓰고 있었고, 근세에 이르기까지 유럽의 여성들도 지금의 후드티 형태의 모자를 착용했으며, 우리도 일제 강점기까지 장옷을 걸쳐 여성의 매력을 감춰왔다. 이렇듯 과거에는 국가 차원에서 여성의 성적 매력을 통제하는 건 이슬람만이 아니라 세계적으로 흔한 일이었다. 지금의 가톨릭 미사포와 수녀들의 복장 역시 용도를 비교해보면 무슬림의 히잡과 사실상 다른 점이 없다고 할 수 있다.

셋째, 히잡이 이슬람 여성의 자유를 억압한다고 단정 지을 수 없다는 것이다. 우리도 마찬가지이지만 서구 세계에서 히잡은 무조건 여성 억압의 상징이라고 여겨버리곤 한다. 아프가니스탄의 탈레반들이 여성들에게 히잡의 극단적인 형태인 부르카를 강요하면서 이런 이미지가 각인된 것이다. 하지만 이 문제는 그렇게 단순하지 않다. 부르카를 입는 지역도 극히 일부 지역에 불과하다.

앞에서 이야기한 것처럼 중동에서 히잡의 역사는 굉장히 오래되었다. 오랜 세월 익숙해진 터라 히잡이 전혀 불편하지도 않을뿐더러 억압이라고 생각하지도 않는다. 서구 세계의 편견과 달리 무슬림 여성들을 대상으로 한 설문 조사에서는 히잡이 여성의 자유를 박탈하지 않는다는 응답이 늘 더 많다. 오히려 히잡으로 몸을 가림으로써 남성의 성적인 시선에서 벗어나 더 주체적으로 행동할 수 있다는 것이다.

20세기에 히잡은 서구 세계에 대한 저항의 상징이기도 했다. 사실상 영국의 지배를 받았던 이집트는 꼭두각시 정부가 여성을 해방한다는 명목으로 히잡을 금지하자 이에 대한 반발로 오히려 여대생들이 히잡 입기 운동을 벌였다. 당시 이집트에서 히잡은 독립운동의 상징이었다.

튀르키예의 국부라고 불리는 무스타파 케말 아타튀르크도 국가를 근대화한다면서 히잡 전면 금지령을 내렸다. 하지만 오히려 이슬람의 전통을 지킨다며 히잡 쓰기 운동을 일으킨 건 마찬가지로 여성들이었다. 결국 아타튀르크가 물러설 수밖에 없었다.

알제리에서 히잡은 더 극적인 역할을 했다. 알제리만큼은 끝까지 식민지로 삼으려던 프랑스는 특히 독립운동에 대해 혹독한 탄압으로 일관했다. 이에 맞서 알제리 여성들은 히잡 속에 무기와 비밀문서를 숨겨 운반하는 역할을 맡았다. 실제로 알제리 독립에 지대한 공을 세운 알제리의 히잡은 식민주의에 대한 저항의 상징이었다.

이렇듯 히잡이 여성의 자유를 억압한다는 서구의 시각은 무슬림 여성들의 주체성을 무시하는, 그리고 중동의 역사 흐름을 이해하지 못한 편견일 수도 있다.

마지막으로 이란 여성이 진정 원하는 것은 단순히 히잡을 벗는 것이 아니다. 이슬람 혁명이 일어나기 전의 팔레비 왕조 시절, 이란 여성들은 미니스커트도 입을 수 있었고, 비키니도 입을 수 있었다. 대신 왕조 초기인 1936년에는 히잡 착용을 강제로 금지했다. 이란 여성들이 좋아했을까? 그렇지 않았다.

이란 여성들은 상당수가 히잡을 쓰지 않고 밖에 나가는 걸 수치스러워했다. 마치 발가벗은 느낌이라며 여성들이 반발하고 나섰다. 어찌나 극심했던지 팔레비 왕조는 히잡 금지를 철회해야 했다.

팔레비의 세속왕조를 무너뜨린 호메이니의 이슬람 혁명 정부는 이번엔 반대로 히잡보다 더 한 차도르의 착용을 의무화했다. 안 쓰면 74대의 태형으로 다스렸다. 지금도 히잡을 단속하는 도덕 경찰은 히잡을 제대로 쓰지 않은 여성들에게 그 자리에서 매질을 할 수 있다.

팔레비 왕조의 금지든, 이슬람 정권의 의무든 국가 차원의 히잡 정책에 대해선 공통점이 하나 있다. 히잡을 쓰든 벗든 그 당사자는 여성임에도 법안의 결정은 남성들이 내렸다는 것이다. 팔레비 왕조든, 이슬람 정권이든 이란 여성들이 반발하는 데에도 일관된 공통점이 하나 있다. 히잡을 쓰든 벗든 그 선택권을 여성에게 달라는 것이다.

현재 이슬람 국가 57개국 가운데 히잡 착용을 이슬람 율법으로 의무화한 나라는 이란과 사우디아라비아, 두 나라뿐이다. 사회 분위기상 쓸 수밖에 없는 나라들도 꽤 있지만 어쨌든 나머지 이슬람 국가들은 히잡 착용이 개인의 자유의사에 맡겨져 있다.

"이 얇은 가리개 하나 때문에 정말 사람이 죽어야 하는가? 내 복장 하나 선택할 수 없는 나라가 어떻게 국민을 위한 나라인가?"

시위에 나선 이란 여성들의 외침이었다. 이란 여성들은 히잡 자체에 대한 거부가 아니라 정부가 빼앗아 간 개인의 기본권을 되찾기 위해 여전히 죽음을 무릅쓴 싸움을 하는 중이다. 즉, 이란 사태의 핵심은 히잡이 아니라 여성의 '자기 결정권'이다.

14억 인구 인도에서 선거 때마다 벌어지는 경이로운 일들

14억 명의 인구를 가진 인도의 선거는 모든 면에서 상상을 초월한다. 이 규모를 실감하려면 미국과 유럽 연합 27개국을 모두 합하고, 여기에 인도네시아, 브라질, 일본까지 한꺼번에 투표한다고 생각하면 된다. 세계 2위의 인구를 가진 나라가 세계 7위의 영토 면적에서 일제히 투표하면 과연 어떤 일이 벌어질까?

인도 최고의 선거라면 단연 5년마다 치러지는 총선이다. 543명의 하원의원을 뽑는 이 선거 결과에 따라 인도를 이끄는 집권당과 총리가 결정된다. 10조 원 이상의 돈이 드는, 지구상 최대 이벤트를 이끄는 주체는 인도 선거관리위원회다.

선관위가 가장 먼저 할 일은 선거 날짜를 정하는 것이다. 인도에서는 이것조차 간단치 않다. 인도는 북쪽으로는 추운 히말라야산맥, 남쪽으로는 무더운 인도양, 서쪽으로는 황막함 그 자체인 타르 사막, 동쪽으로는 악어가 득시글거리는 안다만 제도를 가진 나라다. 이 다채로운 환경을 모두 감안해 가장 날씨가 좋은 날을 골라야 한다. 무엇보다 전국을 진흙탕으로 만드는 몬순과 40도가 훌쩍 넘는 한여름은 무조건 피해야 한다. 여기에 수많은 학교의 시험 기간, 지역마다 다른 농사철, 종교마다 다른 축제도 고려해야 한다. 이렇게 긴 고민 끝에 날짜를 정해도 유불리를 따져오는 각 정당과 지루한 협상을 벌여야 한다.

우여곡절 끝에 선거 날짜가 정해지면 이때부터 선거관리위원장은 레임덕에 빠지는 총리보다 더 막강한 권한을 갖게 된다. 사실 인도의 선관위 직원은 전국을 다 합쳐봐야 800명이 고작이다. 인구에 비해 터무니없이 적은 숫자다. 우리보다도 적은 이 숫자로 어떻게 100만 개 이상의 투표소, 9억 명의 유권자, 2,300개 이상의 정당이 경쟁하는 이 방대한 규모의 선거를 치르는 걸까? 그건 선관위가 공무원은 물론 선거에 필요하다면 그 어떤 물자도 동원할 수 있기 때문이다.

지난 2019년의 총선에서 인도 선관위는 치안을 맡을 군과 경찰, 투표 업무를 맡을 사무원, 불법 선거를 감시할 영상팀 등 공무원 1,100만 명을 연방 정부와 주정부에서 차출했다. 여기에 600개의 기차와 20만 대 이상의 버스와 자동차를 선거 기간 내내 사용했다. 그뿐 아니다. 인도 선관위가 동원한 교통수단에는 50대 이상의 비행기와 헬리콥터, 보트, 트랙터, 오토바이, 수레와 노새도 있다. 그리고 사막과 밀림에서 선거 용품을 실어 나르는 데 쓸 낙타와 코끼리도 수백 마리 고용했다.

물론 이렇게 하고도 투표를 하루에 마치는 건 불가능하다. 지난 2019년 총선은 첫 투표에서부터 개표까지 약 한달 반 정도의 시간이 걸렸다. 인력 활용의 효율성을 위해 전체 날짜를 7개 기간으로 나눠 특정 지역에서 집중적으로 선거를 마치고, 그다음 지역으로 전체가 이동해 선거를 관리하게 된다. 그렇다고 꼭 이렇게 순조롭게 진행되는 건 아니지만 말이다.

인도의 선거가 복잡해질 수밖에 없는 요인은 한두 개가 아니다. 그중에서도 높은 문맹률은 언제나 큰 골칫거리다. 인도에서는 9억 명의 유권자 중 약 2억 5,000만 명 정도가 글자를 모른다. 이 때문에 우리처럼 우편물로 선거 안내문을 보내는 방식은 통하지 않는다. 시골은 주소가 명확하지 않은 곳도 꽤 있어 제대로 전달도 되지 않는다.

인도 헌법에 따르면 18세 이상의 모든 시민은 투표권이 있다. 인도 선관위는 이 투표권을 보장하기 위해 정말 할 수 있는 일은 뭐든지 한다. 문맹 문제를 해결하기 위해 인도에서는 대략 1,000명 단위로 그룹을 만들어 담당자를 둔다. 그리고 이들은 각 집을 찾아다니며 우편물을 전달하고, 선거 규칙과 투표 방법을 일일이 설명한다. 때론 투표하는 날 이들을 투표 장소로 안내하는 일도 맡는다.

인도는 세계 최초로 전자투표기를 전국 선거에 도입한 나라다. 이 전자투표기는 2004년 총선부터 사용했다. 여기에도 문맹을 위한 여러 가지 장치를 두었다. 기호가 있고, 후보자 사진이 있고, 정당을 상징하는 그림도 있다.

정당을 구분하는 이 상징물은 유서가 깊다. 영국에서 독립한 후 치러진 1951년 첫 선거에서부터 사용했다. 당시 문맹률은 무려 86퍼센트나 되었다. 글을 모르는 유권자들의 투표를 돕기 위해 선관위는 정당마다 일상생활에서 쉽게 접할 수 있는 자전거, 오토바이, 자명종, 낫, 코코넛, 빗자루, 선풍기, 빗, 싱크대, 꽃, 베개, 크리켓 방망이 등을 자신의 상징물로 선택하도록 했다. 그래서 심볼에 따라 인도 국민당은 연꽃당으로, 인도 국민회의는 손바닥당이라고 불리기도 한다. 주로 농업 기구가 등장하던 초기와 달리 최근에는 로봇, 마우스, USB, 노트북 등도 정당의 심볼로 사용할 수 있다. 하지만 종교의 상징물과 동물은 엄격히 금지한다. 불필요한 갈등과 혹시나 있을 동물 학대를 막기 위해서다.

인도의 수없이 많은 언어도 선거에서는 보통 걸림돌이 아니다. 인도에는 헌법으로 지정된 공용어만 22개고, 10만 명 이상이 사용하는 언어만 따져도 200개가 넘는다. 그래서 투표용지는 물론이고, 모든 선거 관련 자료는 영어와 힌디어, 그리고 해당 지역의 언어 등 최소 세 가지 이상으로 준비해야 한다.

인도인들은 '세계 최대의 민주주의 국가'임을 늘 자랑스러워한다. 그 주된 이유가 헌법에 의한 투표권 보장이다. 그리고 그 헌법 중 하이라이트는 "투표소는 반드시 유권자로부터 반경 2킬로미터 내에 설치되어야 한다"이다. 당연한 것 아니냐고 생각할지 모른다. 하지만 그 넓은 땅에 흩어져 사는 인도인들에게는 전혀 당연한 일이 아니다. 유권자로부터 2킬로미터 내에 투표소를 설치하기 위해 인도의 선거는 정말 스펙터클해진다. 이 때문에 비용도 엄청나게 들지만, 그럼에도 인도 선관위는 투표권 보장을 위해 악전고투하고 있다.

인도 최북단 라다크엔 4,237미터 높이에 한 산간마을이 있다. 갑자기 날씨가 나빠져 헬리콥터가 뜰 수 없게 되었다. 그래서 선거관리팀은 고산증 때문에 산소통까지 메고 3일 동안 산길을 걸어야 했다. 이 마을의 유권자는 단 12명이었다.

인도 히말라야산맥 중턱의 타시강Tashigang 마을은 세계에서 가장 높은 투표소다. 무려 4,650미터다. 이 마을의 유권자는 35명이다. 선거관리팀은 헬리콥터를 타고 이 마을에 가던 중 갑작스러운 눈으로 중간에 내려야 했다. 하지만 어떻게 하든 투표소는 설치해야 했다. 선관위 직원들은 무릎까지 오는 눈을 뚫고 45킬로미터를 트레킹했다.

인도 서부의 구자라트 주에는 기르 국립공원Gir National

Park이 있다. 아시아 사자의 유일한 서식처로 유명한 곳이다. 그 한 가운데 아주 오래된 힌두 사원이 있고, 단 한 명의 관리원이자 유권자가 있다. 그를 위해 5명의 인도 선거팀은 총으로 중무장하고 사자와 표범과 코브라가 언제 습격해 올지 알 수 없는 밀림을 30킬로미터나 걸었다.

인도 동부의 서부 벵갈West Bengal에서는 벅사 호랑이 보호구역Buxa Tiger Reserve을, 인도 중부의 차티스가르Chhattis-garh주에서는 중무장한 공산 반군 거점을 목숨 걸고 통과했고, 안다만 제도Andaman Islands에서는 24시간 꼬박 노 젓는 배로 악어와 물뱀 등을 뚫고 외딴섬에 가야 했다.

이처럼 인도의 선거 관리 직원들은 단 1명의 유권자만 있다면 산이든, 사막이든, 섬이든, 빙하든, 정글이든 위험한 길을 마다하지 않고 가야 하니 이보다 더한 극한 직업도 없을 듯하다. 선거 때마다 이들의 위험한 트레킹은 다 합쳐서 1,000킬로미터가 넘는다고 한다.

이 어려운 일을 해내야 하는 선관위는 한편으로는 정당과 후보들이 불법 선거 운동을 하지 않는지도 감시해야 한다. 우선 선관위는 투표 지역의 주류 판매부터 금지시킨다. 정당이 유권자에게 뇌물로 술을 대접하거나, 술에 취해 생길 수 있는 미연의 사고를 방지하기 위해서다.

집권 여당이 선거 승리를 위해 권한을 남용하는 것은 우선 감시 대상이다. 정부는 선거 기간 동안 그 어떤 신규 사업이나 도로, 다리 등의 건설을 발표할 수 없다.

또 하나 특이한 것은 여야 불문하고 군이 등장하는 사진이나 영상을 쓸 수 없다는 것이다. 군의 정치적 중립을 해칠 수 있는 그 어떤 빌미도 만들지 않기 위해서다.

이런 지난한 선거 과정에 비해 막상 투표나 개표는 간단한 편이다. 유권자는 전자투표기의 후보자 옆에 있는 파란색 버튼을 누르기만 하면 된다. 인도의 전자투표기는 정전에 대비해 건전지로 작동되고, 인터넷이나 USB, 블루투스 단자조차도 없어서 외부 해킹은 사실상 불가능하다. 인도의 전자투표는 여러 선거에서 그 효율과 안전성을 인정받아 무척 신뢰도도 높고, 주변국으로 수출까지 되고 있다. 이 전자투표기 덕에 개표는 인도 전역에서 단 하루면 끝이 난다.

그리고 선거를 마친 사람에게는 중복 투표를 막기 위해 왼손의 검지손가락과 손톱에 보라색 잉크를 칠해준다. 최소 2주 동안은 절대 지워지지 않는 특수 잉크다. 조금 원시적으로 보일지 모르지만 어마어마한 인구를 생각해볼 때 이보다 나은 저비용, 고효율도 찾아보기 힘들 것이다. 그래서 인도에서는 투표가 끝나면 잉크가 칠해진 손가락을 들고 인증샷을 찍어 일제히 SNS에 올린다. 오늘날 보라색 잉크가 칠해진 검지손가락은 인도 민주주의를 상징하고 있다.

사실 1947년 독립 이후 인도에서 민주주의가 살아남을 것이라고 예상한 사람은 거의 없었다. 너무나 거대하고,

너무나 복잡하고, 너무나 종교적으로, 계급적으로, 민족적으로, 언어적으로 분열된 나라이기 때문이다. 이를 비웃듯 인도는 단 한 번의 군부 쿠데타도 없이 평화롭게 오랜 세월 정권교체를 이루어왔다. 이는 앞에서 본 것처럼 단 1명의 유권자도 민주주의 꽃이라는 선거에서 소외되지 않도록 인도 전체가 기울인 처절한 노력이 한몫하고 있다고 해야 할 것이다.

인도인들은 다른 건 몰라도 적어도 세 가지에는 자부심이 있다고 한다. 타지마할과 마하트마 간디 그리고 바로 선거 민주주의다. 이 세 가지 모두에 적극 동의하는 바이다.

일본은 항복 후
왜 맥아더에게
팬레터를 보냈을까?

1945년 8월 15일, 일본 왕이 라디오를 통해 항복을 선언했다. 그러면서 국민에게 "앞으로 받을 고난이 심상치 않을 것이니 참기 어려움을 참아내고, 견디기 어려움을 견뎌내라"라고 당부했다. 곧 복수심에 불타는 미국의 점령군이 들어오니 각오를 단단히 하라는 것이다. 이 시기에 맞춰 일본 라디오들은 일제히 여성들에게 시골로 대피할 것을 권했다. 남자들은 마을을 돌며 점령군이 오면 여성들은 집 밖으로 나오지 말라고 외쳐댔다.

이렇게 점령군의 진주를 앞두고 일본은 공황 상태였다. 무려 3,600만 명이 사망한 태평양전쟁의 전범 국가로 승전국이 어떤 처벌을 내릴지 가늠하기 어려웠기 때문이다. 한 치 앞을 내다볼 수 없던 이 시기, 일본의 일반인들은 어떤 생각을 하고 있었을까? 그리고 생사여탈권을 쥔 점령군의 수장 더글라스 맥아더에 대해선 어떻게 평가했을까?

연합군 최고사령관인 맥아더가 일본에 도착한 건 항복 후 보름이 지난 8월 30일이다. 이후 일본인들은 맥아더조차 어리둥절할 정도로 극적인 태도 변화를 보였다. 맥아더는 고위층하고만 대화할 뿐, 일본을 여행하거나 연설을 한 적이 거의 없었다. 그럼에도 일본인들은 맥아더를 연예인처럼 대하더니 점차 '푸른 눈의 천황'으로 부르며, 일왕보다 더한 숭배와 사랑을 보냈다. 팬레터까지 쏟아부었다. 무려 50만 통이나 말이다. 지금도 미국 국립문서관과 맥아더 기념관에 보관된 이 편지에는 그 어디에서도 볼 수 없는 일본인들의 솔직한 심경이 담겨 있다.

이 편지에 의하면 전쟁 막바지가 되어서는 일본인들도 지칠 대로 지쳐 있었다. 언론에서는 연일 승리를 보도했지만 징집과 징발이 갈수록 가혹해지고, 식량 사정도 최악으로 치달았다. 전황이 불리하다는 것을 많은 사람이 짐작하고 있었다. 그래서 일왕이 항복을 선언했을 때 일순 당황하기도 했지만, 한편으로는 '이제 살았구나'라며 안도했다고 밝히고 있다. 그도 그럴 것이 일본인들의 전쟁사망자 역시 민간과 군인을 합쳐 당시 인구의 약 4.4퍼센트에 달하는 310만 명이나 되었다.

이 때문에 무엇보다 일본인들은 "더 이상 일본에 전쟁은 없을 것이며 이는 법으로 보장될 것"이라는 맥아더의 약속에 감사를 표하는 편지를 많이 보냈다. 한 어린 소녀는 맥아더에게 인형을 선물로 보내며 "장군님 덕택에 우리가 평화롭게 살 수 있게 되었다"라고 썼다. 한 어부는 "비로소 온종일 낚시를 할 수 있게 되었다"라며 맥아더에게 물고기가 잘 잡히는 포인트를 알려주기도 했다.

일본에서 군국주의자들이 본격적으로 득세한 건 1931년의 만주 침공 때부터다. 이후 일본은 사실상 항복할 때까지 15년간 끊임없는 전쟁 상태였다. 이 때문에 일본인 중에서도 전쟁을 지지하지 않는 사람들이 점점 더 많아졌다. 다만 전쟁을 반대하면 군국주의자들에 의해 살해당하거나 잔혹한 처벌을 받았기 때문에 입을 꾹 다물어야 했다.

맥아더는 일본의 군국주의적인 전통을 근본적으로 없애기 위해 미국의 민주주의를 급격하게 도입했다. 언론과 집회의 자유, 여성의 투표권이 보장되었고, 노조 결성이 권장되었으며, 학교에서도 민주주의에 대한 교육을 강화하도록 했다.

맥아더의 이런 정책은 늘 자신들을 전쟁으로 내몰던 군국주의자들의 가혹한 지배와는 완전히 달랐다. 그래서 미국 점령 하의 삶이 훨씬 낫다고 생각하는 사람들이 늘면서 한때 공포의 대상이었던 맥아더는 일본인들에게 사랑받는 영웅이 되어 갔다.

최초의 여성 국회의원으로 선출된 한 일본 여성은 맥아더가 취한 관대함과 정책에 감사를 표하며, "당신 나라에 점령당하기 전까지 일본 여성들은 말할 권리가 없었기 때문에 남성들의 폭정을 맹목적으로 따를 수밖에 없었다"라고 썼다.

일본인들의 편지를 분석해 책을 펴낸 일본의 전기 작가 소데이 린지로는 "당시 일본인들은 명백하게 맥아더를 '점령군이 아닌 위대한 해방자'라고 생각했다"라며, 이는 "권위를 존중하는 일본 특유의 문화적 전통 때문이기도 하다"라고 말했다.

맥아더가 일왕 이상의 권위를 가지게 된 건 한 장의 사진이 큰 역할을 했다. 맥아더가 일본에 온 지 거의 한 달이 지난 9월 말, 히로히토 일왕은 사령부를 방문해 함께 사진을 찍었다. 키가 180센티미터인 맥아더는 허리에 손을 얹고 당당한 자세였지만 165센티미터인 일왕은 긴장한 티가 역력한 부동자세였다. 누가 봐도 힘의 우열이 느껴지는 사진이었다.

언론에 공개된 이 사진에 일본인들은 큰 충격을 받았다. 자신이 믿던 신이 너무나 초라하고, 왜소했던 것이다. 그리고 이 사진 한 장으로 일본인들은 누가 승자고, 누가 패자인지 확실하게 깨닫게 되었다. 전쟁의 원흉 중 하나였던 신격화된 일왕의 권위를 무너뜨리려는 맥아더의 심리전이 멋지게 성공한 셈이었다.

이처럼 자신의 신보다 힘의 우위가 분명한 맥아더가 일본인들이 지금껏 한 번도 누려본 적이 없는 자유를 가져오자 일본 지도부에 대한 불신은 더욱 커져만 갔다. 특히

1945년 맥아더 장군과 일왕 히로히토의 사진.

요시다 시게루 수상이 "일본 국민은 민주주의에 대한 준
비가 되어있지 않다"라며 "이를 지지하는 사람은 좌파의
선동에 눈이 멀었기 때문"이라고 하자 일본인들은 이를
비난하는 많은 편지를 보냈다.

　이 편지에서 일본인들은 "기존 정치인들은 자신들의

정치적 이익을 위해 장군의 정책을 방해하고 있다"라며 "나라를 수습하기는커녕 혼란에 빠뜨리는 이들을 잘 지도해달라"라고 당부하고 있다.

패전 후 일본 경제가 어려운 건 당연했다. 특히 식량난은 심각했다. 그간 일본은 중국과 한국의 농산물에 의존해왔다. 이게 끊기면서 일본인들에게 굶주림은 현실이 되었다. 게다가 1945년의 식량 수확은 30년 만에 최악이었다. 본토에 대한 잦은 폭격으로 농사를 제대로 지을 수 없었기 때문이다.

이대로라면 최소한 1,000만 명이 굶어 죽을 것이라는 일본 재무부의 예측이 있었지만 이 문제를 해결할 일본 정치인은 아무도 없었다. 그러자 일본인들은 "잘못된 군사 집단이 전쟁을 일으켜 우리를 죽음으로 내몰더니 이젠 우릴 굶어 죽게 하고 있다"라며 미국이 나서 달라고 요청하는 편지를 다수 보내왔다.

마침 공산주의의 팽창을 우려하던 맥아더가 적극적으로 미국에서 식량을 도입해 식량 문제를 해결하자 맥아더는 일본을 구한 구세주로 인기가 더욱 치솟았다. 이에 일본인들은 "일본 지도자들은 어려울 때 국민과 함께하지 않고 오히려 암시장에서 이익을 취하고 있다"라고 고발하며 "식량 배급을 받을 때마다 우리는 눈물을 흘리며 당신의 친절에 감사해하고 있다"라는 내용의 편지를 보냈다.

일본 지도층에 대한 불신과 혐오가 쌓이면서 일본인들

은 미국이 물러나면 무엇보다 군국주의자들이 부활할까 봐 두려워했다. 당시로서는 혁신적인 사회당 지도자들조차 "천황 만세"를 외칠 정도로 정치인들이 전쟁을 초래한 낡은 방식을 여전히 지지하고 있었기 때문이다. 그래서 일부지만 과감하게 천황제 폐지를 요청하는 편지들도 있었다. 이 편지를 보낸 사람들은 일왕을 전범으로 기소해 왕실을 폐지하거나, 최소한 실권을 없애야 한다고 주장했다.

하지만 맥아더의 생각은 달랐다. 왕을 중심으로 일사분란하게 움직이는 일본의 특성상 왕을 존속시키는 것이 미국의 통치에 훨씬 효율적이라고 판단했기 때문이다. 그래서 태평양전쟁의 책임이 가장 큰 일왕은 전범으로 기소조차 하지 않았다. A급 전범들도 단 7명만 빼곤 모두 풀어주었다.

1951년 4월 맥아더가 해임되어 일본을 떠나던 날, 100만 명이 공항에 모여 눈물을 흘렸다. 맥아더는 의회의 청문회 자리에서 "나의 점령통치로 일본은 좋은 나라가 되었으니 이제 괜찮을 것이다"라고 말했다.

하지만 일본은 괜찮을지 몰라도 맥아더가 전쟁을 일으킨 일본을 철저히 단죄하지 않은 것에 대한 후유증은 지금도 계속되고 있다. 전범자들에 대한 맥아더의 관대한 조치를 일본인들은 면죄부로 받아들였다. 무엇보다 왕이 무죄라면, 지시에 따라 참전한 일본 국민도 무죄이며, 더 나아가 자신들은 전쟁 피해자라는 논리가 만들어졌다. 이것이 지금도 일본이 식민 지배와 침략 전쟁을 진정으로 반성하지 않는 이유 중 하나로 작용하고 있으니 아쉬울 따름이다.

중국은 왜
제로 코로나를
고집할까?

지금 대부분의 선진국은 코로나 바이러스와 공존하는 '위드 코로나' 시대에 살고 있다. 하지만 중국만은 초지일관 '제로 코로나'를 고집해왔다. 14억 인구 중 단 한 명의 감염도 용납할 수 없다는 것이다. 최근 일부 완화책을 발표하긴 했다. 그간 중국인들을 괴롭혀온 상시적인 전수 PCR 검사 폐지가 핵심이다. 하지만 내용이 모호해서 언제든 이전으로 되돌아갈 가능성이 여전해 보인다.

어쨌든 지금까지 중국 정부는 제로 코로나를 위해 현대 국가에서는 상상하기 어려운 과격한 수단을 동원해왔다. 국민의 인권을 극단적으로 제약하는 봉쇄와 격리, 코로나 검사가 그것이다. 단 1명의 확진에도 아파트 단지나 공장 폐쇄는 물론이고 확진자가 100명이 넘으면 도시 전체를 봉쇄했다.

인구 800만 명의 창춘, 인구 900만 명의 선양, 인구 1,300만 명의 시안, 인구 1,750만 명의 선전, 인구 2,600만 명의 상하이가 이렇게 장기간의 봉쇄를 겪었다. 이들은 봉쇄 기간에 수시로 강제적인 코로나 검사도 받아야 했다. 운남성에 있는 인구 12만 명의 작은 도시인 루이리시瑞丽市 시민들은 도시 전체가 무려 1인당 70회의 코로나 검사를 받았다.

공무원이 식료품과 생필품을 공급한다고는 하지만 이 많은 사람에게 제대로 전달될 리가 없다. 굶주림에 시달린 사람들이 거리로 나와 항의했지만, 곧 흰색 방역복을 입은 보안 요원들에게 두들겨 맞고 집 안으로 쫓겨 들어가기 일쑤였다. 중국에서는 이를 모택동의 홍위병에 빗대 '시진핑의 백위병'이라고 비아냥댔다.

중국 정부에서는 다수를 위한 소수의 어쩔 수 없는 희생이라고 말한다. 미국의 CNN 방송과 일본 노무라 증권의 집계에 의하면 2022년 8월 봉쇄된 사람들이 수십 개 도시에서 3억 명에 이른다고 한다. 3억 명의 거대한 소수가 된 이들은 시진핑의 퇴위를 외치기도 했다. 경제는 말할 것도 없고, 부동산은 폭락했다. 외국자본의 철수가 이어졌으며, 청년실업률은 거의 20퍼센트에 달했다.

그런데도 시진핑 정권은 아직도 제로 코로나를 완전히 포기하지 못하고 있다. 왜 그러는 걸까? 그건 한마디로 제로 코로나에 너무나 많은 정치 자산을 투자했기 때문이다. 그래서 이를 없던 것으로 하기에는 오히려 정치적으로 매우 위험해질 수 있다.

중국에서는 여전히 코로나 바이러스가 미국에서 만들어졌다는 게 공식 입장이다. 불순한 의도를 가진 미국인들이 이를 중국으로 가져와 우한에서 퍼뜨렸다는 것이다. 이에 중국은 도시 봉쇄라는 강력한 정책으로 대응하며 비교적 빠른 시간에 코로나바이러스를 제압했다.

이때부터 중국에서 코로나는 바이러스가 아니라 정치 문제가 되어 갔다. 중국 공산당과 관영 매체는 우한에서 거둔 성공을 "중국인들의 애국적인 투쟁의 결과"라며 "중국 체제의 우월성을 입증하는 사례"라고 한발 더 나아갔다. 이후 중국 언론은 "서구의 코로나 방역 실패는 정치제도 결함 때문"이라며 "이와 달리 중국은 일당 체제 덕에 엄격한 예방과 통제 조치로 국민의 생명을 구해냈다"라고 무한 반복해 강조해왔다. 즉, 졸지에 제로 코로나 정책이 중국이 서방보다 제도적인 우위에 있다는 확실한 증거가 된 것이다.

그러면서 이 모든 공로를 "중국 공산당 지도자 시진핑의 영도 덕"으로 돌렸다. 시진핑 주석도 방역 유공자들에게 훈장을 주는 자리에서 "코로나 전쟁에서 거둔 중대한 성과는 중국 공산당과 사회주의 제도의 우수성 덕"이라며 자신의 공로를 은근히 내세우기도 했다.

사실 작년까지만 해도 중국의 제로 코로나 정책은 인권

의 문제가 있었지만, 그런대로 중국인들이 자부심을 가질 만도 했다. 미국이 거의 100만 명의 사망자를 낸 데 비해 중국은 엄청난 인구에도 불구하고 사망자가 1만 명도 안 되었기 때문이다. 하지만 올해 들어 갑자기 상황이 바뀌었다.

사실 중국 정부도 제로 코로나 정책을 계속할 수 없다는 건 이미 알고 있었다. 전염성이 월등히 강한 오미크론이라는 변이종이 세계를 휩쓸면서 자신들의 정책이 무언가 잘못되어가고 있다는 점을 깨달았기 때문이다. 하지만 제로 코로나 정책에 체제의 우월성을 모두 걸었기 때문에 이를 번복한다는 것은 곧 중국 공산당의 실패를 인정하는 꼴이었다. 더구나 이는 시진핑의 책임으로 귀결될 게 뻔했기 때문에 당시 3연임을 앞둔 상황에선 어떤 일이 있어도 밀고 나갈 수밖에 없었던 것이다.

중국이 쉽사리 방향 전환을 할 수 없는 또 다른 현실적인 이유도 있다. 사실 오미크론 시대에 '위드 코로나'로 가려면 세계 각국이 어떻게 해야 하는지 이미 답이 나와 있다. 오미크론은 전염성이 강하지만 확진자가 정점을 지나면 결국 유행이 꺾이게 된다는 것을 알게 된 것이다. 그 정점은 전체 인구의 약 20퍼센트가 누적 확진되는 것이다. 하지만 전제 조건이 있다. 백신접종으로 치명률을 낮춰야 한다는 것이다.

이 대목에 중국의 고민이 있다. 중국은 지금까지 자신들이 만든 시노백, 시노팜이라는 백신만을 사용해왔다. 바이러스를 체내에 직접 주입하는 구형 백신들이다. 문제는 이 백신들이 화이자나 모더나 같은 미국 백신보다 효능이 현저히 떨어진다는 것이다. 중국인들 사이에서도 물백신이라고 불리며 기피 대상이다. 더구나 오미크론에 대해선 아무 효력이 없음이 밝혀진 상태다. 하지만 자국의 백신을 맹신한 중국 관영 매체에서 이미 수없이 "화이자나 모더나를 들여오는 건 미국에 대한 항복 선언"이라고 수차례 밝혀온 터라 이 말을 되돌리기도 어렵다.

중국국가보건위원회의 통계에 따르면 특히 노인층의 백신 기피 현상으로 60대 이상은 70퍼센트, 70대 이상은 60퍼센트의 접종률에 그치고 있다. 더구나 그간 제로 코로나 정책으로 확진자가 적어 자연 면역이 된 사람도 상당히 적은 상태다. 이 때문에 위드 코로나로 도시 봉쇄를 포기할 경우 적게는 100만 명, 많게는 250만 명이 대거 사망할 것이라는 예측이다.

이보다 더 심각한 건 의료 체계의 붕괴다. 중국은 중증 환자가 치료받을 수 있는 중환자 집중치료실ICU 병상이 우리나라의 절반 수준이다. 그것도 베이징과 상하이 같은 대도시에 몰려 있다. 소도시나 농촌에서 대규모 코로나 사태가 발생하면 감당 불가인 것은 뻔하다. 더구나 이곳은 시진핑의 열렬 지지층이 모여 사는 곳들이다. 암튼 이런 식으로 의료시스템이 붕괴되면 코로나가 아닌 다른 질병으로 사망자가 얼마나 더 급증하게 될지는 아무도 알 수 없다.

그렇다고 제로 코로나를 지속하면 중국에서 코로나가 정점에 이르는 데는 25년 이상이 걸린다는 계산이다. 이 기간 봉쇄와 해제를 지금처럼 반복한다면 경제가 완전히 망가지고, 국민의 불만은 극에 달하게 될 것이다.

지금껏 중국인들 사이에는 "중국은 워낙 크고 인구가 많아서 당과 영도자의 강력한 지도가 공동의 이익에 필요하다"라는 공감대가 암암리에 퍼져 있었다. 제로 코로나든, 위드 코로나든 이제 중국 공산당은 무오류의 존재가 맞는지 심각한 의심을 받게 될 것이다. 방역에 실패한다면 그간 제로 코로나를 통해 '강력하고 유능한 지도자'로 자리매김해온 시진핑의 위상 역시 타격이 불가피할 것이다.

한마디로 진퇴양난이다. 그리고 그건 코로나를 '방역'이 아닌 '정치'로 본 중국 지도부가 자초한 일이다. 그리고 중국 역시 많은 나라의 정부가 그렇듯, 실수를 인정했다는 인상을 주지 않기 위해 아주 조금씩 제로 코로나를 철회해 나갈 것이다. 그사이에 힘없는 많은 사람만 희생되는, 흔한 비극을 우리는 또 보게 될 것이다.

세계사를
뒤흔드는 힘,

교양 지리 수업

미국 원주민들이
문명을 이루지 못한
이유

현생 인류가 아프리카 남부에 출현한 것은 약 20만 년 전이다. 이들은 살기 좋은 땅을 찾아 끊임없이 이동했다. 그러다가 약 10만 년 전에 일단의 무리가 아프리카를 벗어나 유라시아 대륙에 이르렀다. 그리고 이들은 곧 두 개의 큰 집단으로 분화했다. 이 중 하나는 유럽으로 향했고, 또 하나는 아시아로 이동했다. 아시아로 간 사람 중에는 끝없이 동쪽으로 가다가 시베리아 툰드라 지역에 정착하기도 했다.

바로 이들 중 일부가 사냥감을 뒤쫓다가 베링해협을 건너게 되었다. 홍적세 빙하기의 막바지쯤이라 해수면이 지금보다 100미터 이상 낮은 덕이다. 그리고 1만 2,000년 전에 빙하기가 끝나 베링해협이 바다에 묻히면서 아메리카 대륙으로 건너간 사람들은 세상에서 고립되게 되었다. 이들이 우리가 흔히 인디언, 지금은 아메리카 원주민이라고 부르는 이번 이야기의 주인공들이다.

이 시기 지구상의 모든 인류는 대륙 어디랄 것도 없이 석기시대에 살고 있었다. 그리고 기원후 15세기 말로 세월을 한참 건너뛴다. 유럽으로 분화되어 나간 무리의 후손들과 아메리카 대륙으로 이주한 무리의 후손들이 드디어 10만 년 만에 만나게 되었다. 크리스토퍼 콜럼버스가 첫 발을 뗐고, 1620년에는 메이플라워호가 102명의 영국 이주민을 태우고 오면서 미국의 역사가 시작되었다.

그런데 오랜만에 만난 이 두 집단 사이에는 어마어마한 차이가 있었다. 미국의 원주민들은 여전히 석기시대에 살고 있었고, 유럽에서 온 사람들은 총과 균과 쇠를 가지고 있었던 것이다. 도저히 상대가 될 수 없었다. 1만 2,000년 동안 유럽과 아메리카 대륙에는 어떤 일이 있었기에 이처럼 발전 속도에 차이가 난 것일까?

어떤 대륙을 막론하고 인간이 고대 시대에 문명을 이루려면 가장 먼저 해야 할 게 있다. 일단 먹고사는 문제를 해결해야 한다. 그런데 이것만으로는 한참 부족하다. 문명까지 가기 위해서는 바로 농업 혁명을 일으켜 잉여생산물을 만들어내야 한다. 그래야만 누군가는 농사에 매달리지 않고 그 시간에 칼과 총과 문자와 정치 조직을 만들 수 있기 때문이다. 그럼 잉여농산물을 만들기 위해 필요한 게 무엇일까? 기본적으로 세 가지가 갖춰져야 한다.

우선 물이다. 세계 4대 문명 발상지가 모두 커다란 강을 끼고 있는 이유가 바로 이것이다. 강은 농사에 필요한 물도 대지만 범람을 통해 인간에게 비옥한 땅을 만들어준다. 그리고 미국이야말로 농사를 짓기 위한 최고의 강과 최적의 땅을 가진 나라다.

그런데 물만 있어선 안 된다. 두 번째 필요한 게 그 비옥한 땅에 심어야 할 농작물이다. 이게 유라시아와 아메리카 대륙의 발전 차이를 만든 첫 번째 요인이다. 유라시아에는 밀, 보리, 쌀 등 인간에게 꼭 필요한 중요 작물이 모두 있었다. 4대 문명지인 나일, 티그리스 유프라테스, 인더스, 황하 유역에서 어김없이 이 작물들이 발견되었다. 이 덕에 인간은 비로소 수렵 채집에서 벗어나 농경 생활을 통해 빠르게 국가를 만들 수 있었다.

그런데 미국의 중요한 강들인 미시시피나 콜로라도 유역에는 이런 작물들이 전혀 없었다. 중남미도 마찬가지였다. 안타깝게도 미국 원주민들은 세계에서 가장 비옥한 땅인 프랑스령 루이지애나를 갖고도 농작물이 없어서 활용할 수가 없었다. 그래서 17세기 영국인들이 이 땅에 정착할 때까지도 부족 단위로 떠돌아다니며 사냥과 수렵 채집 생활을 할 수밖에 없었다.

물과 농작물만으로는 농업혁명이 일어나기에 충분치 않다. 세 번째로 농사를 도울 가축이 있어야 한다. 대규모로 농사를 짓기 위해서는 노동력이 필수다. 인간의 힘만으로는 한계가 뚜렷하기 때문에 대형 가축의 힘이 필요하다. 그중 소와 말이 대표적이다. 소와 말은 운송과 이동 수단까지 될 수 있어 경제 교류도 활발하게 해준다. 게다가 유라시아에는 양, 염소, 돼지, 당나귀, 낙타 등 오늘날 가축화된 대부분의 동물이 모두 있었다.

이에 반해 아메리카 대륙에는 이런 가축화된 대형 포유류가 전혀 없었다. 기껏해야 농사짓는 데 별 도움이 안 되는 남미 안데스 지역의 알파카와 라마가 고작이었다. 그 외는 일부 지역에서 기른 작은 칠면조와 개뿐이었다. 그래서 중남미 원주민들은 만성적인 동물성 단백질 부족에 시달렸다. 논란의 여지가 있지만 아즈텍의 식인 문화가 이를 해결하기 위한 것이라는 설이 있을 정도다.

미국의 원주민들에게는 이렇듯 동물 운마저도 없었다. 가축은커녕 동물성 단백질을 제공해줄 덩치 큰 동물은 난폭하기 그지없는 버펄로밖에 없었다. 이건 아프리카에서도, 오세아니아에서도 마찬가지였다. '동물의 왕국'이라는 아프리카에 가축이 거의 없었다는 건 사실 의외다. 그만큼 야생 동물을 길들인다는 게 굉장히 어렵다는 것을 의미한다.

만약 아프리카에서 사자나 코뿔소를 길들여 타고 다녔다면 유럽이 쉽사리 이 땅을 정복하진 못했을 것이다. 마찬가지로 미국 원주민이 버펄로를 타고 말을 탄 미국 기병을 상대했다면 어땠을까? 하지만 역사에서 그런 일은 일어날 수 없었던 것이다.

가축이 문명에 꼭 필요한 이유는 이외에도 여러 가지가 있다. 가축의 분뇨는 거름이 되어 토지 생산성을 더욱 높였고, 가축이 더 많은 물건을 옮길 수 있도록 한 수레의 발명으로 이어졌다. 하지만 유라시아 외의 대륙에서는 무거운 짐을 끌 가축 자체가 없었으니 바퀴의 발명은 생각조차 할 수 없었다.

무엇보다 가축이 유럽인들을 우위에 서게 한 결정적인 요소는 아무도 생각지 못한 병균이었다. 유라시아에선 오랜 세월 소, 돼지, 양, 염소 등과 한집에서 지내왔다. 그러면서 인간과 동물은 서로 바이러스를 주고받으며 내성을 키워왔다. 예를 들어, 홍역과 결핵은 소에서, 인플루엔자는 돼지에서, 천연두는 낙타에서 비롯되었다. 이미 잘 알려진 대로 이 병균이 아메리카 원주민들의 90퍼센트 이상을 몰살시켰다. 반면 가축과 지내지 못한 원주민들은 유럽인들에게 아무 병균도 옮길 수 없었다. 이런 현상은 아메리카에서뿐 아니라 아프리카와 호주 대륙에서도 똑같이 반복되었다.

유라시아가 다른 대륙보다 타고난 또 다른 유리한 점은 동서로 길게 뻗어 있다는 점이다. 이건 위도가 비슷해 별도로 기후에 적응할 필요가 없다는 뜻이기도 하다. 이 덕에 아시아에서 길들인 닭과 우크라이나의 말, 비옥한 초승달 지역의 양, 염소, 소, 밀, 보리가 순식간에 동서양으로 퍼져나갈 수 있었다.

하지만 다른 대륙은 사정이 전혀 달랐다. 아메리카 대륙만 해도 세로로 길쭉해 북극에서 남극의 양극단을 달리고 있다. 그 사이의 지역은 정말 다양한 기후대를 보인다. 남미가 길들인 알파카와 라마가 미국으로 퍼지지 못한 것도 바로 이런 이유 때문이다.

어쩌면 수천 년 전에 멕시코와 페루에서 각각 진화한 옥수수와 감자가 좀 더 일찍 미국 땅에 전해졌다면 지금 미국 원주민의 운명은 달라졌을지도 모른다. 옥수수와 감자로 잉여농산물을 만들어낸 멕시코와 페루에서 아즈텍과 잉카문명이 탄생한 것처럼 말이다. 하지만 아메리카 대륙에서는 서로 다른 기후대와 질병이라는 자연 장벽에 막혀 옥수수는 18세기 무렵에, 감자는 아일랜드인들이 이주한 19세기가 되어서야 미국에서도 본격 유행하게 되었다.

더구나 유럽인들이 가져온 병균으로 떼죽음을 당하면서 미국 전체의 원주민 숫자는 채 100만 명도 되지 않았다. 그 넓은 땅에 인구 밀도가 시베리아만도 못했다. 그러니 무기로도, 인원수로도 미국의 원주민들이 유럽의 이주민들을 이길 방법이 없었다. 원주민들이 바보라서가 아니라 여러 가지로 운이 없었던 것이다.

반면 총·균·쇠는 물론 유라시아에서 이미 증명된 각종 농작물과 가축을 가지고 온 이주민들에게 미국 땅은 하늘이 내린 축복이나 다름없었다. 미국 원주민들이 농사를 짓지 않은 덕에 오히려 지력이 고스란히 보존된 측면도 있었다. 이것 역시 유럽인들이 우월해서가 아니라 좋은 지리 조건을 갖춘 곳에서 태어나고, 하필 이주한 곳이 세계 최고의 땅이라는 행운이 함께 한 덕이다.

만약 영국인들이 아무리 청교도 정신과 개척정신을 가졌더라도 이들의 이주 장소가 콩고였다면 고무나무를, 가나였다면 코코아를, 온두라스나 과테말라였다면 바나나를 키우고 있을지도 모른다. 물론 역사에 '만약에'는 없다고 하니 부질없는 가정이지만 말이다.

이슬람의
폭발적인 팽창은
어떻게 가능했을까?

이슬람만큼 빠르게 팽창한 종교는 없다. 610년 메카에서 출범한 이래 이슬람은 순식간에 아라비아 반도를 넘어 프랑스 남부와 스페인, 북아프리카와 이란, 인도, 파키스탄, 중앙아시아로 전파되었다. 현재 이슬람을 믿는 나라들의 절반이 초창기에 이미 만들어졌다. 거기에 8세기 중반에는 중앙아시아에서 벌어진 탈라스 전투에서 당나라를 대파함으로써 중국의 서역 진출 꿈을 완전히 포기하도록 만들었다.

초기 이슬람의 전파는 이들이 만든 이슬람 제국의 영토와 완벽히 궤를 같이 하고 있다. 제국 자체가 정복을 통한 이슬람의 포교를 위해 만들어졌기 때문이다. 이렇게 만들어진 이슬람의 영토는 로마 제국의 거의 2배에 달했다. 그것도 로마가 900년이 걸린 데 반해 겨우 100년 만에 이뤄

낸 성과다. 이 전무후무한 속도의 팽창이 어떻게 가능했을까?

물론 이슬람에서는 알라의 뜻이라고 할 것이다. 하지만 여기에서는 종교적인 측면은 모두 배제하고, 이 놀라운 일이 필연적으로 일어날 수밖에 없었던 역사적, 시대적 배경을 알아보고자 한다.

우선 이슬람은 '때'를 아주 잘 만났다. 이 시기 이 지역에선 서양을 대표하는 비잔틴(동로마)과 동양을 대표하는 페르시아(사산왕조), 이 두 거대 제국이 패권을 다투고 있었다. 나머지는 이 두 나라의 위세에 눌려 숨도 쉬기 어려웠다. 하지만 300년 넘게 싸워오면서 비잔틴도, 페르시아도 이젠 피폐해질 대로 피폐해져 있었다. 무리한 소모전이 끝도 없이 이어지면서 쿠데타 같은 정치 혼란이 반복되었고, 전비 마련을 위한 가혹한 세금과 약탈로 민심이 모두 떠난 상태였다. 그야말로 이 혼란을 끝낼 새로운 세력의 출현을 모두가 기다리는 분위기였다.

이 두 나라의 힘을 쏙 빼놓은 게 또 하나 있었으니 바로 페스트다. 6세기 중반 이집트에서 시작된 페스트는 곧 비잔틴 제국의 수도 콘스탄티노플(현재의 이스탄불)로 퍼졌다. 그리고 속수무책으로 사람이 죽어 나가기 시작했다. 심한 날에는 하루에 1만 명이 한꺼번에 페스트로 죽기도 했다. 이렇게 해서 비잔틴 인구의 40퍼센트가 단기일 내에 사라졌다.

전염병은 당연히 아군과 적군을 구분하지 않았다. 머지않아 페르시아에도 페스트가 상륙했다. 페르시아 인구의 25퍼센트가 사라졌다. 이 중에는 페르시아의 왕도 있었다. 이처럼 페스트는 두 제국을 똑같이 기진맥진하게 만들었다.

반면 이슬람의 아라비아 반도는 페스트의 영향을 거의 받지 않았다. 대부분이 사막이라 페스트를 퍼뜨리는 곰쥐가 서식할 수 없었기 때문이다. 게다가 대도시에 밀집해 사는 비잔틴과 페르시아와 달리 아라비아 반도의 유목민들은 대부분 사막에 흩어져 살았다. 페스트를 피하는 데 절대적으로 유리한 환경이었다.

만약 오랜 전쟁과 페스트로 이 양강의 힘이 약화되지 않았다면 역사상 유례없는 이슬람의 급속한 전파는 결코 일어나지 않았을 것이다. 대부분의 지역이 비잔틴과 페르시아의 영향권이라 자신들을 위협하는 제3세력의 성장을 두고만 보지는 않았을 것이기 때문이다.

하지만 아무리 국제적인 환경이 유리하더라도 스스로 충분한 힘을 갖추지 못했다면 이슬람이 이처럼 거대해지지는 못했을 것이다.

사실 아라비아 반도는 경제적으로 굉장히 낙후된 지역이었다. 부족 단위로 사막과 초원을 떠돌며 양이나 치던 게 고작이었다. 적은 목초지와 오아시스를 두고 걸핏하면 부족 간에 전쟁을 벌였기 때문에 경제력이 쌓일 여지도 없었다.

그런데 비잔틴과 사산조 페르시아 간의 장기 전쟁이 아라비아 반도에 의도치 않은 경제 변화를 가져왔다. 페르시아에서 지금의 이라크, 시리아, 요르단을 거쳐 지중해에 이르던 전통 교역로가 차단되자 대상隊商들은 새로운 루트를 찾아야 했다. 아라비아 사막을 가로지르거나 서부의 홍해 연안을 따라가는 것이다. 이 덕에 메카, 메디나 같은 도시가 발달하고, 중계무역으로 전에 없던 호황을 누리게 되었다. 이슬람에서 좋아하는 표현은 아니지만, 우리가 흔히 이슬람의 창시자라고 부르는 무함마드도 대상로隊商路의 요지 중 하나인 메카의 상인 출신이다. 어쨌든 이런 변화 덕에 이슬람은 정복 전쟁의 경제적인 토대를 마련하게 되었다.

정복 전쟁을 하려면 반드시 강력한 군대가 있어야 한다. 이 문제 역시 결과적으로는 양대 제국의 도움을 받았다. 비잔틴도 페르시아도 오랜 전쟁으로 인력난에 시달렸기 때문에 수많은 용병을 고용하고 있었다. 지리적으로 구하기 쉬웠기 때문에 두 나라의 국경을 지키는 군사의 대부분이 아랍인이었다. 이들은 유목이나 농사보다 수입이 훨씬 좋았기 때문에 선망의 대상이었다. 선진 제국의 전쟁 전술을 익힌 이들이 이슬람으로 개종한 후 정복을 이끄는 최고의 전사들이 되었다.

새로운 무역로 덕에 만들어진 경제력과 용병으로 다져

진 군사력은 분명 정복 전쟁의 든든한 바탕이 되었다. 하지만 이슬람의 전광석화 같은 확대를 가져온 두 가지 결정적인 요인은 포용 정책과 조세 정책이었다.

당시 이슬람 세력은 그 숫자가 아주 적었다. 그 넓은 정복지를 직접 다스린다는 건 불가능했다. 그래서 이슬람 제국은 그 이전의 제국과는 전혀 다른 통치 시스템을 사용했다. 세금을 내는 조건으로 토착세력의 기득권을 인정하는 간접 통치를 한 것이다. 전쟁에서 패하면 죽거나 노예로 팔려나가던 시대였다. 당시로선 파격적인 관용 정책이었다. 심지어 세금만 낸다면 그 어떤 종교도 허용되었다. 물론 기독교를 믿는 것도 가능했다.

이런 제도를 딤마Dhimma라고 했고, 무슬림이 아닌 국민을 딤미Dhimmi라고 했다. 이슬람 세력뿐 아니라 아랍의 유목민 자체도 숫자가 많지 않았다. 제국을 유지하기 위해서라도 적정한 인구는 꼭 필요했다. 그래서 딤마 제도를 통해 피정복민을 보호하고, 대신 세금이라는 실리를 취했던 것이다.

당시 주변국들의 민중에게 무엇보다 매력적이었던 건 이슬람의 조세 정책이었다. 이슬람 제국에선 25퍼센트의 토지세만 내면 누구든 땅을 소유할 수 있었다. 맘껏 농사도 짓고, 경작물도 가질 수 있었다. 비잔틴과 페르시아 제국의 가혹한 수탈에 신물이 났던 사람들에게 이 제도는 가히 혁명이었다.

여기에 10퍼센트의 인두세만 내면 이슬람으로 개종하지 않아도 되었기 때문에 이슬람은 여타 종교들로부터 큰 거부감도 없었다. 특히 그간 유럽 가톨릭으로부터 이단으로 몰려 핍박을 받던 콥트 기독교, 네스토리우스파, 단성론자單性論者, 아랍에 살던 일부 유태교도들은 이슬람이 종교의 자유를 보장하자 오히려 이들을 해방군으로 생각하기도 했다.

초창기 이슬람의 정책은 단순하게 표현하면 개종과 세금 그리고 죽음 중에서 선택하라는 것이다. 이슬람을 믿어 구원을 얻거나, 그렇지 않으면 세금을 내고 자신들의 보호를 받으라는 것이다. 그런데 세금을 내면 기득권은 물론 자신의 종교도 지킬 수 있었고, 그 세금마저 비잔틴이나 페르시아보다 훨씬 쌌기 때문에 이슬람은 많은 곳에서 환영을 받았다.

그러다 보니 나중에는 싸우지도 않고 도시 통째로 투항해오는 곳이 점점 더 많아졌다. 이게 바로 이슬람이 파죽지세로 세력을 확장한 비결이다. 이슬람으로 개종하면 10퍼센트의 인두세마저 깎아 주었기 때문에 나중엔 아랍에 살던 기독교 집단과 페르시아의 조로아스터교에서 대거 개종하는 일이 벌어지기도 했다. 그래서 한때는 세수가 급격히 줄어드는 바람에 집단 개종을 못 하게 막기도 했다.

게다가 이슬람 제국은 사상 처음으로 종교가 지배 이념이 된 제국이었다. 이 덕에 무함마드가 죽은 후에도 정통 칼리프와 우마이야 왕조, 아바스 왕조로 이어지면서 분열 없이 이슬람의 확산에만 전념할 수 있었다. 알렉산더가 죽은 후 급격하게 몰락한 헬레니즘 제국과는 완전히 달랐다.

이후 이슬람은 절정기를 맞았다. 아랍은 그리스, 로마 시절 겪었던 1,000년의 설움을 날리고, 그와 똑같은 1,000년간이나 유럽 문명을 앞서게 되었다. 이들이 이 시기에 그리스 학문을 연구하지 않았더라면, 그리고 자연과학, 수학, 천문학, 의학, 화학 분야에서 탁월한 성과를 남기지 않았더라면 우리의 과학기술은 지금의 수준에 결코 이르지 못했을 것이다. 그리고 우리의 영어 국명이 코리아가 된 것도 아랍 상인들이 이슬람의 황금기에 고려를 세계에 소개해준 덕이다.

하지만 18세기 말 나폴레옹이 이집트를 침공한 이래 아랍과 유럽 간 힘의 우위는 다시 역전되었다. 이슬람은 초기와 같은 포용력도, 종교로 다져진 단결력도 빛바랜 지 오래다. 수니파와 시아파로 나뉘 곳곳에서 피 흘리는 분열부터 해결하지 못하면 아랍은 서방 세계에 휘둘리는 1,000년의 세월을 다시 또 지내야 할지도 모르겠다.

러시아가
엄청나게
큰 땅을 갖게 된 이유

러시아의 영토는 무려 1,713만 제곱킬로미터로 지구상에서 압도적으로 가장 넓다. 어떻게 얘기해야 이 크기가 실감이 날까? 러시아는 우선 지구 육지 면적의 11.4퍼센트를 혼자 갖고 있다. 그다음 순위권인 캐나다, 미국, 중국보다도 거의 2배 이상 크다. 한반도에 비해 78배의 크기고, 한국과 비교하면 무려 170배나 된다.

러시아의 끝에서 끝까지의 직선거리는 8,000킬로미터로 서쪽의 모스크바에서 동쪽의 블라디보스톡까지 기차로 가면 밤낮을 달려도 일주일이 걸린다. 비행기로 가면 모스크바에서 한국까지 오는 것보다 모스크바에서 블라디보스톡까지 가는 게 1시간 더 많은 9시간이 걸린다. 이마저도 1991년 소련의 붕괴로 15개의 공화국이 독립 국가로 쪼개져 나가면서 면적이 23퍼센트나 줄어든 결과다.

어떻게 러시아는 이처럼 거대한 영토를 가진 나라가 될수 있었을까? 거기에는 세 가지의 동인動因이 있는데 그중 가장 강력한 것은 러시아의 숙명적인 지정학이다.

다른 나라와 마찬가지로 러시아도 처음부터 대제국은 아니었다. 고만고만한 도시 국가들이 난립해 그야말로 난세를 이루고 있었다. 이들의 뿌리는 모두 우크라이나 수도인 키이우를 근거지로 하는 키예프 공국이다. 이를 빌미로 푸틴이 지금 "우크라이나와 러시아는 원래 같은 나라"라며 침공을 정당화하고 있다.

13세기부터는 그마저도 몽골의 지배를 받는 암흑기였다. 멸망한 키예프 공국을 대신해 몽골은 모스크바 공국에게 이 지역의 공물을 걷는 역할을 맡겼다. 러시아 전체를 다스리기 위한 꼭두각시가 그 출발점인 셈이다. 하지만 모스크바 공국은 이 덕에 러시아의 최강자가 되었다. 공물을 걷고 바치는 과정에서 적지 않은 떡고물을 챙긴 덕에 경제적으로 부유해진 덕이다.

마침내 15세기가 되어서는 러시아를 옥죄던 몽골이 급격히 쇠퇴하면서 모스크바 공국은 드디어 이 일대를 통합하게 된다. 하지만 러시아에게는 치명적인 약점이 있다. 토지는 비옥하지만 적의 공격을 쉽게 막을 수 있는 자연적 방어벽이 없다는 것이다. 모스크바에서 산에 가고 싶으면 차 타고 3박 4일은 달려야 한다고 할 정도로 이 일대는 완벽한 평원이다. 적이 건너기 어려운 거대한 강도 없다.

때문에 약소국에 불과했던 초기의 러시아는 주변 강대국들의 동네북이었다. 남쪽에선 중앙아시아 초원을 타고 몰려온 몽골에 의해 약 250년 간 노예 생활을 해야 했고, 서쪽에선 동유럽 대평원을 타고 순식간에 나타난 독일의 튜턴 기사단이나 폴란드-리투아니아 연합왕국으로 쑥대밭이 되어야 했다. 북쪽에선 북유럽 대평원을 타고 건너온 스웨덴에도 영토가 초토화되었다. 19세기 이후 강성해진 시기에도 마찬가지여서 나폴레옹과 히틀러도 이 평원을 타고 모스크바까지 쉽게 진격할 수 있었다.

러시아로서는 자연 방어벽을 마련하는 게 국가 존망을 다투는 문제가 될 수밖에 없었다. 그렇다고 거대한 산맥이나 강을 인위적으로 만들 수는 없는 노릇이었다. 러시아는 어떻게 해결했을까? 바로 영토확장이다. 어디까지? 자연 방어벽이 있는 곳까지다.

그래서 러시아가 주목한 게 서쪽으로는 카르파티아산맥이고, 남쪽으로는 캅카스산맥이다. 루마니아, 우크라이나, 폴란드, 슬로바키아, 체코에 갈고리 모양으로 걸쳐 있는 카르파티아산맥은 러시아가 가장 중요시하는 곳이다. 이곳만 가질 수 있다면 서유럽의 강국들을 폴란드에서만 지키면 되니 방어선이 훨씬 짧아지게 된다. 그래서 러시아는 우크라이나와 폴란드를 그 어느 나라보다도 탐내왔다. 한때는 실제로 지배해 이곳에 국경을 둠으로써 러시아의 숙원을 풀기도 했다.

남쪽의 캅카스산맥은 14세기부터 20세기 초까지 전 유럽을 벌벌 떨게 했던 오스만 투르크 제국을 막기 위해 반드시 손에 넣어야 할 요충지였다. 잠재적인 적국 중 하나인 이란을 염두에 두지 않을 수도 없었다. 그래서 이 지역의 조지아, 아르메니아, 아제르바이잔 등 캅카스 3국까지 손을 뻗치게 된 것이다.

러시아가 오랜 세월 팽창 일변도의 정책으로 밀고 나간 또 다른 이유로는 부동항不凍港 문제도 있다. 러시아를 유럽 열강의 반열에 올린 17~18세기의 표트르 대제는 해군 없는 대국은 있을 수 없다는 걸 깨달았다. 신분을 숨긴 채 네덜란드에 가서 조선술을 직접 배울 정도로 열성이었다. 그에 의해 러시아 함대가 처음 만들어졌지만, 문제는 겨울만 되면 바다가 얼어붙어 무용지물이 된다는 것이었다.

이때부터 러시아는 1년 내내 얼지 않는 항구를 찾아 나섰다. 자연 방어벽 찾기와 마찬가지로 부동항이 나올 때까지 영토를 넓혀나갔다. 수백 년간 북대서양과 지중해, 태평양을 뒤진 끝에 3개의 부동항을 얻기는 했다. 발트해의 칼리닌그라드와 흑해 크림반도의 세바스토폴, 그리고 극동의 블라디보스톡이다.

하지만 칼리닌그라드는 스웨덴에, 세바스토폴은 튀르키예에, 블라디보스톡은 일본에 쉽게 봉쇄될 수 있다는 치명적인 약점이 있다. 따라서 러시아의 부동항 찾기는 아직 끝나지 않았다. 1979년의 아프가니스탄 침공도 실상은 파키스탄을 통해 아라비아해로 통하는 완벽한 부동항을 얻기 위한 사전 작업이었다는 설이 설득력 있는 이유다.

러시아가 자연 방어벽과 부동항을 얻기 위해 서쪽과 남쪽에서 좌충우돌했지만 동쪽의 시베리아를 얻지 못했다면 결코 이런 큰 나라를 만들진 못했을 것이다. 지금도 러시아 전체 영토에서 시베리아는 77퍼센트나 차지한다.

러시아는 16세기 후반부터 우랄산맥 너머의 시베리아로 눈을 돌렸다. 주변의 공국들을 모두 정복해 평원지대가 안정된 덕이다. 그리고 100년도 안 돼 그 넓은 시베리아 땅을 모두 영토로 두게 되었다. 어떻게 이런 경이적인 정복 속도가 가능했을까?

그건 무엇보다 경쟁 상대가 없었기 때문이다. 서구 열강들은 이 춥기만 한 불모지에 아무도 관심을 두지 않았다. 시베리아에서도 몇몇 몽골 제국의 잔존 국가들 외엔 이렇다 할 토착 세력이 없었다. 여전히 칼과 활을 사용하는 이들이 총과 대포로 무장한 러시아의 적수가 될 수는 없었다.

이 시기 시베리아의 토착 부족을 다 합쳐봐야 고작 30만 명 정도였다. 이들은 주로 수렵과 유목 생활을 했다. 더구나 러시아인들이 가져온 천연두로 인구의 절반 가까이가 시름시름 앓다 죽었다. 마치 중남미에 간 스페인의 정복자들을 연상시킨다. 상황이 이랬으니 러시아는 사실상 시베리아를 거저 주운 것이나 다름없었다.

정복 속도가 이처럼 빨랐던 건 모피 덕이기도 하다. 당시 시베리아산 모피는 유럽과 오스만 투르크 제국의 귀족 여인이라면 한 개쯤은 가져야 할 명품 중의 명품이었다. 담비나 여우 털로 만든 모피가 얼마나 비쌌던지 한때 모피 무역은 국가 수익의 30퍼센트를 차지했다. 그래서 모피는 '털이 달린 황금'이라고 불렸다.

얼마나 많이 잡아댔던지 담비 여우 수달 밍크 등은 금방 씨가 말랐다. 러시아인들은 곧바로 시베리아의 더 동쪽으로 이동했다. 그리고 그 자리엔 농민과 유배자 등을 이주시켜 정착촌을 만드는 방식을 반복했다. 토착민들에겐 모피를 조공하는 조건으로 물자도 지원하고 생활방식도 유지할 수 있게 했다. 그 덕에 시베리아의 정복 속도는 더 빨라졌다. 물론 거부하는 부족은 몰살시키는 제국주의의 잔혹함도 서슴치 않았다.

러시아인들이 베링해협을 건너 알래스카에 진출한 것도 모피 때문이었다. 나중에 알래스카를 미국에 720만 달러에 팔아넘긴 것은 잘 알려져 있다. 하지만 러시아가 미국의 캘리포니아와 하와이를 소유할 뻔했던 얘기는 상대적으로 덜 알려져 있다.

알래스카에 이주민이 늘어나자 식량을 공급할 땅이 필요했다. 그래서 찾아낸 곳이 지금의 샌프란시스코 근방이다. 러시아는 여의도의 약 7배 되는 면적에 농사도 짓고, 군사 요새도 운영했다. 나중에 재정 악화로 멕시코 사업가에게 3만 달러에 팔아넘겼다. 이 와중에 러시아는 하와이에도 진출해 역시 군사 요새를 두었다. 하지만 실익이 적다는 본국의 판단에 따라 금방 철수하고 말았다.

오랫동안 서구 세계에서는 러시아가 시베리아 같은 쓸모없는 땅만 잔뜩 갖고 있다고 조롱했다. 하지만 시베리아는 러시아에게 자연 방어벽과 함께 모피라는 막대한 수익도 안겨 주었다. 그리고 오늘날에는 석유와 천연가스로 러시아의 경제를 떠받치고 있으니 시베리아는 러시아의 엘도라도Eldorado인 셈이다.

전쟁까지 불사하는
러시아의
저주받은 지정학

러시아가 위기에 내몰리고 있다. 우크라이나 전쟁 상황이 러시아의 기대와는 전혀 다른 방향으로 흐르고 있기 때문이다. 이는 단지 푸틴의 실패가 아니다. 러시아가 수백 년간 공들여온 지정학의 또 다른 실패다. 따라서 만약 러시아가 우크라이나 전쟁에서 진다면 러시아 연방이 다시 또 해체되는 역사를 보게 될지도 모르겠다. 무엇보다 이 점을 두려워하는 푸틴이 과연 러시아 연방을 지킬 수 있을까?

사실 러시아의 우크라이나 침공은 이미 일찌감치 예견된 일이었다. 첫 징조는 체첸이다. 체첸은 험준한 캅카스 산맥에 위치한 인구 150만 명의 작은 공화국이다. 물론 러시아 연방의 일원이다. 체첸의 독립을 막기 위해 러시아는 1994년부터 2009년까지 정말 집요하게 전쟁을 벌였다. 끈

질기게 저항하자 러시아는 체첸의 수도인 그로즈니를 아예 콩가루로 만들어버렸다. 인구의 3분의 1인 50만 명 이상이 사망했다. 러시아군 역시 3만 명 가까이 전사했다. 체첸의 독립을 막기 위해 러시아는 막대한 피해를 기꺼이 감수했다.

두 번째 징조는 조지아다. 캅카스산맥 너머의 옛 소련 영토다. 조지아는 2008년 4월 나토 가입을 선언했다. 그러자 같은 해 8월 러시아는 바로 조지아로 쳐들어갔다. 아이 손목 비틀 듯 불과 3일 만에 항복을 받아냈다.

조지아와 함께 같은 날 나토 가입을 선언한 또 다른 나라가 있다. 그게 바로 우크라이나다. 조지아와 함께 일찌감치 손을 보고 싶었지만, 우크라이나는 체급이 달랐기 때문에 준비 기간이 좀 더 필요했다. 사실 러시아는 2014년에 우크라이나의 영토였던 크림반도를 전격 합병하면서 좀 더 직접적인 경고장을 날린 바 있었다. 그래도 우크라이나가 나토 가입을 고집하자 드디어 준비를 마친 푸틴이 칼을 뽑아 든 게 우크라이나 전쟁이다.

그럼 체첸과 조지아, 우크라이나는 어떤 공통점이 있길래 러시아가 전쟁까지 불사하는 걸까? 바로 지정학이다. 영토의 일부인 체첸은 물론, 조지아와 우크라이나는 러시아 입장에서는 그토록 집착해온 자연 장벽과 완충 지대를 동시에 가진 나라들이다.

러시아의 핵심 안보 전략은 아주 오래전부터 초지일관

수도인 모스크바에서 국경선을 최대한 멀리 두는 것이다. 모스크바 일대는 땅은 비옥하지만 적의 침입을 막을 만한 곳이 마땅히 없는, 완벽한 평원지대라는 치명적인 약점이 있다. 그래서 앞서 살펴보았듯 러시아는 수백 년에 걸쳐 자연 장벽이 나올 때까지 영토 면적을 넓혀나갔다.

러시아는 천신만고 끝에 북으로는 북극해, 동으로는 시베리아, 남으로는 캅카스산맥, 서로는 카르파티아산맥이라는 이상적인 국경선을 소련 공산주의 시절에 가질 수 있었다. 가장 위험한 서남쪽으로는 발트해에서 카스피해에 이르는 거대한 방어선을 드디어 완성한 것이다. 피해국들은 억울하겠지만 이를 '방어적인 팽창주의'라고도 부른다.

그런데 러시아는 여전히 불안했다. 무엇보다 걱정인 건 역시 전통의 강국들이 많은 서쪽이었다. 나폴레옹이나 히틀러 같은 인물이 언제 또 나올지 알 수 없으니 말이다. 그래서 인공 장벽인 카르파티아산맥으로 만족하지 못하고, 그 앞에 방패를 여러 개 더 세웠다. 불가리아, 루마니아, 헝가리, 체코슬로바키아, 폴란드, 동독 등을 위성국가화한 것이다. 러시아로서는 2중, 3중의 안전장치를 한 셈이다. 만약 적이 위성국가를 뚫더라도 모스크바까지 가려면 어마어마하게 긴 보급로를 두어야 한다. 여기에 혹독한 겨울이라도 만나면 정말 최악이다. 나폴레옹과 히틀러도 이것 때문에 실패했다. 이 사례를 똑똑히 기억하는 러시아는 이 국경선과 완충 지대를 두는 데 강박증이 있었다.

남쪽 역시 언제 다시 또 칭기즈칸 같은 인물이 중앙아시아 초원을 건너와 침공할지 모르니 안심할 수 없었다. 그래서 카자흐스탄, 우즈베키스탄, 투르크메니스탄 등을 완충 지대로 두었다. 또 오스만 투르크 제국이나 이란이 부활할지도 알 수 없으니 캅카스산맥을 자연 장벽으로 삼은 다음 조지아, 아르메니아, 아제르바이잔을 완충 지대로 한 겹 더 방어선을 둘렀다.

그런데 1991년 소련이 해체되면서 33년마다 전쟁을 치르며 공들여 쌓은 탑이 한꺼번에 무너졌다. 동유럽의 위성 국가들이 모조리 독립하는 바람에 자연 장벽과 완충 지대가 다 사라져 버린 것이다. 남쪽의 중앙아시아와 캅카스 3국은 간신히 무력과 외교로 무마했지만, 문제는 역시 서쪽이었다. 더구나 완충 지대 역할을 하던 나라들이 이젠 나토 가입국이 되어 오히려 자신을 겨누게 되었으니 러시아로서는 이게 늘 불안불안했다. 마치 앞문을 활짝 열어 놓은 상태, 이게 푸틴이 느끼는 지금의 러시아다. 진작에 앞문을 걸어 닫고 싶었지만, 그간 경제적으로도, 군사적으로도, 정치적으로도 여유가 없었다. 그러다가 푸틴이 장기 집권을 하면서 나름 확고한 국민적 지지를 얻었고, 에너지 가격의 상승으로 부를 축적하면서 부랴부랴 문 닫기에 나선 게 지금의 우크라이나 사태다.

그럼 왜 하필 우크라이나일까? 표면적인 이유는 우크라이나의 나토 가입 희망이다. 사실 우크라이나가 나토에 가입한다는 건 러시아로선 정말 상상만 해도 끔찍한 일이다. 우크라이나 동부의 하르키우 같은 곳에 중거리탄도미사일을 배치하면 모스크바가 사정권에 들어가게 된다. 그리고 러시아 최대의 공업지대인 우랄산맥 부근의 도시들까지 미국 레이더의 감시가 뻗치게 된다. 게다가 볼가 강가의 유서 깊은 도시인 볼고그라드까지는 전차로 겨우 반나절이다. 우크라이나에서 볼고그라드까지 아무 장애물도 없으니 여차하면 반나절 만에 러시아의 중요 도시가 함락될 수도 있다는 뜻이다.

이런 직접적인 이유도 있지만 보다 심층적인 이유는 역시 지정학이다. 그 어떤 나라보다 러시아는 우크라이나를 얻었을 때의 지정학적 유리함이 가장 크다. 이는 우크라이나의 국경선을 보면 좀 더 잘 이해할 수 있다. 일찌감치 우크라이나의 중요성을 깨달은 러시아는 레닌과 스탈린 시절에 우크라이나에 파격적인 퍼주기를 해주었다.

우선 러시아 영토였던 돈바스 지역과 크림반도를 우크라이나에 떼어주었다. 러시아가 일찌감치 크림반도를 병합하고, 지금 전쟁에서 돈바스의 영유권을 주장하는 게 이런 이유에서다. 그런데 이보다 우크라이나에 더 중요한 지역이 있다.

보통 국경선은 산맥이나 큰 강을 따라 그어지게 된다. 그런데 러시아가 그 어느 곳보다 애지중지하는 카르파티아산맥 살짝 너머에까지 우크라이나 국경선이 있다. 이곳

역시 한 번도 우크라이나 땅인 적이 없었다. 역사적으로 같은 뿌리인 우크라이나를 철석같이 믿었기에 소련의 스탈린이 이 땅을 점령해 우크라이나에 준 것이다.

이 땅은 러시아에는 요충지 중 요충지이고, 동유럽에는 목에 걸린 가시 같은 곳이다. 이 땅을 통해 러시아는 여차하면 판노니아 대평원을 통해 헝가리, 루마니아, 세르비아, 오스트리아, 체코 등을 순식간에 덮칠 수 있다.

이와 비슷한 지역이 또 한군데 있다. 우크라이나의 남서쪽과 흑해가 만나는 지역이다. 도나우강 하구에 있는 도나우 대평원의 일부다. 앞의 판노니아처럼 러시아가 선물한 땅이다. 이곳을 갖게 되면 러시아로서는 카르파티아산맥을 우회해서 들어오는 적을 쉽게 막을 수 있다. 반대로 평원을 거침없이 내달려 루마니아, 불가리아, 튀르키예로 남하할 수도 있다.

이처럼 러시아는 우크라이나에 땅을 떼어줄 만큼 엄청나게 정성을 들여왔다. 그러니 나토에 가입하려는 우크라이나에 느끼는 푸틴의 배신감은 이루 말할 수 없을 정도다. 그래서 이 기회에 지정학 문제도 해결하고, 본때도 보여주기 위해 우크라이나를 침공한 것이다.

반면 오랜 세월 러시아의 간섭에 진절머리가 난 우크라이나는 의외의 선전으로 러시아를 곤경에 빠뜨렸다. 여기에 러시아의 딜레마가 있다. 다시 말하지만, 러시아의 일관된 핵심 안보 전략은 온통 평지에 있는 모스크바를 국경선에서 최대한 멀리 두는 것이다. 그래서 팽창을 거듭, 지금 세계에서 압도적으로 가장 큰 나라가 되었다. 그런데 팽창에는 주변국과의 마찰이 반드시 따르게 되어 있다. 여기에는 굉장히 많은 돈과 외교적 에너지가 소모된다. 인명 피해 역시 따를 수밖에 없다.

팽창뿐 아니라 이 큰 땅을 유지하는 것만 해도 어마어마한 비용이 든다. 러시아는 이 드넓은 땅을 지키기 위해 현역 100만 명과 예비군 250만 명, 총 350만 명의 대군을 운영해야 한다. 거기에 무기 개발 등 군사비 지출이 상당하다.

1991년의 러시아 연방 해체도 천문학적인 군비 지출이 큰 요인 중 하나였다. 러시아에 대한 경제 제재 강화는 앞으로 정해진 수순이다. 러시아의 거의 유일한 돈줄이나 다름없는 에너지 가격은 미국이 언제든 인위적으로 떨어뜨릴 수 있다. 러시아의 경제위기가 눈앞에 있다는 얘기다. 여기에 우크라이나 전쟁에서 패한다면 이젠 지정학이 아니라 러시아 연방의 2차 해체를 걱정해야 할 처지가 될 것이다. 특히 체첸을 비롯해 그간 독립을 원하던 러시아 남부의 여러 공화국이 떨어져 나간다면 이젠 앞문뿐 아니라 뒷문까지 걱정해야 할 판이다.

이렇듯 러시아는 안보를 위해서는 영토를 팽창시켜야 하고, 팽창된 영토는 안보와 경제의 불안을 가져오는 마치 시지프스 같은 숙명을 갖고 있다. 그래서 일각에서는 러시아의 지리를 '저주받은 지정학'이라고 하기도 한다. 그러니 누구보다 이를 잘 알고 있는 푸틴이 우크라이나에서 그냥 물러날 리가 없다. 우크라이나에서 어떤 일이 더 벌어질지 조마조마할 뿐이다.

유럽에는
왜 이렇게
나라가 많을까?

유럽은 작은 대륙이다. 1,018만 제곱킬로미터의 넓이로 가장 작은 대륙인 호주보다 조금 더 큰 정도다. 이 안에 국가를 보는 기준에 따라 적게는 45개국, 많게는 57개국이 있다. 가장 큰 대륙이자 유럽보다 4.5배나 큰 아시아와도 큰 차이가 없다. 이곳에는 세계에서 가장 작은 나라 1, 2위인 인구 1,000명의 바티칸도 있고, 인구가 4만 명도 되지 않는 모나코도 있다. 유럽에는 왜 이렇게 많은 나라가 있는 걸까?

사실 유럽은 역사적으로 단 한 번도 통일된 적이 없다. 1,000년 제국 로마조차도 현재 유럽의 절반 이상을 가진 적이 없다. 로마 멸망 후 유럽을 통일하겠다는 야심가들의 도전은 계속되었다. 로마의 후계자를 자처했던 8세기 프랑크 왕국의 샤를마뉴도 있었고, 19세기의 나폴레옹과 20세기

유럽의 해안선. ——————————   중국의 해안선. ——————————

의 히틀러도 그런 사람이었다. 하지만 도전은 늘 실패했다.
통일은커녕 이들의 지배가 끝날 때마다 유럽은 여지없이
더 많은 나라로 쪼개졌다. 유럽은 역사를 통틀어 통합이란
구심력보다는 분열이라는 원심력이 작용하는 땅이다.

유럽이 이렇게 된 데는 여러 이유가 있겠지만 근본은
지정학이다. 한마디로 유럽은 곳곳이 국가를 만들기도, 국
가를 방어하기도 좋다는 지리적 특징이 있다. 이에 관해
《총균쇠》의 저자 재레드 다이아몬드는 유럽의 해안선과
강, 그리고 산맥에 주목했다.

위의 지도를 보면 유럽의 해안이 얼마나 길고, 거칠며,
굴곡이 심한지 알 수 있다. 면적은 비슷하지만 거의 모든
것이 정반대인 중국과 비교해보면 더욱 확연하게 드러난
다. 중국은 유럽과 달리 해안선이 아주 매끄럽다.

이에 반해 유럽에는 바다가 육지로 깊숙이 들어간 만灣
과 땅이 바다로 돌출된 거대한 반도가 정말 많다. 반도半島

가 무엇일까? 삼면이 바다로 둘러싸여 반은 섬이나 다름 없다는 땅이다. 섬 못지않게 방어에 유리하다. 이런 나라를 치려면 육군뿐 아니라 해군까지 동원해야 하기 때문이다. 대개 반도와 한 세트인 만에는 좋은 항구가 발달하니 이를 이용한 교역과 해상교통로로도 활용할 수 있다. 여러 모로 국가가 생존하기 딱 좋은 지리적 조건이다.

그래서 유럽에서는 이베리아반도에 스페인이, 이탈리아 반도에 이탈리아가, 발칸반도에 그리스, 알바니아, 불가리아 등이, 크림반도에는 우크라이나가 자리하게 되었다. 거기에 유럽의 북쪽으로는 브르타뉴반도에 프랑스가, 유틀 란트반도에 덴마크 그리고 스칸디나비아반도에 노르웨이, 스웨덴, 핀란드가 아주 오래전부터 터를 잡게 된 것이다.

반면 중국은 위로는 한반도가 있고, 아래로는 인도차이나반도가 있다. 한반도의 우리나라와 인도차이나반도의 베트남, 캄보디아, 태국 등이 중국으로부터 독립을 유지한 것도 반도의 지정학적 유리함과 무관하지 않을 것이다.

여기에 유럽은 영국해협으로 고립된 두 개의 커다란 섬도 있다. 바로 영국과 아일랜드다. 반도보다 국가를 만들고 지키는 데 더 유리하다. 이 부분 역시 중국은 다르다. 중국 앞바다에 조금 큰 섬이라곤 지금의 대만뿐이다. 하지만 아일랜드 면적의 절반도 안 되는 작은 섬이다. 만약 중국 앞바다에 영국만큼 큰 섬이 있었더라면 일찌감치 중국과는 다른 독립 국가가 들어섰을지도 모를 일이다.

반도와 만이 해안가를 나눴다면 내륙의 곳곳을 나눈 건 거대 산맥이다. 얼핏 유럽은 평원이 많을 것 같지만 주요 국가들을 분리시킨 건 산맥이다. 피레네산맥은 스페인과 프랑스를 나눠놨다. 알프스는 프랑스, 독일과 이탈리아의 경계를, 카르파티아산맥은 발칸반도의 수많은 나라를 만들었다. 그밖에 아시아와 유럽의 경계를 가르는 우랄산맥과 코카서스산맥도 지정학적으로 아주 중요한 역할을 한다. 이 산맥들은 외부 세력이 유럽으로 들어오는 것도 힘들게 하지만, 마찬가지로 범유럽적인 제국을 건설하고 지속하는 데도 장애물이다.

하지만 곳곳에 국가가 들어서려면 반도와 산맥만으로는 부족하다. 많은 사람이 먹고살려면 꼭 필요한 게 강이기 때문이다. 그런데 유럽에서는 이 강이 지리적으로 특이한 양상을 보인다. 유럽에는 황하 강, 나일 강, 갠지스 강, 티그리스-유프라테스 강 같은 하나의 문명을 이룰 만한 거대한 강은 없다. 대신 준척급의 강이 정말 많다. 중국처럼 좌우로만 흐르는 게 아니라 동서남북 방향도 가리지 않는다. 그래서 루아르 강, 라인 강, 엘베 강, 포 강, 다뉴브 강, 볼가 강 등 강 하나에 나라 하나만 들어선다고 해도 수십 개국이 만들어질 수 있다.

폴 케네디는 이런 유럽의 지리를 두고 "산맥 때문에 기병 제국이 빠르게 전 유럽을 지배할 수 있는 거대한 평야도, 많은 사람을 먹여 살릴 넓고 비옥한 강 지대도 없었다"라고 말한다. 만약 유럽에 황하 강, 나일 강, 갠지스 강, 티그리스-유프라테스 강 같은 강이 있었다면 이를 지배하는 세력에 힘이 쏠리면서 거대 제국이 만들어질 수도 있었겠지만 그럴 여건이 되지 않았다는 뜻이다.

해안과 산맥의 자연 방어선 덕에 큰 세력이 작은 세력을 정복하는 일이 어려워지자 유럽은 게르만, 라틴, 슬라브 등 다양한 민족과 문화, 언어를 가진 대륙이 되었다. 그리고 이런 복잡성 때문에 유럽은 오랫동안 큰 통일 국가를 형성하기 어려웠다. 큰 나라를 이루더라도 늘 각 지역의 토착 세력인 영주와 귀족들의 견제로 얼마 못 가 분열되곤 했다.

로마 멸망 후 중세가 되면서 유럽엔 봉건제가 자리했다. 바다와 산과 강으로 고립되어 세력을 키워온 오랜 역사에 비춰봤을 때 딱 유럽이 선택할 만한 제도였다. 이후 신성로마만 해도 황제는 중국처럼 막강한 권한을 가져본 적이 없다. 큰 나라를 이루기 위해선 황제를 정점으로 하는 중앙집권 구조를 가져야 할 텐데 신성로마제국의 황제는 고작 귀족을 대표하는 대귀족 정도에 불과했다.

유럽이 크고 작은 여러 개의 나라로 나뉜 데는 중세 이후의 유럽사를 좌우해온 종교의 영향도 큰 몫을 한다. 교황은 때론 신성로마제국 황제보다 더 큰 권력을 갖곤 했다. 각 지역의 주교 권한도 막강해서 거대한 영지와 성채를 가진 성직자도 많았다. 각 지역의 영주만큼이나 정치

권력을 가진 이들은 제국의 출현이 달가울 리 없는 존재들이었다.

기독교는 유럽에서 민족 국가가 탄생하는 데도 큰 영향을 끼쳤다. 1517년 마르틴 루터로부터 시작된 종교 개혁 이후 신교와 구교는 계속 충돌을 빚다가 결국 '30년 전쟁'으로 끝장을 보았다. 인류 역사상 최악의 종교전쟁이자 거의 모든 유럽 국가들이 참전한 최초의 국제전쟁이었다.

30년간 거의 단 하루도 쉬지 않고 서로 죽고 죽인 이 참혹한 전쟁은 1648년 베스트팔렌 조약을 맺은 다음에야 끝이 났다. 이 조약으로 유럽의 각 국가는 종교의 자유를 갖게 되었다. 하지만 이보다 더 중요한 건 종교에 신물 난 각 유럽 국가들이 영토에 기반한 민족 국가의 개념을 드디어 갖게 되었다는 것이다. 그래서 사실상 가톨릭으로 한 묶음이 된 신성로마제국을 일제히 벗어나 민족을 중심으로 한 다수의 국가가 한꺼번에 독립하게 된 것이다. 이후 유럽은 1, 2차 세계대전을 거치면서 더 많은 나라로 분열되었지만, 기본적으로 지금의 유럽은 베스트팔렌 조약이 그 바탕이 되고 있다.

마지막으로 유럽과 달리 일찌감치 중앙집권화에 성공한 중국의 지리적 환경에 대해서도 간략하게 설명하고자 한다. 사실 중국은 삼면이 천혜의 방어벽으로 둘러싸인 요새 같은 곳이다. 서쪽은 히말라야와 사막이, 남쪽은 밀림지대가, 동쪽은 바다가 적의 침입을 어렵게 한다. 유일한 걱정거리는 북쪽의 초원지대지만 이것도 만리장성을 쌓아 어느 정도 문제를 해소했다.

이런 상황에서 중국은 해안선도 단조롭고 나라가 들어설 만한 크기의 섬도 없다. 거기에 동서나 남북을 결정적으로 차단할 만한 산맥도 없다. 강도 단순해서 중원을 흐르는 양쯔강과 황하만 손에 넣으면 중국을 지배하는 데 절대적으로 유리했다. 그리고 한문과 한족이라는 지배적인 문자와 민족이 있어서 문화적인 통합도 비교적 쉽게 이룰 수 있었다. 이런 환경 덕에 중국은 유럽보다 더 쉽게 통일된 정부를 가질 수 있었다.

하지만 분열과 통합 중 어느 것이 더 나은 결과를 가져왔는지는 판단하기 어렵다. 통합의 역사가 길었던 중국은 동아시아의 패자였지만 근대 들어 유럽과 일본으로부터 수모를 당했고, 최근엔 강대국으로 복귀했다. 늘 분열을 향해가던 유럽은 생존을 건 치열한 경쟁에서 살아남은 자들이 한때 세계를 지배했다. 하지만 지금은 주춤하고 있다.

유럽은 여전히 지금까지 단 한 번도 이뤄보지 못한 꿈을 포기하지 않고 있다. 이번엔 영토적 통합이 아닌 EU를 앞세운 경제적 통합이다. 그래서 EU를 신성로마제국의 후계자라고 부르는 사람도 있다. 하지만 영국의 브렉시트로 유럽의 꿈은 이번에도 어려워 보인다. 늘 작은 나라로 쪼개져 온 유럽의 오랜 분열의 역사, EU의 위기를 보면 이것과 맞닿아 있다는 생각이 들곤 한다.

반중 vs 친중, 베트남의 딜레마

요즘 한국에서의 중국 혐오는 상당하다. 지난해 미국의 외교 전문지 〈디플로마트Diplomat〉가 56개국을 대상으로 중국에 관한 인식조사를 했다. 그 결과 한국은 세계에서 반중 의식이 가장 높은 나라였다. 무려 81퍼센트가 중국에 부정적이었다. 세대별로 따지면 20~30대의 중국 혐오가 압도적이다. 이 조사에서 드러난 또 하나의 특징은 진보와 보수를 가리지 않고 중국에 부정적이라는 것이다. 일본이나 북한에 대한 인식보다도 더 나쁘다. 오죽하면 지난 대선 결과도 반중 감정이 일정 영향을 끼쳤다는 분석이 있을 정도다.

그런데 둘째가라면 서러워할 반중 국가가 또 있다. 바로 베트남이다. 오래된 순으로 꼽으라면 단연 베트남이 세계 1등이다. 베트남은 역사 자체가 '중국으로부터 살아남기'다. 수천 년간 지속되어 온 역사다. 그래서 베트남은 세대 불문 국민 전체가 뼛속 깊이 중국에 대한 반감이 있다. 어떻게 된 일일까?

베트남은 기원전 2세기 말부터 한나라의 지배를 받았다. 이게 무려 1,000년 간이나 이어졌다. 하지만 베트남은 단 한 번도 중국에게 만만한 적이 없었다. 서기 33년경에는 쯩짝과 쯩니 자매의 전설적인 활약으로 잠시 독립하기도 했다. 중국의 압도적인 힘에 다시 나라를 빼앗기긴 했지만, 지금까지도 이어지고 있는 질기디질긴 저항의 시작이다.

《삼국지》의 가장 유명한 이야기 중 하나로 칠종칠금七縱七擒이 있다. 제갈공명이 남만의 왕인 맹획을 일곱 번 사로잡고, 일곱 번 풀어주었다는 얘기다. 물론《삼국지》에서 남만은 베트남의 일부인 것처럼 그려지고 해석되지만, 이는 소설적인 과장이고 허구다. 그럼에도 이 고사에서 우리는 중국이 가진 두 가지의 인식을 알 수 있다.

우선 남만南蠻은 남쪽에 있는 오랑캐라는 뜻이다. 우리를 동쪽의 오랑캐라는 뜻의 동이東夷라고 부른 것과 같은 의미다. 중국을 중심으로 온 세상이 돌아가는 중화사상에서 베트남은 한낱 정복하고 교화해야 할 대상이란 걸 분명히 한 것이다.

공명은 맹획의 마음을 얻기 위해 여러 차례 풀어주었다. 적왕의 목을 치고, 땅을 빼앗으면 그만인 당시로서는 무척 이례적인 인내심이다. 이건 소설에도 등장할 정도로 그만큼 베트남이 오래전부터 중국의 지배에 고분고분하지 않았다는 걸 말해준다.

긴 세월 끊임없이 저항하던 베트남은 드디어 938년에 1,000년의 한을 풀게 된다. 당나라가 멸망하고, 5대10국 시대로 분열된 틈을 타 응오 왕조가 중국으로부터 첫 독립을 이루었다. 하지만 이를 가만히 놔둘 중국이 아니었다. 송나라에 의해 혼란스러운 상황이 어느 정도 수습되자 두 차례나 베트남으로 토벌군을 보냈다. 하지만 그때마다 실패했다. 토벌은커녕 이 시기에 베트남은 오히려 10만 대군으로 송나라를 급습해 일시적이지만 지금의 광동성까지 차지하기도 했다.

만만히 보던 베트남에 시달리던 송나라는 결국 1174년 처음으로 베트남을 독립 국가로 인정했다. 그렇다고 완전한 독립국은 아니었다. 중국과의 체급 차이를 무시할 수는 없었다. 조선처럼 조공을 바치고, 책봉을 받는 사대 관계를 받아들여야 했다. 이때 송나라는 베트남을 안남국이라고 부르고, 안남국왕에 봉했다. 당나라 때 이 지역을 "남쪽을 안정시킨다"는 뜻의 안남安南이라고 부른 데 따른 것이었다. 밥을 하면 날아갈 듯한 동남아의 쌀을 요즘도 안남미라고 하는데 여기서 이름을 가져온 것이다.

그럼에도 안남국의 왕은 스스로를 '대월大越의 황제'라 칭하며 중국과의 대등한 관계를 내세우곤 했다. 중국이 분열에 빠지면 조공도 바치지 않았다. 이게 못마땅했던 중국은 통일왕조가 들어설 때마다 베트남에 군을 보냈다. 원나라 때는 세 번이나 침공했고, 명과 청 때도 군사를 일으켰다. 그때마다 베트남은 쑥대밭이 되었으니 중국에 대한 원한은 계속 쌓여 갔다.

이중 명나라의 대외 확장을 이끌었던 3대 황제 영락제는 베트남이 조공을 거부하자 1406년 10만 대군으로 베트남을 병합시켰다. 다시 중국의 식민지가 된 베트남을 20년간의 질긴 저항 끝에 독립시킨 인물이 레 왕조의 초대 황제인 레러이黎利다. 의병을 일으켜 독립운동에 나선 레러이는 첫 전투에서 패한 후 명과의 정면 대결에선 승산이 없음을 깨달았다. 그래서 이후에는 철저하게 적이 쫓아오면 도망가고, 물러나면 기습하는 유격전을 벌였다. 이를 견디지 못한 명나라는 베트남과 형식적인 조공 관계를 맺고 철수하게 된다. 레러이의 유격전은 이후 베트남의 핵심적인 군사작전이 되었다. 이런 게릴라전으로 베트남은 중국 외에도 프랑스와 미국이라는 거함을 꺾을 수 있었다.

청나라 때 침략군은 무려 30만 명이나 되었다. 한때 수도인 하노이가 함락되는 어려움을 겪었다. 하지만 역시 베트남의 특기인 게릴라전으로 청나라를 대패시키고 독립을 유지할 수 있었다. 월남이란 이름이 이때 지어졌고, 베트남은 월남의 현지어 발음이다.

이렇듯 중국과의 항쟁이 곧 베트남의 역사다. 베트남

북에서 남으로 길게 뻗어 있는 베트남 국토.

은 중국이라는 초강대국으로부터 살아남기 위해 죽자 살자 북쪽을 수비하는 한편 오랜 세월에 걸쳐 남쪽으로, 남쪽으로 향해갔다. 이 모습은 베트남의 지도에 고스란히 남아 있다. 베트남의 국토를 보면 북에서 남으로 해안을 따라 좁고 길게 뻗어 있다. 라오스와의 국경지대는 길이가 1,100킬로미터에 달하는 험준한 안남산맥과 끝없는 밀림이라 이곳으로 땅을 넓힐 수는 없었기 때문이다. 대신 베트남은 남쪽 끝의 메콩강 유역을 캄보디아로부터 빼앗아 200여 년 전에 자국 영토화했다. 중국에는 약소국이지만 인도차이나반도에서는 나름 골목대장 역할을 하는 게 베트남이다.

중국과의 오랜 충돌은 정치·사회·문화 등 다방면으로

지금도 베트남에 많은 영향을 끼치고 있다. 중국과 가까운 하노이의 북부지역은 아무래도 군사의 중심지라 베트남에서 가장 보수적이다. 반면 큰 군사적 위협이 없는 호치민의 남부는 경제에 전념하면서 베트남에서 가장 진보적이다. 중국의 영향을 많이 받는 북부는 한·중·일과 비슷한 동아시아 영향권이고, 남부는 동남아시아 문화권의 특징을 갖고 있기도 하다.

베트남과 중국의 관계는 두 나라가 공산화되면서 한때 극적인 동맹 관계를 맺기도 했다. 세계가 공산주의와 자본주의의 두 진영으로 나뉘면서 중국이 프랑스와 독립전쟁을 벌이던 베트남을 지원한 것이다. 베트남이 미국이라는 골리앗과의 전쟁에서 이긴 것도 중국의 지원이 큰 몫을 했다.

하지만 이념을 같이 하는 동지적 관계도 영토 욕심 앞에서는 한낱 휴지 조각인 게 냉혹한 국제사회의 현실이다. 베트남이 미국과의 전쟁에 정신없는 틈을 타 중국이 베트남 영토였던 파라셀 제도를 점령해버렸다. 이게 오늘날 미국까지 개입된 남중국해 국제분쟁의 싹이 되었다.

다시 악화된 양국 관계는 베트남이 중국의 지원을 받던 캄보디아를 점령함으로써 다시 전쟁으로 치닫게 되었다. 정예병이 캄보디아에 파견된 허점을 노리고 중국은 1979년 60만 병력으로 베트남을 침공했다. 하지만 베트남의 예비 병력도 당해내지 못하고 겨우 한 달 만에 별 소득 없이 물러났다. 10년 뒤에야 양국은 평화 협정을 체결해 비로소 전쟁을 마무리했지만, 베트남은 요즘 또 다른 위기감에 싸여 있다.

다시 베트남의 지도를 한번 보자. 19세기부터 20세기 중반까지 베트남의 수도였던 후에와 최근 한국인들에게 인기 여행지인 다낭이 있는 중부 지역은 허리가 잘록하다. 가장 폭이 짧은 곳은 불과 50킬로미터밖에 되지 않는다. 여기를 점령당하면 베트남은 남북으로 분단된다. 이게 베트남 지도자들이 가장 걱정하는 베트남의 아킬레스건이다. 파라셀 제도를 비롯한 남중국해에 중국이 건설 중인 해군기지는 베트남의 아킬레스건을 노리는 비수와 같다.

물론 이 문제를 해결하기 위해서는 서쪽으로 팽창하면 된다. 국경을 맞댄 이웃 국가들인 라오스와 캄보디아가 늘 걱정하는 게 바로 이것이다. 그래서 라오스와 캄보디아도 살기 위해 친중을 하게 되었다. 이렇게 되자 베트남은 중국과 라오스, 캄보디아에 포위된 꼴이 되었다. 베트남이 중국에서 벗어나려 할수록 주변 국가들이 오히려 친중 국가가 되어 베트남을 위협하는 역설, 이게 베트남의 딜레마다.

베트남 국민의 반중 감정과 달리 베트남 정부로서는 중국과 좋은 관계를 유지해야만 하는 딜레마도 있다. 힘의 격차가 현실적으로 존재하고, 베트남 수출의 절반을 중국이 차지하는 경제적 이익도 결코 포기할 순 없기 때문이다.

베트남은 좋든 싫든 중국과 공생해야 하는 나라다. 그

래서 중국의 팽창주의에 대해서는 단호히 대처하는 한편 '갈등을 표면화 시키지 않고 관리'하는 데 외교의 초점을 맞추고 있다. 그리고 중국과의 오랜 항쟁에서 배운 손자병법도 충실히 따르고 있다. "가까이에 있는 강대국은 영토를 원하고, 멀리 있는 강대국은 영향력을 원할 뿐"이라는 가르침 말이다. 한때 원수였던 미국과 잘 지내며 중국을 견제하는 것도 바로 이에 따른 것이다.

이처럼 베트남의 '중국으로부터의 살아남기'는 앞으로도 계속될 지정학적 숙명이다. 그 길은 지금까지처럼 험난할 것이다. 하지만 그간 베트남이 보여온 불굴의 의지와 강대국을 이겨보았다는 민족적 자부심, 이 두 가지가 베트남의 생존에 계속해서 결정적인 역할을 할 것이다.

남미 역사를
이해하기 위한
6가지 지리적 특성

중남미는 흥미로운 주제들이 많은 지역이다. 여기에서는
6개의 소주제로 나눠 남미의 특성부터 가볍게 파악해보
고자 한다.

첫째, 남미는 우리가 지도에서 보는 것 이상으로 거대
하고, 나라도 모두 큼직큼직하다. 남미는 아시아와 아프리
카, 북미에 이어 네 번째로 큰 대륙이고, 유럽과 호주 대륙
을 합한 크기다.

이 넓은 땅에 수리남, 가이아나, 베네수엘라, 콜롬비아,
에콰도르, 페루, 볼리비아, 칠레, 아르헨티나, 파라과이, 우
루과이, 브라질 등 단 12개국만이 있다. 대륙 중에서는 호
주를 제외하면 나라의 수가 가장 적어서 하나 같이 땅덩
이 크기가 어마어마하다.

남미에서 가장 큰 나라인 브라질은 남미의 절반을 차지

하고, 한국의 85배나 된다. 세계로 따지면 다섯 번째 크기다. 두 번째 큰 나라인 아르헨티나는 한국의 27배이고, 세계 8위의 크기다. 세 번째인 페루는 한국의 12배이면서 세계 20위다. 남미에서 가장 작은 나라인 수리남조차 한국보다 1.6배나 더 크다. 이 12개 나라에 약 4억 3,000만 명이 살고 있다.

둘째, 남미는 같은 언어를 공유하지만, 스페인어와 포르투갈어만 있는 건 아니다. 대부분이 아는 것처럼 브라질은 포르투갈어, 그 외에는 대개 스페인어를 사용한다. 스페인어와 포르투갈어는 언어적인 유사성으로 인해 각자의 언어를 몰라도 어느 정도 의사소통이 가능하고, 서로 쉽게 배울 수도 있다. 브라질에서는 스페인어가 제2외국어로 권장되고 있어 대학을 나올 정도면 대개 스페인어를 제법 쓸 수 있다고 한다.

하지만 남미의 북쪽에 있는 가이아나는 영어를 쓴다. 영연방 국가이기 때문이다. 가이아나 옆의 수리남은 네덜란드어를 쓴다. 17세기 중반부터 1975년 독립할 때까지 약 300년간 네덜란드 식민지였기 때문이다. 수리남 옆의 '프랑스령 기아나'는 국가는 아니지만 당연히 프랑스어를 쓴다.

그 외에도 전체 인구 구성 중 원주민과 메스티소Mestizo의 비율이 높은 페루, 볼리비아, 파라과이 등에서는 케추아어, 과라니어, 아이마라어 등의 원주민 언어도 공용어다. 이렇게 남미에는 약 450개의 언어가 많든 적든 지금도 쓰이고 있다.

셋째, 남미는 역사적, 정치적, 종교적 동질성을 갖고 있다. 남미의 나라들은 대부분 1820년도를 전후로 스페인과 포르투갈에서 독립했다. 남미 해방의 양대 영웅인 시몬 볼리바르Simon Bolivar가 콜롬비아, 베네수엘라, 에콰도르, 페루, 볼리비아를, 산마르틴San Martin이 페루, 아르헨티나, 칠레의 독립을 이끌었다. 독립을 이끈 주체가 거의 같다 보니 독립의 전개 과정도 비슷비슷하다.

이후의 정치·사회적 변화도 많이 닮았다. 거의 모든 국가가 군사 독재를 겪었고, 극심한 정치 불안, 경제 양극화, 높은 실업률과 범죄율, 부정부패, 낮은 교육률 등에 여전히 시달리고 있다.

남미를 식민지배하던 나라가 스페인과 포르투갈로 단순하니 종교 역시 거의 비슷하다. 스페인과 포르투갈의 종교인 가톨릭이다. 남미 전체로 따지면 약 69퍼센트가 가톨릭 신자다. 하지만 현재 가톨릭은 뚜렷한 하락 추세이고, 개신교가 19퍼센트로 상승세다.

넷째, 복잡한 인종 구성은 남미 전체와 각국의 통합을 저해하는 요소다. 위치만 남미일 뿐 우루과이와 아르헨티나는 사실상 백인의 나라다. 인구 구성비에서 각각 백인이 88퍼센트와 85퍼센트를 차지한다. 칠레 역시 과반수 이상을 차지하는 백인이 절대적인 영향력을 행사한다. 남미에서 인구가 압도적으로 많은 브라질 역시 약 48퍼센트라는 만만치 않은 백인 비율을 갖고 있다. 백인 인구만 따져도 남미에서 가장 많은 약 1억 명이나 된다. 브라질에는 일본 인들도 200만 명이나 살고 있다. 본토 외에 일본인들이 가장 많이 모여 사는 나라다.

반면 볼리비아는 아메리카 원주민들이 과반 이상을 차지하는 유일한 나라다. 원주민들이 유독 볼리비아에 많은 건 안데스산맥의 고산지대라 스페인의 정복 활동이 어려웠기 때문이다. 볼리비아의 수도 라파스La Paz는 무려 해발 3,625미터 높이에 있다. 세계에서 가장 높은 수도다.

보통의 나라에는 집값에 전망 프리미엄이란 게 있다. 하지만 라파스에서는 반대다. 숨쉬기가 조금이라도 나은 저지대가 부촌이고, 고도가 높을수록 빈민촌이다. 고지대라 좋은 건 축구할 때뿐이다. 볼리비아는 1998년에서부터 2022년 월드컵까지 지역 예선에서 총 26승 27무 69패를 거두었다. 그런데 26승이 모두 라파스에서 벌어진 홈경기였다. 브라질이고, 아르헨티나고 간에 볼리비아전은 그야말로 지옥의 원정경기다.

이 외에 중남미 원주민과 스페인·포르투갈계 백인과의 혼혈인종인 메스티소가 다수를 이루는 나라는 파라과이, 에콰도르, 베네수엘라, 콜롬비아, 페루 등이 있다. 이외에도 여러 외국 혼혈과 아시아인들이 만만치 않은 비율로 섞여 있어 남미 전체로도, 나라별로도 국민통합에 어려움을 겪고 있다.

다섯째, 독립한 지 약 200년이 지나면서 각 나라가 받은 성적표는 천차만별이다. 남미의 공통적인 문제점 중 하나는 치안이 좋지 않다는 것이다. 이는 대개 극단적인 경제적 불평등에서 기인한다. 남미에서 가장 위험한 국가는 조사 방법에 따라 조금씩 다를 수 있지만 보통 베네수엘라, 콜롬비아, 브라질이 차례로 꼽힌다. 이들 나라에서는 무장 강도, 납치, 사기, 절도, 소매치기가 빈번하다.

반면 가장 안전한 나라는 어떤 조사를 하더라도 우루과이, 칠레, 아르헨티나가 차례로 꼽히고 있다. 하지만 그렇다고 우리나라 정도의 안전도를 기대해서는 안 된다. 남미에서 가장 안전하다는 우루과이조차 미국 국무부가 지정한 여행 주의 2등급 국가이고, 세계에서 안전도 순위도 47위 정도에 그친다.

사실 브라질은 땅 크기로 보나, 인구로 보나, 군사력으로 보나, GDP로 보나 단연 남미에서 원탑인 국가다. 하지만 전체적인 삶의 질을 따져볼 때 칠레, 우루과이, 아르헨티나가 남미에서 가장 살기 좋은 국가라는 데 별 이견이 없다.

여섯째, 누가 누구를 싫어하는지를 알면 남미 내 국가 간의 묘한 역학 관계를 짐작할 수 있다. 국경을 접한 나라들이 사이가 나쁜 건 흔한 일이다. 아무래도 영토분쟁이 일어나기 쉽기 때문이다. 남미에서도 마찬가지다. 이런 면에서 아르헨티나는 묘한 존재다. 국경에 상관없이 남미에서 가장 미움을 많이 받는 나라이기 때문이다. 거리가 먼 중미 국가들한테도 마찬가지다.

아르헨티나는 남미에서 유럽 이주 백인의 비중이 가장 높은 나라 중 하나다. 다른 국가들은 아르헨티나에 대해 중남미의 일원이 되길 원치 않는, 유럽 국가라고 생각한다. 그간 아르헨티나가 보인 '우리는 너희와 달라'라는 식의 오만함 때문이다. 하지만 잇따른 경제 실패로 아르헨티나의 콧대는 최근 많이 낮아졌다. 요즘 아르헨티나인들은 "우리야말로 아르헨티나를 가장 싫어하는 사람들"이라고 자조적으로 말하곤 한다.

남미에는 반反칠레 정서도 있다. 특히 국경을 맞댄 볼리비아와 페루가 몹시 싫어한다. 19세기 말의 전쟁에서 패배하면서 페루와 볼리비아는 지금 광물의 보고인 아타카마사막을 칠레에 빼앗겼다. 이 바람에 볼리비아는 바다가 없는 내륙 국가가 되었으니 그 원한이 굉장히 깊다. 여기에 페루와 볼리비아인들이 일자리를 찾아 대거 칠레로 이주하면서 발생한 차별 문제도 있다.

칠레와 아르헨티나도 아주 오래전부터 사이가 좋지 않기로 유명하다. 어마어마하게 긴 국경을 함께 한 탓에 영토분쟁이 끊임없었다. 결정적으로는 1982년 포클랜드 전쟁에서 칠레가 비밀리에 영국을 도운 게 나중에 드러나 아르헨티나가 큰 배신감을 느꼈다. 남미에서는 안데스산

남미 국가의 지리적 특성은 각국의 관계에도 영향을 미친다.

맥을 창조해 칠레와 아르헨티나를 분리한 신께 감사를 드려야 한다는 얘기도 있다.

칠레와 에콰도르를 제외한 모든 남미 국가와 국경을 맞대고 있는 브라질은 대다수 나라의 미움을 받을 것 같지만 의외로 그렇지 않다. 콜롬비아, 페루, 파라과이와 영토

분쟁이 있긴 했지만, 그리 심각하지는 않다.

그렇다면 남미 1강인 브라질이 싫어하는 나라도 있을까? 있다. "브라질은 그들과 축구로 맞붙는 모든 나라를 싫어한다"라는 게 남미에서 흔한 농담이다. 하지만 실제로 브라질이 싫어하는 나라는 우루과이와 아르헨티나다. 1828년 우루과이가 브라질에서 독립할 때 아르헨티나가 결정적인 도움을 주었기 때문이다.

지금도 일부 브라질인들은 우루과이가 여전히 자국의 영토라고 생각한다. 우루과이 역시 늘 브라질을 경계하며 살고 있다. 브라질과 아르헨티나의 관계는 긴장 상태에 이를 정도는 아니다. 하지만 아르헨티나가 늘 브라질의 유엔 상임이사국 진출을 막을 정도로 남미에 대한 영향력을 두고 양국이 상당한 경쟁의식을 갖고 있다.

이렇듯 남미는 이웃 나라 간에 제법 날카로운 신경전이 꽤 오랫동안 이어져 오고 있다. 하지만 남미는 1941년 에콰도르와 페루 전쟁 이후 국가 간의 전쟁이 단 한 번도 없는 긴 평화를 누리고 있다. 누가 뭐래도 역사적·정치적·종교적·언어적 동질성이 한몫하고 있다고 봐야 할 것이다.

중국 요리의 종류가 많을 수밖에 없는 이유

중국인이 평생 해도 할 수 없는 것이 3가지 있으니 그중 하나가 중국 음식을 모두 먹어보는 것이라고 했다. 도대체 얼마나 많으면 그럴까? 아쉽게도 중국 요리가 몇 가지나 되는지에 관한 통계는 없다. 인구도 못 세는데 얼마든지 변형이 가능한 음식 숫자를 셀 수 없는 건 당연한 건지도 모르겠다.

다만 일상적으로 즐겨 먹는 면 요리만 1,200종에, 중국 4대 요리라는 북경, 사천, 광동, 상해 등 지역별 분류만 해도 5,000종이라니… 그 규모를 대략 짐작만 할 뿐이다. 중국에 요리가 얼마나 많은지는 중국의 로컬 식당에서 메뉴판을 받을 때 정말 실감이 난다. 대개는 한 손으로 들기 어려울 정도의 두툼한 책 한 권이다. 이 많은 요리를 정말 다 할 수나 있긴 한 건가 싶을 정도로 메뉴가 빼곡하다.

우리나라에서는 보통 삼계탕이나 추어탕처럼 한두 가지 음식을 전문으로 하는 곳을 맛집으로 좀 더 신뢰한다. 하지만 중국에서는 이런 전문점은 찾아보기 어렵다. 시골 마을의 작은 식당에 가봐도 메뉴판에 100가지 이상의 요리가 있다. 이는 중국인들이 워낙 여러 가지 음식을 상에 늘어놓고 먹는 걸 좋아하는 데다, 메뉴판에 요리가 많을수록 훌륭한 요리사와 훌륭한 식당의 표시라고 생각하기 때문이다.

일설에 의하면 중국 요리가 이처럼 다양해진 건 진시황 덕이라는 얘기도 있다. 같은 음식을 상에 올리면 요리사의 목을 바로 댕강했기 때문에 죽자 살자 새로운 요리를 개발할 수밖에 없었다는 것이다. 하지만 이에 관한 근거는 없어 보인다. 중국 요리가 본격적으로 다양해진 건 진시황 사후 1,000년이 훨씬 더 지난 송나라 때부터라는 것을 감안하면 시기적으로도 맞지 않는다. 다만 생선요리를 무척 좋아한 진시황은 생선 가시를 제대로 발라내지 못한 요리사를 처형했다는 얘기가 전해진다. 그래서 한 요리사가 생선 살로만 경단을 만들어 국물 요리를 만들었는데 이게 어묵의 원조라는 것이다.

진시황은 중국식 짜장면의 탄생과도 관련이 있다. 산동성을 순시하던 중 그 지역의 유명 요리사가 진시황이 먹을 국수를 맡게 되었다. 그런데 손을 덜덜 떨다가 그만 춘장을 끓는 기름에 쏟고 말았다. 실수라고 하면 죽을 것 같아서 새로 개발한 요리라고 둘러댄 후 기름에 볶은 춘장을 면 위에 올려 내놓았다. 그런데 이게 다행히도 진시황의 입맛에 맞아 목숨도 구하고, 짜장면도 만들어졌다는 것이다.

중국 요리하면 또 하나 빼놓을 수 없는 인물이 중국 청나라의 서태후다. 서태후는 한 끼에 150가지의 요리를 상에 올리도록 했다. 이를 다 먹을 순 없으니 차례대로 맛만 보고 바로 치워버리는 사치의 극치를 보였다. 그러면서도 절대로 같은 음식을 올리지 못하도록 했다. 그 덕에 서태후의 주방 요리사들은 4,000개 이상의 요리를 만들 수 있었다고 한다.

중국 요리가 본격 꽃 피우기 시작한 건 청나라 때다. 서태후가 결정적인 역할을 한 것은 아니겠지만 그녀의 식탐이 중국 요리의 다채로움을 가져온 건 어느 정도 인정할 수 있을 듯하다. 하지만 뭐니 뭐니 해도 중국 요리가 타의 추종을 불허할 만큼 종류가 많은 건 지리적 특성상 땅에서 나는 식재료가 다른 나라와는 비교가 되지 않을 정도로 많기 때문이다.

〈사우스 차이나 모닝 포스트〉의 칼럼니스트였던 케빈 싱클레어Kevin Sinclair는 중국 요리를 소개한 자신의 책에서 "모든 요리는 그 지역에서 재배되는 식재료에 제한을 받게 된다. 그런 면에서 중국은 그 범위가 무궁무진하다"라고 했다.

사실 중국은 우선 땅덩이 자체가 광대하다. 중국 하나가 유럽 전체를 합한 것만 하고, 우리나라의 90배가 넘는다. 우리만 해도 전라도, 경상도, 제주도 등 도마다 음식이 다르니 중국이야 말할 것도 없다. 여기에 하이난 같은 남방의 섬과 티베트의 고산지대, 그리고 고비와 타클라마칸 같은 거대한 사막, 네이멍구의 끝도 없는 초원도 있다. 이 지역에 따라 한대, 온대, 아열대, 열대 등 지구상의 모든 기후를 다 갖고 있다. 이 엄청난 지리적 다양성으로 중국에서 일상적으로 쓰는 식재료는 3,000종이 넘고, 전부 합하면 1만여 종에 이른다고 하니 중국 음식이 다양하지 않다면 그게 더 이상할 지경이다.

또 중국에는 풍성한 식재료를 사용해 음식을 다양하게 만들 다양한 소수민족들도 있다. 중국은 90퍼센트에 달하는 압도적인 한족과 10퍼센트를 차지하는 55개의 소수민족으로 이루어진 나라다. 그런데 소수민족은 인구에 비해 엄청나게 넓은 땅을 갖고 있다. 무려 국토 면적의 50~60퍼센트가 이들 차지다. 이 땅에서 소수민족은 그들만의 전통 음식을 지켜왔고, 끊임없이 한족에게도 전해져 중국 음식을 다채롭게 만들었다.

하지만 광대한 영토에서 여러 민족이 다양한 식재료로 요리한다고 해서 음식이 발전하는 것은 아니다. 그렇다면 미국도 중국 못지않아야 할 것이다.

오늘날의 풍요로운 중국 음식을 낳게 한 또 다른 중요

요인은 중국의 오랜 역사다. 중국은 5,000년의 역사 동안 수많은 왕조가 흥하고 망했다. 고대 국가의 체제가 마련된 한나라를 기준으로 하면 지금까지 중국에는 약 60개의 크고 작은 왕조가 나타났다가 사라졌다. 왕조의 평균수명이 100년도 되지 않았다.

새로운 왕조가 들어설 때마다 중국에는 새로운 식문화가 탄생했다. 그럴 때마다 중국인들은 낯선 음식을 접하면서 자신들의 입맛에 맞춘 새로운 요리를 만들어냈다. 이걸 5,000년이나 반복한 것이다. 특히 변방의 이민족이 중국을 지배할 때는 더더욱이나 식문화의 충돌이 격렬하게 일어났다.

기원전 200년경부터는 실크로드 같은 서역과의 중요 교역로도 열렸다. 이 길을 통해 지속해서 다양한 향신료와 후추, 고추, 호박 같은 새로운 농작물이 속속 중국에 소개되었다. 이렇게 들어온 서역의 식재료 역시 전혀 거부감 없이 중국 음식을 다양화하는 데 사용되었다.

왕조 교체를 앞두고 주기적으로 대규모 전쟁이 벌어질 때마다 중국인들의 삶은 극한으로 내몰렸다. 굶주림의 역사는 먹는 것에 대한 집착을 가져왔다. 무엇이든 먹어야 살 수 있었기에 곤충이든 나무껍질이든 온갖 희한한 생존 음식을 개발해야 했다. 그리고 평화의 시기가 오면 이 서민들의 요리가 귀족들의 미식 추구에 맞춰 좀 더 고급스러운 요리로 발전되어 갔다.

빈번한 왕조 교체와 이민족의 지배가 거듭됐음에도 중국은 오랫동안 큰 틀에서 중국이란 하나의 정체성으로 중앙집권 정부를 가졌다. 이 덕에 중국 요리는 단 한 번의 단절도 없이 왕조 간에 이어받기도 하고, 끝없이 융합하면서 수많은 요리를 탄생시킬 수 있었다.

　이외에도 변형이 쉬운 비교적 간편한 조리법, 웍과 국자만 있으면 웬만한 요리는 다 되는 간단한 조리기구 등도 중국 음식의 다양화에 한몫하고 있다.

　서양에서는 "당신이 먹는 것이 당신이 된다"라는 말이 있다. 중국에서는 "물과 흙이 다르면 사람이 달라진다一方水土一方人"라고 한다. 한 나라를 알려면 그 나라의 음식 문화를 이해하는 게 얼마나 중요한지 알려주는 것 같다.

미국을 초강대국으로 만든 결정적 요인

(feat. 축복받은 지리)

미국은 세계 원톱의 국가다. 이를 증명하기 위한 근거를 따로 들 필요도 없다. 이건 마치 드라마 〈대장금〉에서 어린 장금이가 "그냥 홍시 맛이 나서 홍시라 생각한 것"이라고 말한 것과 같다.

그런데 이 지구상의 수백 개 나라에서 어떻게 미국만이 유일하게 초강대국이 되었을까? 뛰어난 능력은커녕 사실상 영국에 밀려 미국으로 이주한 사람들이 만든 나라인데 말이다. 이건 기본적으로 다른 나라는 갖지 못한, 미국 영토의 천부적인 지리의 힘 덕택이다. 투자의 대가 워런 버핏은 "바보도 경영할 수 있는 회사를 선택하라"라고 했다. 조금 극단적으로 말하자면 미국이라는 땅은 바보들만 살아도 초강대국이 될 수밖에 없는 환경을 타고났다.

도대체 미국은 지리적으로 어떤 축복을 받은 걸까? 이

와 함께 미국이 절대 강국으로 부상한 1차대전 때까지 어떤 과정을 거쳤는지 큰 흐름을 살펴보려 한다.

8년간의 치열한 전쟁 끝에 미국은 1783년 드디어 독립을 이루었다. 이때만 해도 미국은 유럽의 열강에 비해서 한참 부족한 국가였다. 독립 당시 미국은 동부 해안에 치우쳐 있었고, 인구도 400만 명이 채 되지 않았다. 그러던 나라가 100년도 안 되어 영토가 대서양에서 태평양에 이르게 되었고, 인구가 무려 3,000만 명이 넘어서게 되었다.

이런 극적인 변화가 그냥 올 리 없다. 여기엔 1803년의 '루이지애나 매입'이라는 신의 한 수가 있었다. 미국의 운명을 바꾼 터닝포인트였다. 미국의 영토확장은 주로 두 가지 방법으로 이루어졌다. 강대국의 땅은 돈으로 사고, 아메리카 원주민이나 멕시코 같은 만만한 상대의 땅은 총칼로 빼앗는 것이다.

루이지애나는 당시 프랑스 땅이었다. "짐이 곧 국가다"라는 말로 너무나 유명한 루이 14세의 이름을 따 '루이의 땅'이라는 뜻이다. 루이지애나라고 하니까 재즈의 도시 뉴올리언스가 있는 미국 남부의 작은 주로 오해할 수 있다. 당시 루이지애나는 지금의 루이지애나주뿐 아니라 몬태나, 미네소타, 네브래스카, 캔자스, 미주리, 오클라호마, 아칸소주 등 지금의 미국 중부를 이루는 거대한 땅덩어리였다.

원래 미국이 사려던 곳은 뉴올리언스 일대였다. 독립하

면서 확보한 미시시피강을 제대로 활용하려면 강 끝의 이 항구도시가 꼭 필요했다. 멕시코만에 접해 있어 미 동부의 해안 도시로 곡식을 실어 나르거나, 유럽으로 수출하기 위한 최적의 항구다. 그런데 나폴레옹이 뜻밖의 제안을 해 왔다. 한반도의 거의 10배에 달하는 루이지애나의 끼워팔기에 나선 것이다. 유럽 대륙 곳곳에서 전쟁을 벌이며 막대한 전비를 쓰던 나폴레옹은 단 한 푼의 돈도 아쉬운 처지였다. 게다가 라이벌인 영국에게 루이지애나를 빼앗길 위험도 있었기 때문에 그럴 바엔 미국에 헐값에라도 파는 게 낫겠다고 생각했다. 그야말로 미국에 온 우주의 기운이 감싸는 순간이었다.

이렇게 해서 미시시피강 건너편의 루이지애나를 사는 데 들인 돈은 겨우 1,500만 달러였다. 이게 지금으로 치면 어느 정도의 가치일까? 정확히 계산할 순 없지만 미국 노동통계국의 인플레이션 계산기에 따르면 1,500만 달러는 대략 지금의 3억 5,000만 달러라고 한다. 루이지애나의 전체 크기가 212만 제곱킬로미터이니 우리 식으로 평수를 계산하면 미국은 루이지애나를 사는 데 1평당 겨우 0.7원을 지불했을 뿐이다. 이 말도 안 되는 가격에 산 루이지애나가 중요한 이유는 미국이 지금의 초일류국이 되는 데 결정적인 기반이 되었기 때문이다.

우선 미국은 루이지애나 덕분에 영토를 한꺼번에 2배로 늘리게 되었다. 그 덕에 이주민을 마음껏 받아들일 수 있었다. 무엇보다 루이지애나는 엄청나게 비옥한 땅이었다. 미국 농무부의 '세계의 토질' 조사에 따르면 미국은 세계에서 가장 비옥한 토지를 가진 나라다. 그중 "씨앗만 뿌리면 아무것도 안 해도 곡식이 자란다"라는 1등급 땅의 절반이 미국에 있다. 바로 프랑스에서 사들인 루이지애나다. 그 외에도 대부분의 루이지애나 땅이 최상급의 토질로 통하는 3등급 안에 있다. 참고로 우리 땅은 가장 좋다는 전라도가 5등급이다. 비료를 쏟아부어야 그나마 수확을 기대할 수 있는 수준이다. 그 외 땅은 6, 7등급의 산지에 속하니 농업이 과학화되기 전 우리 선조들의 삶이 얼마나 고단했을지 짐작할 수 있다.

어쨌든 이 덕에 미국은 자급자족이 가능한 국가가 되었다. 그리고 오늘날에는 그걸 뛰어넘어 세계 최대의 농산물 수출국이다. 그런데 단순히 비옥한 땅이라면 루이지애나가 미국을 천조국으로 만드는 데 결정적인 이유가 되진 못했을 것이다. 비옥한 토지로만 따지면야 미국만큼은 아니어도 우크라이나, 프랑스, 아르헨티나 같은 나라도 있다.

지정학 전략가인 피터 자이한의 저서 《21세기 미국의 패권과 지정학》에 의하면 미국의 비옥한 땅에는 다른 나라에는 없는, 또 하나의 엄청난 이점이 있었다. 바로 이 땅을 거미줄처럼 연결하는 강이다. 미국은 대표적인 강인 미시시피를 비롯해 전역에 걸쳐 2만 4,000여 킬로미터에 달하는, 지구상에서 가장 긴 수로망을 가진 나라다. 비슷한 땅 크기를 가진 중국에 비해서도 무려 7배가 넘는 길이다. 그것도 대부분은 평탄해서 배가 쉽게 다닐 수 있다.

이뿐 아니다. 신기하게도 미국의 동부는 거의 모든 해안선을 따라 섬이 육지와 나란히 자리하고 있다. 그 덕에 육지와 섬 사이의 바다는 작은 배도 안전하게 다닐 수 있는 연안 수로가 되었다. 섬이 자연 방벽이 되면서 동부의 해안 도시들이 자연재해에서 좀 더 안전해지기도 했다.

그럼 이 수로가 왜 중요할까? 그건 말할 것도 없이 물류가 흐르는 곳이기 때문이다. 아주 먼 옛날부터 그래왔다. 인류는 폭포가 있는 거친 강이 아닌, 배가 다닐 수 있는 평탄한 강가에서 문명을 꽃피워 왔다. 도로가 형편없었던 근세까지도 강은 거의 유일한 대규모 운송 수단이라 국가의 혈관이나 다름없었다.

그런데 미국에서는 이 강들이 비옥한 토지를 지나면서 엄청난 시너지 효과를 냈다. 루이지애나 곳곳에서 수확한 농작물은 아주 쉽게 미시시피강과 그 지류 그리고 연안 수로를 통해 큰 도시로 팔려나갔다. 도시에서 만든 공산품들도 마찬가지였다. 더구나 육로에 비해 수로를 이용하면 화물 운송비가 14배나 싸다. 이는 물건값을 낮춰 미 전역에서 소비가 활발해진다는 것을 의미한다. 자연스럽게 내수가 폭발적으로 성장하게 되었다. 미국이 오랜 세월 막대한 무역 적자에도 불구하고 끄떡없는 이유가 바로 이것이다. 미국은 이 막강한 내수 시장 덕에 역사상 단 한 번도 무역이 GDP의 15퍼센트 이상을 차지한 적이 없다. 무역의 비중이 작으니 웬만한 무역 적자는 별 영향도 끼치지 않는 거다.

또한 미국은 이 실핏줄처럼 퍼진 물줄기 덕에 아주 중요한 부수적인 효과도 거둘 수 있었다. 사실 미국처럼 땅덩이가 크고, 다양한 이민자들로 구성된 나라는 하나의 국가라는 정체성을 갖기가 쉽지 않다. 하지만 수로를 통해 경제뿐 아니라 사회·문화·정치적인 교류까지 활발해지면서 미국은 비교적 쉽게 하나의 국가라는 인식을 공유할 수 있었다. 도로나 철도, 항만 같은 인프라를 구축하는 데드는 비용도 당연히 크게 절감할 수 있었다.

이렇게 해서 초기 미국은 일찌감치 엄청난 자본을 축적할 수 있었다. 그리고 이 돈으로 미국은 스페인한테 플로리다를 500만 달러에 사들여 유럽으로 가는 수출길인 멕시코만을 확보했다. 그럼에도 미국을 불안하게 하는 요소가 하나 남아 있었다. 당시 물류의 중심 항구인 뉴올리언스가 멕시코와 너무 가깝다는 것이다.

그래서 1845년에는 잠시 멕시코로부터 독립해 있던 텍사스 공화국을 미국에 병합시켰다. 이 때문에 멕시코와 전쟁이 벌어졌다. 그러자 미국은 아예 이 기회에 캘리포니아까지 빼앗아 대서양에서 태평양에 이르는 거대한 땅을 갖게 되었다. 이로써 미국은 세계 초강대국이 될 모든 지리적 조건을 완성하게 되었다. 이 결과 미국은 어떤 이점을 누리게 되었을까?

첫째, 미국은 훗날 혹시 있을지 모르는 캐나다와 멕시코의 침공을 막아줄 아주 중요한 자연 장벽을 갖게 되었다. 북쪽으로는 험준한 산맥과 숲이 있고, 남쪽으로는 사막과 고지대라 대규모 군대가 육지로 미국을 침공하기 무척 어려워졌다.

둘째, 미국은 아메리카 대륙에 그 어떤 경쟁자도 없게 되었다. 인접국인 캐나다는 기후 조건이 가혹하고, 멕시코는 산이 너무 많은 데다 배가 다닐 수 있는 큰 강이 없어 개발에 한계가 뚜렷한 나라들이다. 인접 국가의 위협이 없어 미국은 더욱 빠르게 강대국으로 성장할 수 있었다.

셋째, 미국은 동쪽으로는 대서양, 서쪽으로는 태평양이라는 엄청난 자연 장벽을 갖게 되었다. 그 어떤 나라도 미국을 침공하기 어려워진 반면, 미국은 동서 해안 모두 많은 인구가 거주하면서 유럽으로도 아시아로도 자유롭게 진출할 수 있게 되었다.

넷째, 사들이고 빼앗은 땅마다 나중에 석유, 천연가스, 철, 금, 석탄 등이 쏟아져 나와 미국에 날개를 달아주었다. 차지한 땅이 우연히도 자원의 보고였던 것이다. 미국은 지금도 대부분의 자원마저 자급자족할 수 있는 세계에서 거의 유일한 나라다.

이런 축복받은 지리를 바탕으로 미국은 1800년대 말에 이미 경제적으로 세계 1위 국가가 되었다. 그리고 1차 세계대전 때 유럽의 잠재적 경쟁자들이 한꺼번에 몰락하고, 혼자 전쟁 특수를 누리면서 미국은 그 어떤 나라도 범접할 수 없는 초강대국에 올랐다.

물론 지리적인 이점이 많다고 모두가 초강대국이 되는 것은 아니다. 미국 초기 잇따라 배출된 뛰어난 지도자들과 다양한 이주민들의 헌신적인 노력도 분명 큰 역할을 했을 것이다. 하지만 차지한 땅이 운 좋게도 로또 당첨이나 다름없는, 지구상에서 좋은 것은 다 가졌다는 명당이 아니었더라면 미국이 오늘날만큼의 압도적인 우위를 갖기는 분명 힘들었을 것이다.

네덜란드,
이 작은 나라가
스포츠 강국인 이유

네덜란드는 인구 1,700만 명에 한국의 40퍼센트에 불과한 면적을 가진 작은 나라다. 인구로 따지면 세계 70위이고, 면적은 133위밖에 되지 않는다. 이 작은 나라의 경제력은 이미 잘 알려져 있다. GDP는 세계 17위이고, 1인당 GDP는 5만 8,000달러로 세계 12위다.

그런데 경제 말고도 네덜란드가 정말 잘하는 분야가 하나 더 있다. 바로 스포츠다. 그것도 작은 나라라고 믿기지 않을 정도로 거의 모든 종목에서 뛰어난 성적을 보인다. 네덜란드에는 어떤 특별함이 있는 걸까?

세계 최고의 운동선수들이 참가하는 올림픽 성적을 보면 그 나라의 스포츠 위상을 직관적으로 알 수 있다. 네덜란드는 지금까지 하계올림픽에서 322개, 동계올림픽에서 147개, 합해서 총 469개의 메달을 따냈다. 인구와 나라 크기에 비해 월등히 높은 세계 16번째다. 한국의 종합 366개보다도 훨씬 많다. 2020년 도쿄올림픽에서도 네덜란드는 금메달 10개로 우리의 16위보다 훨씬 높은 7위를 차지했다.

이를 종목별로 10위까지 보면 스피드스케이팅이 무려 133개의 메달을 따 1위이고, 수영이 62개로 2위, 사이클링이 61개로 3위다. 이어 조정, 승마, 요트, 육상, 유도, 필드하키, 쇼트트랙 순이다.

이 외에도 네덜란드는 권투, 양궁, 체조, 배구, 수구, 카누, 사격, 테니스, 배드민턴, 펜싱, 축구, 역도, 비치발리볼, 피겨, 스노보드, 스켈레톤 등 정말 다양한 종목에서 상당한 실력을 보이고 있다.

이뿐만이 아니다. 네덜란드는 요즘 약간 하락세이긴 하지만 누구도 무시할 수 없는 축구 강국이다. 월드컵 준우승 3번에 3, 4위 각 1번이다. 우리한테는 히딩크 감독이 가장 유명하지만 네덜란드는 요한 크루이프, 마르코 반 바스텐, 데니스 베르캄프, 루드 굴리트 같은 축구 전설들을 낳은 나라다. 축구를 좋아하는 사람이라면 다 알겠지만 '토털 풋볼'이라는 전술을 창안해낸 나라도 네덜란드다.

네덜란드는 야구도 제법하는 나라다. 유럽에선 단연 최강이다. '유럽에서 무슨 야구냐' 생각할지 모르겠지만 독일, 프랑스, 이탈리아, 오스트리아, 체코 등 세미프로를 운영하는 나라가 여럿 있다. 우리 야구도 WBC에서 간혹 네덜란드에 발목을 잡히기도 한다.

또 네덜란드는 격투기 강국이기도 하다. 유럽 킥복싱의 메카 같은 곳이라 입식 타격 격투기인 K-1을 특히 잘한다. 어네스트 후스트, 세미 슐트, 피터 아츠 등 K-1의 전설들이 모두 네덜란드 출신이다.

세계 최고의 자동차경주대회인 F1에서도 네덜란드는 그랑프리 최연소 우승자인 막스 베르스타펜Max Verstappen 등 다수의 스타를 배출하고 있다.

심지어 네덜란드는 당구도 잘 치고, 다트도 잘 던진다. 3쿠션의 4대 천왕이라는 딕 야스퍼스Dick Jaspers 역시 네덜란드 출신이다. 월드 다트 챔피언십에서 5번이나 우승해 다트 역사상 가장 위대한 선수로 꼽히는 레이몬드 반 바르네벨트Raymond van Barneveld도 네덜란드 태생이다.

이처럼 네덜란드가 다양한 분야에서 운동을 잘하는 이유로는 크게 세 가지를 꼽을 수 있다.

첫째는 네덜란드의 자연환경이다. 네덜란드에는 유명한 전설이 하나 있다. 마을 제방에 난 구멍을 밤새 손으로 막아 나라를 구했다는 살신성인殺身成仁의 소년 이야기다. 네덜란드가 올림픽에서 특히 강세를 보이는 저 종목들은 대부분 소년이 구한 제방과 관련이 있다. 물론 이 이야기는 네덜란드에 한 번도 가본 적이 없는 미국 동화작가의 상상력이지만 말이다.

네덜란드Nederland는 '낮은neder 땅land'이라는 뜻이다. 국토의 4분의 1이 해수면 아래에 있다. 토목공사의 귀재였던 로마 병사들에게 댐 쌓는 방법을 배워 오랜 세월 풍차로 바닷물을 빼내 만든 땅이다. 그래서 "세상은 신이 창조했지만, 네덜란드만큼은 네덜란드인들이 창조했다"라고도 말한다.

어쨌든 이렇게 넓은 간척지를 만들다 보니 수없이 많은 둑을 쌓아야 했고, 배수와 물자 수송을 위해 수로도 만들어야 했다. 그 인공 제방과 운하가 전국을 거미줄처럼 연결하고 있다. 조금 과장해 말하자면 전국 어디서든 문 열고 나서면 바로 제방과 수로를 만날 수 있다.

이렇게 물이 가까우니 여름에는 수영이 일상이다. 마음만 먹으면 수영뿐 아니라 조정이나 요트 같은 수상 스포츠에 참여할 기회도 언제든 열려 있다. 이 분야의 저변이 굉장히 넓을 수밖에 없는 환경이다.

간척지를 비롯해 국토가 대부분 평지인 점은 달리기와 자전거를 좋아하는 사람들에게는 최적의 환경이다. 제방을 따라 시원한 바닷바람을 맞으며 조깅하거나 자전거를 타는 모습은 네덜란드에서는 가장 흔한 풍경이다.

특히 네덜란드인들의 자전거 사랑은 정말 유별나다. 인구 1,700만 명에 자전거가 2,300만 대다. 1인당 자전거 보유율 세계 1위다. 자전거 전용도로만 이 작은 나라에서 3만 5,000킬로미터나 된다. 14만 킬로미터에 달하는 전체 자동차 도로의 4분의 1이나 된다. 웬만한 거리는 모두 자전거로 다니다 보니 수도인 암스테르담 교통량의 68퍼센트가 자전거고, 전국적으로도 36퍼센트를 차지한다.

겨울이 되면 이 운하들은 모두 스케이트장이 된다. 전국이 거대한 천연 스케이트장으로 바뀌는 것이다. 스케이트를 처음 만든 곳도 13~14세기의 네덜란드다. 네덜란드에서는 이웃 마을에 갈 때도, 학교에 갈 때도, 출퇴근할 때도 스케이트를 타고 이동한다.

남녀노소 모두 즐기는 국민 스포츠답게 선수층도 굉장히 두껍다. 스케이트 연맹에 등록된 선수만 해도 700여 개 클럽에서 15만 명이나 되고, 이 중 프로선수가 60여 명이다. 이들은 400미터 트랙을 갖춘 전국의 빙상장 300여 곳에서 연간 1,500회가 넘는 각종 대회에 참가한다. 그래서 네덜란드에서는 국가대표 스케이트 선수가 되는 것이 올림픽에서 메달 따는 것보다 더 어렵다. 마치 우리의 양궁과 같다. 하지만 네덜란드는 눈도 많지 않고, 대부분 평지라서 스케이트와 달리 스키는 발달하지 못했다.

두 번째는 타고난 신체적 조건이다. WHO 자료에 따르면 네덜란드인의 평균 신장은 전 세계에서 가장 크다. 남자가 평균 183.8센티미터, 여자가 170.4센티미터다. 작성 자료와 기준에 따라 통계 수치가 조금 다를 수 있지만 네덜란드인들의 키가 세계 최상위권인 건 분명하다. 긴 다리를 이용한 주법은 육상과 스케이트에서, 긴 팔은 K-1과 유도 등에서 분명 축복받은 유리한 조건이다.

흔히 네덜란드에서는 아기가 태어나면 걸음마를, 그다

음은 자전거를, 그다음은 스케이트를 배운다고 한다. 이렇게 어려서부터 자전거와 스케이트로 자연스럽게 키운 하체 근력이 네덜란드의 타고난 피지컬을 더욱 돋보이게 한다. 단단한 하체가 모든 스포츠의 근본인 것은 더 말할 것도 없다.

마지막으로 가장 중요한 요인은 어마어마한 규모의 생활 체육이다. 다국적 시장 조사 및 컨설팅 회사인 입소스 Ipsos의 2021년 통계에 따르면 네덜란드 사람들은 조사 대상 29개국 중 신체 활동이 압도적으로 활발한 것으로 나타났다. 이들은 일주일에 12.8시간을 운동하는 데 쓴다. 평균인 6.1시간의 2배가 넘는다. 이 조사에서 우리는 일주일에 겨우 4.5시간을 운동하고, 일본은 3.3시간이다. 네덜란드에서 일주일 동안 운동을 전혀 하지 않는 사람은 단 4퍼센트뿐이다.

이렇게 활동적인 나라답게 네덜란드에는 3만 5,000여 개의 다양한 스포츠 클럽이 있다. 인구의 거의 30퍼센트인 약 500만 명이 클럽에 가입되어 있다. 클럽이 아니더라도 인구의 약 53퍼센트인 900만 명 정도가 정기적으로 하나 이상의 스포츠 활동에 참여하고 있다. 연령별로 봐도 6~19세 사이의 청소년층은 90퍼센트 이상, 50~64세 사이의 장년층은 55퍼센트, 65세 이상 노령층은 40퍼센트가 매주 정기적으로 운동하고 있다. 이것만 봐도 네덜란드인들이 얼마나 스포츠를 좋아하는 사람들인지 알 수 있다.

종합하자면 네덜란드의 지리적 특성, 피지컬, 생활 체육 등이 많은 국민이 운동을 즐길 수 있는 환경을 만들고, 이렇게 형성된 두꺼운 저변이 엘리트 스포츠의 근간이 되고 있다고 할 수 있다.

　여기에 네덜란드 스포츠는 사회적으로도 아주 중요한 역할을 맡고 있다. 네덜란드는 여러 인종과 종교가 혼합된, 꽤 이질적인 사회다. 1,700만 명의 인구 중 330만 명이 이민자다. 이중 인구의 10퍼센트가 넘는 180만 명이 비서구권 출신이다. 스포츠는 이 이질적인 집단이 소통하고 교류하는 가장 중요한 수단이다. 이 때문에 네덜란드 정부는 국민통합을 위해서라도 전 국민이 쉽게 스포츠를 즐길 수 있도록 환경을 조성하고 있다.

삶이 허기질 때 나는 교양을 읽는다 2

초판 1쇄 발행 2023년 9월 18일
초판 5쇄 발행 2024년 8월 30일

지은이 지식 브런치
펴낸이 정지은

펴낸곳 (주)서스테인
출판등록 2021년 11월 4일 제2021-000166호
전화 070-7510-8668
팩스 0504-402-8532
이메일 sustain@sustain.kr

ISBN 979-11-93388-00-6 03030